Rosa Luxemburg

Ich umarme Sie in grosser Sehnsucht

Briefe aus dem Gefängnis 1915–1918

Verlag J.H.W. Dietz Nachf.

CIP-Kurztitelaufnahme der Deutschen Bibliothek

Luxemburg, Rosa:
[Sammlung]
Ich umarme Sie in großer Sehnsucht: Briefe aus d. Gefängnis 1915—1918/
Rosa Luxemburg. — Berlin, Bonn: Dietz, 1980.
ISBN 3-8012-0044-2

Nahiriko Ito, geboren 1931 in Japan, studierte Germanistik und Neuere deutsche Geschichte an der Universität Tokio. Er befaßt sich seit 1956 mit der Forschung über Rosa Luxemburg. Professor an der Universität CHUO (Tokio).

Soweit es ohne sinnverändernde Eingriffe möglich war, wurden Orthographie und Interpunktion der Brieftexte dem heutigen Sprachgebrauch angeglichen. Offensichtliche Fehler wurden stillschweigend berichtigt.

© 1980 bei Verlag J.H.W. Dietz Nachf. GmbH
Berlin · Bonn
Godesberger Allee 143, D-5300 Bonn 2
Alle Rechte vorbehalten
Nachdruck — auch auszugsweise — nur mit Genehmigung des Verlags
Alle Abbildungen aus: Archiv der sozialen Demokratie,
Friedrich-Ebert-Stiftung, Bonn
Lektorat: Charles Schüddekopf
Umschlag: Karl Debus, Bonn
Herstellung: satz + druck, Düsseldorf
Printed in Germany 1980

Inhalt

Vorwort

Am 27. Dezember 1913 erschien zum ersten Mal, herausgegeben von Rosa Luxemburg, Franz Mehring und Julian Marchlewski (Karski), die „Sozialdemokratische Korrespondenz". „Durch diese Korrespondenzartikel", so schrieben die Herausgeber[1], „hoffen wir der Partei einen Dienst zu leisten und an der Vertiefung der proletarischen Bewegung mitzuwirken." Im ersten Jahr, bis zum 21. Dezember 1914, kam die „Korrespondenz" dreimal wöchentlich heraus, später nur noch einmal in der Woche[2]. Herstellerin war von Anfang an Mathilde Jacob, die Empfängerin der hier veröffentlichten Briefe.

Mathilde Jacob (1873—1942), die aus einer jüdischen Familie stammte, war damals etwa vierzig Jahre alt[3]. Sie wohnte mit ihrer Mutter und Schwester Gretchen in Berlin-Moabit, Altonaer Straße 11, im Gartenhaus, zweiter Stock. Dort betrieb sie ein kleines Schreib- und Vervielfältigungsbüro. Zu ihren Kunden gehörten Schriftsteller, Journalisten und Politiker aus sozialistischen Kreisen, unter ihnen auch Franz Mehring. Diese Beziehungen haben vermutlich dazu beigetragen, daß man ihr Herstellung und Versand der „Sozialdemokratischen Korrespondenz" anvertraute.

Bei den Herstellungsarbeiten lernten sich die beiden Frauen kennen: Rosa Luxemburg, die Herausgeberin, und Mathilde Jacob, in deren Büro die „Korrespondenz" geschrieben und vervielfältigt wurde. Mathilde Jacob schildert die erste Begegnung in ihren Erinnerungen: „Als Rosa Luxemburg das erste Mal zu mir kam, um einen Artikel für die Korrespondenz zu diktieren, machte sie sofort einen tiefen Eindruck auf mich.

---

1 Ankündigung der „Sozialdemokratischen Korrespondenz". In: Rosa Luxemburg: Gesammelte Werke (zit. Werke), Bd. 3, Berlin 1973, S. 359.

2 Ab Januar 1915 enthielt die „Korrespondenz" nur noch die von Marchlewski verfaßte „Wirtschaftliche Rundschau". Die letzte Ausgabe trägt das Datum 13. Mai 1915 und die Nr. 144.

3 Ein knappes Porträt gibt Agnes F. Peterson: A Working Woman: Mathilde Jacob, 1873—1942. In: Internationale Wissenschaftliche Korrespondenz zur Geschichte der deutschen Arbeiterbewegung, Nr. 18, April 1973, S. 51—55.

Ihre großen leuchtenden Augen, die alles zu verstehen schienen, ihre Bescheidenheit und Güte, ihre fast kindliche Freude an allem Schönen, ließen mein Herz für sie höher schlagen. Bewundernd blickte ich zu dieser Geistesgröße auf, die beinahe dürftig gekleidet war."[4] Von den insgesamt 153 Briefen aus der Feder Rosa Luxemburgs an Mathilde Jacob stammen 148 (1915[5] — 7. November 1918) aus den verschiedenen Gefängnissen, in denen sie inhaftiert war. Weitere bisher bekannte Briefe aus der Gefängniszeit Rosa Luxemburgs während des Ersten Weltkriegs sind gerichtet an Sonja Liebknecht (21 Briefe)[6], Luise Kautsky (24 Briefe)[7], Hans Diefenbach (19 Briefe) und Marta Rosenbaum u. a. (29 Briefe)[8]. Die Sammlung der Briefe an Mathilde Jacob ist also die weitaus umfangreichste. So stellt sich hier die Frage, warum Rosa Luxemburg so viele Briefe an eine in der Geschichte der Arbeiterbewegung fast unbekannte Frau geschrieben hat? Der Hauptgrund liegt wohl darin, daß Mathilde Jacob als private Sekretärin Rosa Luxemburgs und, mit der Vertiefung der Beziehung zwischen beiden, als enge Freundin für den alltäglichen Lebensbedarf im Gefängnis — Diät, Blumen, Kleider, Bücher, Zeitungen usw. — sorgte und zugleich die schriftliche Verbindung mit der Außenwelt aufrechterhielt.

Rosa Luxemburg war am 18. Februar 1915 plötzlich in ihrer Wohnung in Berlin-Südende verhaftet und ins Frauengefängnis in der Barnimstraße gebracht worden. Reden auf zwei Massenversammlungen — in Fechenheim am 25. September 1913 und in Bockenheim am 26. September 1913 — hatten am 20. Februar 1914 zu ihrer Verurteilung geführt. Die

---

4 Mathilde Jacob: Von Rosa Luxemburg und ihren Freunden 1914—1919. (Berlin 1929?), 135 Blatt. Dieses unveröffentlichte Manuskript ist im Besitz der Hoover Institution on War, Revolution and Peace, Stanford, California (USA).
5 Den ersten, nur mit „Dienstag" datierten Brief schrieb Rosa Luxemburg dem Inhalt nach vermutlich am 23. Februar 1915 nach ihrer Verhaftung am 18. Februar 1915.
6 Rosa Luxemburg: Briefe aus dem Gefängnis. Berlin 1920; letzter Neudruck Berlin 1979.
7 Rosa Luxemburg: Briefe an Karl und Luise Kautsky 1896—1918, Berlin 1923.
8 Rosa Luxemburg: Briefe an Freunde, Köln/Frankfurt a. M. 1976.

Revision gegen dieses Urteil der 2. Strafkammer des Landgerichts Frankfurt am Main war vom Reichsgericht am 20. Oktober 1914 verworfen und damit das Urteil rechtskräftig geworden. Doch der Strafantritt im Dezember 1914 wurde wegen Krankheit aufgeschoben, und im Januar 1915 wurde sie ins Schöneberger Krankenhaus eingeliefert[9]. Es war also klar, daß die herrschende Gewalt mit der auffälligen Verhaftung Rosa Luxemburgs am 18. Februar 1915 den Versuch unternahm, die Aktivitäten der Kämpferin gegen die imperialistische Kriegs- und Burgfriedenspolitik einzuschränken und zugleich die gegen den Krieg aufbegehrende Bewegung zu zerstreuen und zu unterdrücken. In der Tat war die Verhaftung nicht nur ein Schlag gegen sie selbst, sondern auch gegen ihre Mitkämpfer, die durch die Herausgabe der neuen proletarischen Zeitschrift „Die Internationale" eine Organisierung der oppositionellen Bewegung im ganzen Reich anstrebten. Rosa Luxemburg schrieb kurz nach ihrer Verhaftung an Marta Rosenbaum: „Über meine plötzliche ‚Ausschaltung' wie mitten im Telefongespräch war ich zuerst ziemlich bestürzt, obwohl ich doch lachen mußte. Manche Pläne sind mir auf diese Weise zerstört worden..."[10] Rosa Luxemburg hat jedoch im Gefängnis weder ihre aktuell-politische noch ihre theoretische Tätigkeit eingestellt, und Mathilde Jacob übernahm die Aufgabe, die Verbindung mit der Bewegung außerhalb des Gefängnisses aufrechtzuerhalten: „Karl Liebknecht ging häufig zu Rosa Luxemburg, die ihm alsdann Artikel oder Flugblätter zusteckte, während er mit fingierter Harmlosigkeit ihr eine Zeitung reichte, in der verbotene Schriften oder politische Berichte lagen. Er trat als Rosa Luxemburgs Rechtsanwalt auf, so daß er zu jeder Zeit Zutritt zu ihr, wenn auch unter Assistenz, erhalten konnte. Als der immer unbequemer gewordene Liebknecht als Armierungssoldat ins Feld geschickt wurde, ließ Leo Jogiches mich seine politischen Situations-

---

9 Es ist sehr wahrscheinlich, daß der erste Brief dieser Sammlung nicht, wie Mathilde Jacob schreibt, aus dem Jahre 1913, sondern vom Dezember 1914 oder vom Januar 1915 stammt.
10 Rosa Luxemburg: Briefe an Freunde, S. 106.

berichte ins Gefängnis hineinschmuggeln: die Äußerungen unserer Gefangenen hierüber, Artikel, Texte für Flugblätter usw. kamen auf demselben Wege heraus. Rosa Luxemburg und ich waren unermüdlich im Erfinden neuer Schmuggelmethoden, die oft recht zeitraubend waren. Bei
schriftlichen Sendungen vereinbarten wir ein Stichwort oder ein Zeichen,
das den Empfang bestätigte."[11]
Die Briefe an Mathilde Jacob scheinen auf den ersten Blick unpolitisch,
sind sie doch alle „legal", d. h. durch die Zensur, an die Adressatin gelangt. Einige der nach dem 29. April 1917 geschriebenen Briefe spielen
jedoch deutlich auf die russische Revolution an: „Grämen Sie sich doch
nicht so über den Haftbefehl. Ich kann wirklich nichts dagegen machen.
Nur die Idee mit Rußland wälze ich jetzt im Kopf. Vielleicht entschließe
ich mich zu einer Eingabe in diesem Sinne, aber (ob) es fruchtet? Eine
große Frage!"[12] Damals versuchte Rosa Luxemburg zusammen mit der
Spartakuszentrale, „auf Grund ihres im russischen Teil Polens ausgestell-
ten Geburtsscheins die Genehmigung für eine Ausreise nach Rußland zu
erhalten, um in dem Land mit der am weitesten fortgeschrittenen revolutionären Bewegung wirken zu können"[13]. Dieser Versuch wurde aber
schon nach einiger Zeit (etwa Mitte Juni 1917) aufgegeben, weil die
Spartakuszentrale die Aussichten gering einschätzte und vor allem be-
fürchtete, Rosa Luxemburg für die deutsche Arbeiterbewegung zu verlieren[14].
Rosa Luxemburg hat auch im Gefängnis unermüdlich und ununterbro-
chen aktuelle Schriften verfaßt, so Aufrufe in Form von Flugblättern, Artikel für die „Internationale", die „Spartakusbriefe", den „Kampf" und

---

11 Mathilde Jacob: Von Rosa Luxemburg und ihren Freunden.
12 Rosa Luxemburg: Briefe an Mathilde Jacob. Brief Nr. 80, S. 109.
13 Ottokar Luban, Zwei Schreiben der Spartakuszentrale an Rosa Luxemburg (Juni 1917; November 1918). In: Archiv für Sozialgeschichte. Bd. XI (1971), S. 228.
14 Ibid, S. 231.

andere Zeitschriften[15], die „Juniusbroschüre"[16] und theoretisch-polemische Arbeiten wie „Die Akkumulation des Kapitals"[17] und „Die russische Revolution"[18]. Daneben hat sie auch noch den Roman von Vladimir Korolenko, „Geschichte meines Zeitgenossen"[19], übersetzt. Außerdem sandte sie ermunternde Zeilen an die vielen Freunde und Mitstreiter, die gegen die imperialistische Kriegspolitik kämpften und deshalb unter widrigen Umständen leben mußten. Ihre Notizen auf den Blättern der Kalender[20] stellen unbeabsichtigt ein Verzeichnis der Empfänger und Absender der Korrespondenz aus der Gefängniszeit dar.

Die Sammlung der Briefe an Mathilde Jacob unterscheidet sich in mancher Hinsicht von den übrigen Sammlungen. Rosa Luxemburg hat hier in aller Offenheit gegenüber einer Freundin und Vertrauten ihre täglichen, ganz persönlichen Bedürfnisse und Empfindungen im Gefängnis mitgeteilt: ihre Müdigkeit und Trübsal, als sie aus dem „Barnimer Weibergefängnis" in die Wronke-Festung (am 26. Oktober 1916) und von dort aus ins Breslauer Gefängnis (am 22. Juli 1917) überführt wird, oder ihre Sorge um das Leben ihrer Lieblingskatze Mimi. Wir finden in dieser Sammlung aber auch Briefe an Mathilde Jacob von Mitkämpfern und Freunden wie Leo Jogiches, Sonja und Karl Liebknecht, Clara Zetkin, Franz und Eva Mehring, Hans Diefenbach, Marta Rosenbaum, Mathil-

---

15 Diese Publizistik findet sich in: Werke, Bd. 4, Berlin 1974.
16 Die Krise der Sozialdemokratie. Von Junius. Anhang: Leitsätze über die Aufgaben der internationalen Sozialdemokratie. Zürich 1916; Nachdruck in: Werke, Bd. 4, Berlin 1974, S. 49 ff.
17 Die Akkumulation des Kapitals oder Was die Epigonen aus der Marxschen Theorie gemacht haben. Eine Antikritik. Leipzig 1921; Nachdruck in: Werke, Bd. 5, Berlin 1975, S. 413 ff.
18 Die russische Revolution. Eine kritische Würdigung. Aus dem Nachlaß von Rosa Luxemburg. Herausgegeben von Paul Levi. Berlin 1922; Nachdruck (nach dem unvollendeten Manuskript) in: Werke, Bd. 4, Berlin 1974, S. 332 ff.
19 Vladimir Korolenko: Die Geschichte meines Zeitgenossen. Aus dem Russischen übersetzt und mit einer Einleitung versehen von Rosa Luxemburg. Berlin 1920; Nachdruck der Einleitung in: Werke, Bd. 4, Berlin 1974, S. 302 ff.
20 Im Besitz der Hoover Institution, Stanford, California (USA).

de Wurm, Eva Schrick und anderen, alles Empfänger von Briefen Rosa Luxemburgs. Man sieht sich sehr anschaulich mit der Welt der Eingekerkerten und ihrer Kampfgefährten konfrontiert und kann sich ein Bild davon machen, mit wieviel Mut, Güte und Anteilnahme die Bewegung gegen den Krieg und für den Sozialismus von vielen Unbekannten unterstützt wurde.

Das Manuskript dieser Briefsammlung hat eine wechselvolle Geschichte. Als Vorlage für die Edition dient die Kopie einer von Mathilde Jacob mit Schreibmaschine angefertigten Abschrift der Briefe, die ich zusammen mit den Herbarien Rosa Luxemburgs im Jahre 1971 bei einem Studienaufenthalt in New York in der Buttinger-Bibliothek gefunden habe. Nach Erinnerungen von Rose Frölich, die mich auf die Briefe aufmerksam gemacht hatte, schickte Mathilde Jacob diese Kopie Ende der dreißiger Jahre aus Deutschland nach Paris an den Mitbegründer des Instituts für Sozialforschung, Felix Weil, der sie Paul Frölich zur Verfügung stellte, der damals als Emigrant in Paris lebte und dort an einem Buch über Rosa Luxemburg[21] arbeitete.

Eine weitere Kopie, ein Teil der Originale[22] und der schon erwähnte Kalender Rosa Luxemburgs aus der Gefängniszeit befinden sich ebenso wie die Niederschrift der Erinnerungen Mathilde Jacobs im Bestand der „Hoover Institution" in Stanford (USA). Alle diese Unterlagen wurden im Juni 1939 durch den amerikanischen Professor Ralph H. Lutz (1868—1968) auf Veranlassung von Angelica Balabanoff aus der Wohnung Mathilde Jacobs in Berlin nach Amerika gebracht[23]. Mathilde

---

21 Paul Frölich: Rosa Luxemburg, Gedanke und Tat. Paris 1939; Neudruck: Hamburg 1949 und Frankfurt 1967.

22 Nach meinen Feststellungen fehlen unter den Originalen 13 Briefe Rosa Luxemburgs (die Nummern 43, 60, 113, 116, 119, 148, 155, 161, 163, 167, 169, 172 und 177) sowie ein Brief von Leo Jogiches und fünf Briefe von Karl Liebknecht an Mathilde Jacob.

23 Vgl. Ralph H. Lutz: Rosa Luxemburg's unpublished prison letters 1916—1918. In: Journal of Central European Affairs, Vol. XXIV (1963), No. 31, und Charles B. Burdick: Ralph Lutz and the Hoover Institution, Stanford 1974.

Jacob wurde später, im Sommer 1942, in das Konzentrationslager The-
resienstadt gebracht und ist vermutlich dort ums Leben gekommen.
Der Erstdruck der vorliegenden Sammlung erschien im September 1972
in Tokio als Sonderausgabe des Forschungskreises für Zeitgeschichte
(Gendaishi-Kenkyukai)[24] und war ausschließlich für wissenschaftliche
Zwecke gedacht. Seither hat Charlotte Beradt in ihrem Buch[25] aus der
Korrespondenz und aus den Erinnerungen Mathilde Jacobs an Rosa
Luxemburg zitiert und Auszüge verwendet. Für den deutschen und euro-
päischen Leser liegt nun die erste vollständige Ausgabe vor.
Der Herausgeber dankt vor allem Frau Rose Frölich für ihre vielen Hin-
weise und Herrn Prof. Dr. Hermann Weber für seine Hilfe.

Mannheim, im März 1980   Narihiko Ito

---

24 Rosa Luxemburg (u. a.): Briefe an Mathilde Jacob (1913—1918). Herausgegeben und mit
   einem Vorwort von Narihiko Ito. Tokio 1972.
25 Rosa Luxemburg im Gefängnis. Briefe und Dokumente aus den Jahren 1915—1918. Herausgegeben und eingeleitet von Charlotte Beradt. Frankfurt a. M. 1973 (Reihe Fischer).

Charles Schüddekopf

Versuch eines Dialogs:

Mathilde Jacob im Gespräch

1939, als es für eine jüdische engagierte Antifaschistin keiner großen
Prophetie mehr bedurfte, um den Weg des Dritten Reichs in die Barbarei
vorauszusagen, brachte Mathilde Jacob ihre Aufzeichnungen „Von Rosa
Luxemburg und ihren Freunden in Krieg und Revolution 1914-1919"
in Sicherheit, indem sie sie der Hoover War Library übergab.
Am 27. Juli 1942 wurde die fast Siebzigjährige nach Theresienstadt
deportiert und später, Ort und Datum sind unbekannt, in einem national-
sozialistischen Konzentrationslager ermordet.
Sie wird gewußt haben, daß die, die sie erst verschleppten und dann um-
bringen sollten, in einem übertragenen, aber deswegen nicht weniger
konkreten Sinne auch jene waren, die dem Leben Rosa Luxemburgs ein
so furchtbares Ende setzten.
Kontinuität oder bestialische Ironie der Geschichte? Hinter beiden Fragen verschwindet die persönliche Betroffenheit vor dem Schicksal dieser
Frau, vor unserer gemeinsamen Vergangenheit, die ich zum ersten Mal auf
eine ganz andere, fast hilflose Weise erfuhr, als ich diese Aufzeichnungen
las. Und eben diese Betroffenheit über meine gemeinsame Vergangenheit
mit Mathilde Jacob und meinen Vätern und Müttern, die sie erschlugen,
weil sie eine Sozialistin und Jüdin war, ist die einzige Legitimation für
dieses Gespräch. Ein Gespräch mit einer Toten, das nur aus einer miß-
verstandenen und künstlichen Distanz gegenüber der Geschichte als fik-
tiv bezeichnet werden könnte.

Wann und wie haben Sie Rosa Luxemburg kennengelernt, eine Frau und
Revolutionärin, über die Ossip K. Flechtheim kürzlich schrieb: „Was
auch immer Sinn und Unsinn ihres Todes sein mögen, ganz ausgelöscht
hat er sie nicht. Solange der Mord von Soldaten an Frauen und Kindern,
Männern und Greisen im Namen von Frieden und Freiheit, von Demokratie und Sozialismus immer noch als Verteidigungskrieg, gerechter
Krieg, Polizeiaktion und so weiter hingenommen wird und seinen Nie-
derschlag in Kursnotierungen findet, wird Rosa Luxemburgs Wort von
den Dividenden, die steigen, und den Proletariern, die fallen, seine bluti-
ge Aktualität bewahren." Welches war Ihr erster Eindruck von dieser
Frau?

Ich hatte das Glück, im Jahre 1913 zu Rosa Luxemburg in persönliche Beziehungen zu treten. Niemals vorher hatte eine Frau einen so tiefen Eindruck auf mich gemacht. Ihre großen leuchtenden Augen, die alles zu verstehen schienen, ihre Bescheidenheit und Güte, ihre fast kindliche Freude an allem Schönen, ließen mein Herz für sie höher schlagen. So oft ich auch später Rosa Luxemburg zu Versammlungen, Konferenzen oder Demonstrationen begleitete, der erste Eindruck blieb bestehen: Sie sah so bescheiden und anspruchslos aus, daß Menschen, die sie noch nicht gesehen hatten, verwundert ausriefen: „Das ist Rosa Luxemburg?" Sprach sie dann in ihrer temperamentvollen Art, so wuchs sie über ihr zartes Figürchen hinaus und faszinierte die Hörer.

Die persönliche Fühlungnahme zwischen Rosa Luxemburg und mir ergab sich durch das Erscheinen der „Sozialdemokratischen Korrespondenz", für die in der Hauptsache Karski [Julius Marchlewski], Rosa Luxemburg und Franz Mehring schrieben und als Herausgeber zeichneten. Die technische Herstellung hierfür und der Versand waren mir übertragen worden. Diese „Korrespondenz" war für die sozialdemokratische Parteipresse bestimmt, ihre Beiträge wurden allerdings meist nur von einer kleinen Zahl marxistisch redigierter Blätter nachgedruckt. Der konsequent sozialistische Inhalt dieser Artikel sollte ein Gegengewicht zu den revisionistischen Gedankengängen der üblichen politischen Ausführungen bilden. Durch den glänzenden Stil und das umfassende Wissen ihrer Autoren standen deren Artikel weit über dem Niveau der Parteipresse.

Ich erinnere mich, wie Rosa Luxemburg mich zum ersten Mal bat, sie in ihrer Häuslichkeit aufzusuchen. Wir trafen zur Zeit ihrer Neuköllner Vorträge fast immer am Potsdamer Platz in einer Straßenbahn zusammen. „Sie müssen mich einmal besuchen", sagte sie eines Tages bei dieser Gelegenheit, „erstens Mimis wegen, zweitens meiner Bilder wegen und drittens, um mir eine Freude zu machen."

Ich glaube, Rosa Luxemburg oft eine Freude mit meinem Besuch bereitet zu haben. Wenn es sich darum handelte, für sie etwas zu tun, so sagte ich mit Conrad Ferdinand Meyer: Genug ist nicht genug! Und doch war sie stets der gebende Teil. Eine Unterhaltung mit ihr, ein Blick aus ihren großen Augen von einem warmen Händedruck begleitet, ließ viele den Lebenskampf mit neuen Hoffnungen aufnehmen.

Rosa Luxemburg selbst hat Sie einmal als den „guten Geist" während ihrer Haft und „Schutzhaft" in den verschiedenen Gefängnissen bezeichnet. Und selbst wenn sich hinter dieser Bezeichnung ein klein wenig Ironie und der Versuch der ‚Ausgelieferten' verbirgt, eine innere Distanz der ewig Helfenden gegenüber zu finden, ihre Briefe an Sie zeigen sehr deutlich, wie wichtig Ihre Existenz für Rosa Luxemburg war. In der ersten Zeit Ihrer Bekanntschaft deutet eigentlich nichts auf Ihre spätere Rolle im Leben Rosa Luxemburgs hin. Wie ist es dennoch dazu gekommen?

Am 18. Februar 1915 wurde Rosa Luxemburg verhaftet. Die in Neukölln gehaltenen Vorträge, einige Flugschriften und die Bemühungen um eine neue Zeitschrift „Die Internationale" hatten ihr den Haß der Kriegshetzer eingetragen. Aber man versteckte sich hinter einer Infamie: Rosa Luxemburg wurde unter dem Vorwand verhaftet, das Jahr Gefängnisstrafe sei abzubüßen, das über sie im Februar 1914 von der Frankfurter Strafkammer verhängt worden war.

Clara Zetkin, die eine langjährige Freundschaft mit Rosa Luxemburg verband, eilte sofort von Stuttgart nach Berlin, als sie von der Verhaftung Kunde erhalten hatte. Sie ordnete die in Rosa Luxemburgs Wohnung zurückgebliebenen Schriftstücke und erlistete sich einen Besuch im Gefängnis, indem sie angab, die Schwägerin der Gefangenen zu sein. Die Gefängnisvorsteherin gewährte daraufhin der aufgeregten Clara Zetkin eine Unterredung mit „ihrer Schwägerin".

Die kleine List wurde schnell entdeckt. Eine der Beamtinnen, die Clara Zetkin erkannte, teilte der Vorsteherin nach dem Besuch mit, wer die „Schwägerin" gewesen sei. Die Vorsteherin, die Rosa Luxemburg bereits in ihr Herz geschlossen hatte, war großzügig genug, die Sache nicht zu beachten.

Bald rief die Pflicht Clara Zetkin wieder nach Stuttgart. Außer Leo Jogiches sorgte jetzt niemand für Rosa Luxemburg. Ich bat, ihm helfen zu dürfen. Er wollte davon nichts wissen und versuchte, mit Hilfe der Wäscherin Rosa Luxemburgs, sie mit dem Nötigen zu versehen. Das stellte sich als zu beschwerlich, meist sogar als unmöglich heraus, so daß Leo Jogiches meine Hilfe annahm.

Rosa Luxemburg selbst erteilte mir Vollmacht, unter Assistenz von Leo Jogiches mich ihrer Wohnung und der sonstigen Angelegenheiten anzunehmen, als sie am 12. und 13. März „zu Besuch kam". Das Gericht hatte Rosa Luxemburg zwei Tage nach Hause beurlaubt, damit sie alles Nötige ordnen konnte.

. . . Rosa Luxemburg hatte Selbstbeschäftigung im Gefängnis, wofür 60 Mark monatlich bezahlt werden mußten. Für diese Summe kam der sozialdemokratische Parteivorstand auf, während ein wohlhabender Parteifreund den nötigen Zuschuß für die Wohnungsmiete und sonstige Ausgaben zur Verfügung stellte.

Ich war zu jener Zeit weder davon unterrichtet, daß Rosa Luxemburg vermögenslos war, noch wußte ich über die notwendigen Ausgaben Bescheid. Leo Jogiches vermied es, mich darin einzuweihen, er rechnete nur zu gegebener Zeit die verausgabten Gelder mit mir ab. Damals wußte ich auch nicht, wie schädlich die Gefängniskost für die leidende Rosa Luxemburg war. Man sagte mir, sie bekäme Lazarettkost, was mich beruhigte. Erst später erfuhr ich, wie schlecht, oft sogar ungeniesbar, auch diese war — denn Rosa Luxemburg klagte nie und verlangte nichts. Nach Ablauf von sieben bis acht Monaten der Gefängniszeit verschlechterte sich Rosa Luxemburgs körperlicher Zustand so sehr, daß sie zeitweise das Bett hüten mußte. Wahrscheinlich auf Anordnung des Arztes erlaubte jetzt die Gefängnisvorsteherin, daß ich etwas Zusatznahrung bringen durfte — „Einmal in der Woche und auch nicht viel", bestimmte sie.

Auch Blumen sandten wir manchmal, die sie als Strafgefangene eigentlich nicht erhalten durfte. Sie hat sie sorgfältig gepreßt und eigens Hefte dafür angelegt, „Barnimstraße 10, Zelle 219" bezeichnet.

Schon bevor Rosa Luxemburg, nach Ausbruch des Ersten Weltkrieges, am 18. Februar 1915, zum ersten Mal verhaftet wurde, um eine einjährige Gefängnisstrafe zu verbüßen, hatte sie versucht, den Widerstand gegen den Hurra-Patriotismus der eigenen Partei deren Burgfriedens- und Kriegspolitik zu organisieren. Aber nicht nur sie allein sah durch die damalige Politik der SPD — das Auseinanderbröckeln der Zweiten Internationale war ja nur der Auftakt zum Auflösungsprozeß der europäischen Arbeiterbewegung — eine emanzipierte Gesellschaft in Frage gestellt. Zusammen mit ihr kämpften Mehring, Zetkin, Jogiches, Pieck und Liebknecht für den „Sozialismus als einziges Bollwerk gegen den Krieg". Im Berliner „Weibergefängnis" in der Barnimstraße schrieb Rosa Luxemburg die als Junius-Broschüre bekannt gewordene Abhandlung „Die Krise der Sozialdemokratie". Wie war es ihr in der Haft möglich, in Kontakt mit den Genossen zu bleiben, über politische und gesellschaftliche Entwicklungen informiert zu sein, um eine Kampfschrift zu veröffentlichen, über die es mehr als sechzig Jahre nach ihrem Erscheinen heißt: „Selten ist ein Massenverbrechen so klar gezeichnet, sind seine Folgen so prophetisch verkündet worden."

Allmonatlich durfte Rosa Luxemburg Besuch empfangen. Als erster hatte Dr. Franz Mehring mit Gattin seine politische Freundin aufgesucht. Noch zwei oder drei andere Freunde durften kommen, die übrigen Besuchsmöglichkeiten sollte auf Rosa Luxemburgs Wunsch ich wahrnehmen, weil die Schmuggeltätigkeit bei mir in den besten Händen lag, wie sei meinte.

Briefe durfte unsere Gefangene ebenfalls nur einmal im Monat schreiben und empfangen. Die Vorsteherin ließ hier manchmal Ausnahmen zu, so daß wir Rosa Luxemburg öfter ein paar Zeilen schicken konnten.

Karl Liebknecht ging häufig zu Rosa Luxemburg, die ihm alsdann Artikel oder Flugblätter zusteckte, während er mit fingierter Harmlosigkeit ihr eine Zeitung reichte, in der verbotene Schriften oder politische Berichte lagen. Er trat als Rosa Luxemburgs Rechtsanwalt auf, so daß er jederzeit Zutritt zu ihr, wenn auch unter Assistenz, erhalten konnte.

Als der immer unbequemer gewordene Liebknecht als Armierungssoldat ins Feld geschickt wurde, ließ Leo Jogiches mich seine politischen Situationsberichte ins Gefängnis hineinschmuggeln. Die Äußerungen unserer Gefangenen hierüber, Artikel, Text für Flugblätter usw. kamen auf demselben Wege heraus. Rosa Luxemburg und ich waren unermüdlich im Erfinden neuer Schmuggelmethoden, die oft recht zeitraubend waren. Bei schriftlichen Sendungen vereinbarten wir ein Stichwort oder ein Zeichen, das den Empfang bestätigte.

Nicht selten kam es vor, daß diese Bestätigung ungewöhnlich lange auf sich warten ließ. Dann litten wir Qualen der Angst. Wir zitterten füreinander um die Zuchthausstrafe, die uns die Entdeckung unserer geheimen Korrespondenz eingebracht hätte. Blieb die Bestätigung gar zu lange aus, so wurde selbst Leo Jogiches unruhig und versuchte, mich zu trösten.

Rosa Luxemburg verstand es ausgezeichnet, in ihren Briefen hinter harmlos klingenden Wendungen Zeichen und Winke zu geben und uns stets wieder Mut einzuflößen.

Die unzensierten Nachrichten herüber und hinüber gingen auch später, als sie bereits in Wronke war, weiter. Allerdings machte uns der Staatsanwalt das nicht leicht. Wir mußten all unsern Witz anstrengen, um keinen Reinfall zu erleben. Als ich einmal Rosa Luxemburgs Hand streichelte und mich dicht neben sie setzte, sagte der Staatsanwalt: „Bitte, versprechen Sie mir, ihr nichts zuzustecken."

„Gewiß", sagten wir wie aus einem Munde, „das versprechen wir."
„Aber wie verständigen Sie sich eigentlich? Daß Sie es tun, ist mir längst klar."

„Das, Herr Staatsanwalt, bleibt unser Geheimnis", sagte lachend Rosa Luxemburg.

Wenn wir auch lachten, unsere Nerven wurden in Wronke auf eine harte Probe gestellt. Erschien dem Staatsanwalt wiederum eine Sendung verdächtig, und fast jede schien im verdächtig, so ließ er sie über die Posener Kommandantur gehen. Dann blieben die Mitteilungen an mich oft lange aus und demzufolge die an Rosa Luxemburg zu richtende Empfangsbestätigung, so daß wir wieder angsterfüllte Tage und Nächte durchlebten.

Gelegentlich versuchte er aber auch, die Gesetze unseren Wünschen anzupassen. Aber nur, wenn dies einwandfrei gelungen war, gestattete er Kleinigkeiten, die eigentlich nicht erlaubt waren.

„Ach", sagte ich einmal zu Leo Jogiches, „er ist so anständig, daß es mir schwerfällt, ihn zu hintergehen. Was mir bisher bei anderen Beamten eine ungetrübte Freude gewährte, verursacht mir jetzt Gewissensskrupel."

Leo Jogiches setzte mir auseinander, daß ich diesen Staatsanwalt nicht als Person betrüge, daß vielmehr mit allen Mitteln versucht werden müsse, das herrschende korrumpierte und korrumpierende Regierungssystem samt den Funktionen des Staatsanwaltes aus der Welt zu schaffen.

Am 18. Februar 1916 wurde Rosa Luxemburg nach genau einjähriger Haft aus dem Gefängnis in der Barnimstraße entlassen. Sie gehörten damals zu den Freunden und Genossen, die sie in der neu gewonnenen Freiheit — sie sollte allerdings nicht lange währen — begrüßten. Während der folgenden Monate, bis zu Rosa Luxemburgs erneuter Verhaftung im Sommer des gleichen Jahres, haben Sie sie in ihrer Wohnung im Südende Berlins umsorgt und als ihre Sekretärin ihre politische Arbeit unterstützt.

Genau zu der Stunde, in der Rosa Luxemburg in das Gefängnis eingeliefert worden war, um 1/2 4 nachmittags, sollte sie entlassen werden. Sie hatte mich gebeten, sie abzuholen und nach Hause zu geleiten. Als ich Karl Liebknecht, der auf Urlaub in Berlin war, um an den Landtagssitzungen teilzunehmen, hiervon erzählte, wollte er unsere Gefangene mit mir gemeinsam abholen. Da ich ihn als unpünktlich kannte, drohte ich, nicht zu warten. Aber obgleich ich selbst verfrüht am Potsdamer Platz, dem Ort unserer Verabredung, eintraf, erwartete er mich dort bereits, mit so viel Blumen in den Händen, wie er nur halten konnte. Viel zu früh nahmen wir eine Auto-Taxe, fuhren von Café zu Café, bestellten etwas und waren doch zu aufgeregt, um es zu verzehren.

Uns beschäftigte der Gedanke, wie die geplante Demonstration ausfallen würde. Die sozialistischen Frauen Berlins wollten es sich nicht nehmen lassen, Rosa Luxemburg beim Verlassen des Gefängnisses zu begrüßen. Da sie fürchteten, die Polizei könnte Absperrungsmaßnahmen vornehmen, hielt sich ein Teil von ihnen seit den frühen Morgenstunden in den Häusern der Barnimstraße und der angrenzenden Querstraßen verborgen. Die Polizei sperrte die Straßen ab, die zum Gefängnis führten, als sie einen Zug Demonstrantinnen kommen sah. Dieser Zug begab sich in den nahegelegenen Friedrichshain, um dort für Rosa Luxemburg zu demonstrieren. Die Genossinnen aber, die sich verborgen gehalten hatten, stürzten, als unser Wagen sich dem Gefängnis näherte, hervor und jubelten Karl Liebknecht zu, so daß die Polizei im Augenblick machtlos war. Als ich ins Gefängnis trat, vergaß ich zunächst unter dem Eindruck der gelungenen Demonstration und vor lauter Aufregung, zu Rosa Luxemburg zu gehen, bis die Vorsteherin kam und sich erkundigte, ob ich Frau Dr. Luxemburg nicht heimbringen wolle. „Sie haben mich so harmlos nach der Stunde der Entlassung gefragt, ich konnte mir nicht träumen lassen, daß solch ein Unsinn inszeniert würde. Die Frauen täten besser, daran, ihren Männern die Strümpfe zu stopfen und den Haushalt zu besorgen", sagte sie.

Endlich stand ich vor Rosa Luxemburg. „Sie wollen mich wohl nicht holen, Mathilde?" „Wir warten auf Sie, damit wir nach Hause fahren können."

Die Vorsteherin wurde unruhig und bat uns, das Gefängnis durch den

Lazarett-Torweg in der Weinstraße, der nicht von Menschen umlagert war, zu verlassen und ließ das Auto dorthin dirigieren.

Als wir über den Lazaretthof gingen, glaubte ich, nicht richtig zu sehen. Die Krankenzellen dort hatten etwas größere und leichter zu öffnende Fenster als die gewöhnlichen Gefängniszellen. Aus allen diesen Fensterchen schauten die Insassen durch die Gitterstäbe und winkten mit Tüchern; Aufseherinnen sahen aus den Korridorfenstern; das Gefängnis war aufgestört, erregt, lebendig und seiner elenden grauen Monotonie entrissen.

Karl Liebknecht wollte das Auto zum Friedrichshain fahren lassen. Wir baten, davon Abstand zu nehmen, da wir fürchteten, man könne Rosa Luxemburg aufs neue verhaften. So fuhren wir den direkten Weg und erreichten ohne Unterbrechung Rosa Luxemburgs Wohnung in Südende.

In der neu errungenen Freiheit erwartete Rosa Luxemburg die Arbeit in überreichem Maße. Sie gab sich ihr hin, ohne an Erholung zu denken.

Rosa Luxemburg war viel kränker aus dem Gefängnis gekommen, als wir wußten. Trotzdem arbeitete sie, ohne sich Erholung zu gönnen. Oft schrieb sie ihre Manuskripte unter heftigen Schmerzen. Sagte ich dann: „Rosa, vielleicht ruhen Sie ein wenig", so antwortete sie, „Ich nehme keine Notiz von den Schmerzen. Ich tue so, als ob sie mich nichts angingen, und kann dann sehr gut arbeiten." Zu jener Zeit waren Karl Liebknecht und Leo Jogiches die häufigsten Gäste in Südende. Manchmal begleitete Frau Sonja Liebknecht ihren Mann.

Die Zusammenarbeit zwischen Karl Liebknecht und Rosa Luxemburg wurde immer enger. Manchmal wünschte ich, er wäre weniger unzertrennlich von Rosa Luxemburg gewesen. Sein Name wurde stets mit dem von Rosa Luxemburg genannt, und sein Auftreten wurde immer mutiger, immer kühner. Oft waren seine Handlungen tollkühn und nicht frei von Eitelkeit. Baten ihn Franz Mehring oder Rosa Luxemburg, von dieser oder jener Aktion abzusehen, so pflegte er zu antworten, man möge um ihn ruhig sein, die Immunität als Abgeordneter schütze ihn vor Verhaftung. Einmal sprachen wir mit Rosa Luxemburg kritisch über Karl Liebknecht und sie sagte: „Vergleicht ihn nicht mit Leo Jogiches, wie ihr es zu tun pflegt, vergleicht ihn mit deutschen Genossen, und ihr werdet sehen, wie hoch er über ihnen steht. Außerdem solltet ihr den Lassalle flei-

ßiger studieren, ihr könnt viel davon lernen. Auch Lassalle war eitel." —
Sie kannte ihren Lassalle und liebte ihn.

Häufig machte sie Spaziergänge gemeinsam mit Karl Liebknecht. „Ich
wußte nicht, daß Karl ein so guter Botaniker ist", sagte Rosa Luxemburg eines Tages zu mir. „Der arme Kerl hat bis jetzt immer ventre à
terre mit dem Bauch an der Erde gelebt, ich werde ihn davon zu heilen
wissen."

„Brot!, Freiheit!, Frieden!" war der Kampfruf unter dem die Spartakusgruppe 1916 zu einer verbotenen 1. Mai-Demonstration aufgerufen
hatte, um die Arbeiter gegen Krieg und Imperialismus zu mobilisieren.
Auf dieser Demonstration wurde Karl Liebknecht verhaftet, weil er der
Menge — fast zehntausend Menschen waren gekommen — zugerufen
hatte: „Nieder mit dem Krieg! Nieder mit der Regierung!" Am 28. Juni
wurde Karl Liebknecht zu zweieinhalb Jahren Zuchthaus verurteilt. Rosa
Luxemburg als treibende und führende Kraft im Spartakus forderte die
Arbeiter auf, dem Beispiel Liebknechts zu folgen. Am 10. Juli wurde sie
erneut verhaftet. Ihre politische Agitations- und Aufklärungsarbeit war
für die Machthaber, und nicht nur alleine für sie, zum innenpolitischen
Risiko geworden. So sagte General von Woisberg später in einem Prozeß aus, daß Rosa Luxemburg auf direktes Drängen eines sozialdemokratischen Abgeordneten gegenüber der Regierung verhaftet worden sei.
Was ist damals geschehen?

Die leitenden Stellen wußten, daß die Aufklärung und Agitation der Arbeiter ihr Werk war, doch fehlte der Beweis, und die Indizien reichten nicht aus, um sie verhaften zu können. Wiederholt wurden Haussuchungen in Rosa Luxemburgs Wohnung vorgenommen. Man fand den Korrekturabzug eines Flugblattes, das von Rosa Luxemburg verfaßt und zu jener Zeit in die Betriebe und in die Schützengräben gelangt war. So mancher Genosse hat die Verbreitung mit Gefängnis oder Verschickung an die Front gebüßt.

Für die ersten Tage des Juli 1916 war Rosa Luxemburg von Leipziger Genossen gebeten worden, an internen Besprechungen teilzunehmen und einige politische Referate im engsten Kreis zu halten. Am 9. Juli erwarteten wir sie zurück. Als ich am Vormittag dieses Tages, es war ein Sonntag, die drei Treppen zu ihrer Behausung hinaufstieg, begegneten mir zwei Männer. Sie standen plötzlich neben mir, als ich die Wohnungstür aufschließen wollte, stellten sich als Neuköllner Parteigenossen vor und baten, mit in die Wohnung kommen zu dürfen, da sie eine wichtige Bestellung zu übermitteln hätten.

Mir war dieser Besuch unbehaglich, doch ging ich gemeinsam mit den Männern in die Wohnung. Sie gaben an, ein Flugblatt in Auftrag geben zu wollen. Ich wurde stutzig und bat, mir Bescheid zu sagen. Sie wollten aber persönlich mit Rosa Luxemburg verhandeln und erkundigten sich nach ihrer Rückkehr, was mein Mißtrauen herabminderte. Zu jener Zeit erkannte ich Spitzelphysiognomien noch nicht ohne weiteres. Später wußte ich auf den ersten Blick und beim ersten Wort, ob ich einen Spitzel vor mir hatte.

Am Nachmittag kehrte Rosa Luxemburg, wie erwartet, heim. Einige Parteifreunde hatten sie von der Bahn abgeholt und mit ihr in einem Restaurant zu Mittag gegessen. Der Vorwärtsredakteur Dr. Ernst Meyer und der Kunsthistoriker Eduard Fuchs kamen mit in ihre Wohnung. Bei einer Tasse Kaffee erzählte ich von dem mysteriösen Besuch, der besonders Eduard Fuchs verdächtig erschien.

An eine neuerliche Verhaftung Rosa Luxemburgs dachte indessen niemand.

In der Nacht ließ sich Rosa Luxemburg meinen Bericht durch den Kopf gehen, und es stand bei ihr fest, daß ich es mit Spitzeln zu tun gehabt hatte. Am nächsten Morgen erklang in aller Frühe die Korridorglocke. Ich öffnete die Tür, und die zwei Individuen vom Sonntag standen vor mir, zeigten ihre Erkennungsmarke und legitimierten sich als Kriminalbeamte. Rosa Luxemburg lag noch im Bett. Ich bestand darauf, daß die Beamten, die ins Schlafzimmer gehen wollten, im Nebenzimmer warteten. Um mit Rosa Luxemburg sprechen zu können, brachte ich ihr Wasser und half ihr beim Ankleiden. Ich erklärte den Kriminalbeamten, daß Rosa Luxemburg frühstücken müßte. Als ich mich anschickte, Backware zu holen, durfte ich nur in Begleitung eines Beamten die Wohnung verlassen. Nach dem Frühstück legte ich die notwendigsten Sachen in ein Köfferchen. Da es für Rosa Luxemburg zu schwer war, durfte ich mitkommen. Wir fuhren mit der Vorortbahn bis zum Potsdamer Platz. Hier hatten die Beamten, von denen einer besonders unangenehm war, genug von meiner Gesellschaft. Sie nahmen auf Staatskosten eine Autodroschke und entführten Rosa Luxemburg nach etwa 4 1/2 monatiger Freiheit wieder in das Frauengefängnis Barnimstraße.

Da die Regierung beweiskräftiges Material nicht besaß und die Indizien nicht ausreichten, war es unmöglich, Rosa Luxemburg einen Prozeß zu machen. Aber die famose Schutzhaft bestand ja! Die wurde nun ohne weiteres über eine so „staatsgefährliche" Person verhängt.

Rosa Luxemburg sah jetzt Jahre der Kerkerhaft vor sich. Erst nach Kriegsende konnte sie auf ihre Befreiung rechnen. Auch sie vermochte die Zeitdauer dieses furchtbaren Krieges nicht abzuschätzen. Zuerst glaubten die klügsten Köpfe an eine höchstens zweijährige Dauer, allmählich aber unterließen auch die Gescheitesten eine Voraussage.

Leo Jogiches.

Leo Jogiches, der im Leben Rosa Luxemburgs eine große Rolle spielte, taucht häufig, wenn auch unter verschiedenen Decknamen, in ihren Briefen an Sie auf. Jogiches war einer der führenden Köpfe in der revolutionären polnischen Arbeiterbewegung und später im Spartakusbund und in der KPD. Von den Freunden wie auch von den späteren Biographen Rosa Luxemburgs ist dieser Mann auf das widersprüchlichste charakterisiert worden. Das Bild reicht vom partriarchalisch-autoritären Despoten bis hin zur „heute sehr seltenen Mannspersönlichkeit, die neben sich in treuer beglückender Kameradschaft eine große Weibspersönlichkeit ertragen könne, ohne deren Wachsen und Werden als Fessel des eigenen Ichs zu empfinden".

Heute mag einen diese Sprache — Clara Zetkin schrieb diese Zeilen nach der Ermordung Rosa Luxemburgs 1919 — pathetisch und antiquiert anmuten. Und dennoch, wenn man heute einen Mann als positive Ausnahme von der Regel charakterisieren will, als in einem feministischen Sinne emanzipiert, ist die Beschreibung Clara Zetkins immer noch aktuell. Hier soll es aber nicht darum gehen, den vielen schillernden Facetten Leo Jogiches' eine weitere hinzuzufügen. Vielmehr würde ich gerne etwas wissen über die Zeit, in der Sie als seine Vertraute und Kampfgefährtin eng mit ihm zusammengearbeitet und seine politische Arbeit in Berlin unterstützt haben.

Nach der Verhaftung Karl Liebknechts am 1. Mai 1916 hatte der von ihm zur illegalen Arbeit herangezogene damalige Vorwärtsredakteur Dr. Ernst Meyer die Leitung des Spartakusbundes übernommen. Als auch er verhaftet wurde, trat Leo Jogiches an seine Stelle.

Die illegale Arbeit wurde, je länger der Krieg währte, immer umfangreicher und gefährlicher, aber auch um so notwendiger. Die Polizei strengte sich tüchtig an, um den kühnen Flugblattverteilern, „die Heer und Marine verseuchten", auf die Spur zu kommen. Aber immer größer wurde die Zahl derer, die gegen die Kriegspolitik aufstanden und sich dem Spartakusbund anschlossen. Viele von ihnen kamen durch Unvorsichtigkeit den Spitzeln gegenüber in die Zuchthäuser oder, falls ihnen nichts weiter nachgewiesen werden konnte, in die Schützengräben.

Leo Jogiches hatte niemals vorher in den politischen Kampf der deutschen Arbeiterbewegung eingegriffen. Er stand ihrem Organisationsleben fern, kannte die deutschen Genossen bis auf einige wenige nicht, und außer diesen wußte kein deutscher Sozialdemokrat von seiner Existenz. Nach kurzer Zeit hatte er die Fäden der Berliner illegalen Organisation fest in der Hand. Die gesamte Korrespondenz und die persönliche Fühlungnahme mit den Genossen im Reich ging jetzt von ihm aus.

. . . Er war Verschwörer in Reinkultur: ohne persönlichen Ergeiz, ruhig und zielklar erledigte dieser Revolutionär seine Obliegenheiten. Er kannte keine Ruhepausen bei der Arbeit, die er bis tief in die Nacht, nicht selten bis zum frühen Morgen ausdehnte. Er hatte weder Sonn- noch Feiertage. Es schien, als ob er Schlaf und Nahrung entbehren könnte. Nur auf den Tee verzichtete er nicht. So eigensinnig er das ihm dargebotene Essen ausschlug, so oft verlangte er ein Glas Tee.

Von den meisten vor Kriegsbeginn und kurz nachher tätig gewesenen Genossen im Stich gelassen, leistete Leo Jogiches während dieser kritischen Zeit Außerordentliches. Sein Urteil über die deutschen Parteigenossen, die ihm helfen sollten, war bis auf einige wenige vernichtend. Behaupteten sie, dies oder jenes könnten sie nicht leisten, mit der Begründung, ihre Kraft würde versagen, oder brauchten sie Ausflüchte anderer Art, so sagte Leo Jogiches: „Sollen sie doch erst versuchen, ob sie bei der Arbeit zusammenbrechen; es ist unappetitlich, mit solchen Genossen zu arbeiten." Keinen aber gab es unter diesen, der Leo Jogiches' Charaktereigenschaften nicht hoch einschätzte oder seine persönlichen Leistungen nicht bewunderte. Das taten selbst jene, die seinen Zorn zu fühlen bekamen. Rosa Luxemburg klagte manchmal über die allzu große Strenge ihres Freundes gegen andere. „Er hat aber immer recht" meinte ich. „Das ist es ja eben!"

Die mir von Leo Jogiches diktierten Flugblätter — der Spartakusbund gab eigene Flugblätter heraus — enthielten Losungen, die zum ersten Mal in die Massen getragen wurden, wie: Absetzung der preußischen Hohenzollern von Gottes Gnaden! Nieder mit den fürstlichen Schmarotzern der deutschen Kleinstaaten! Aufhebung der drei Dutzend deutschen Vaterländer! Gründung einer einigen deutschen Republik!

Der deutsche Spießer, der ein solches Flugblatt las, empörte sich in seinem tiefsten Innern ob solchen „Landesverrats" oder er schüttelte sein Haupt, weil er die Zurechnungsfähigkeit des Flugblattschreibers anzweifelte. Hätte er doch eher geglaubt, der Himmel könne auf die Erde stürzen, als daß die Hohenzollern von Gottes Gnaden aufhören, Deutschland mit ihrer Regentschaft zu beglücken. Sein geringes Denkvermögen war durch die Presse vollends ausgeschaltet. Ihm war der zu erwartende endgültige Sieg jahrelang Tag für Tag vorgetäuscht worden. Wie der Gläubige an seine Religion, so glaubte er an die Wahrhaftigkeit der Zeitungen.

Die Kriminalpolizei setzte ihre Häscher in Bewegung, als diese Flugblätter erschienen. Wußte sie doch, daß die Verbreitung vom Spiritus rector des „Spartakus-Bundes" ausging. Sie war ahnungslos genug, diesen auch für den Verfasser aller derjenigen Flugblätter und Artikel zu halten, die aus Rosa Luxemburgs Feder stammten. Die ganze Polizeidummheit gehörte dazu, einen so charakteristischen Stil wie den Rosa Luxemburgs jahrelang nicht herauszufinden.

... Je länger der Krieg dauerte, desto größere Lücken riß er in unsere Reihen. Genossen, die den Behörden politisch verdächtig erschienen, wanderten in den Schützengraben, andere ins Gefängnis oder Zuchthaus. Nachdem Leo Jogiches sich so exponiert hatte, pflegte er, wenn er nicht kam, täglich bei mir anzurufen, damit ich wußte, daß er noch da war. Ich mußte außerdem wissen, wo er zu erreichen war, da alle, die ihn sprechen wollten, sich bei mir meldeten, damit ich die Verbindung mit ihm herstellen konnte. Wir hatten eine recht verklausulierte Art, uns zu verständigen. Namen wurden nicht genannt, jeder wurde entweder mit einem Spitznamen bezeichnet, oder die Person wurde umschrieben, so daß ein Lauscher — der von Amts wegen nicht selten die Telefonleitung behorchte — nichts heraushören konnte.

... Als im März 1918 bis zum späten Abend weder ein telefonischer Anruf erfolgt, noch Leo Jogiches selbst gekommen war, wußte ich, daß sein Schicksal besiegelt war. Am nächsten Morgen fuhr ich in seine Wohnung. Er war am vorhergehenden Tag dort verhaftet und ins Gefängnis am Alexanderplatz gebracht worden.

... Nach einigen Tagen wurde er ins Moabiter Untersuchungsgefängnis überführt. Trotz strenger Kontrolle im Moabiter Untersuchungsgefängnis versah ich Leo Jogiches, der immer neue Arten des Schmuggelns ersann, mit politischen Nachrichten.

... Nachdem ich alles Nötige für Leo Jogiches in die Wege geleitet hatte, reiste ich zu Rosa Luxemburg, die mich ungeduldig erwartete. So sehr sie um Leo Jogiches während seiner illegalen Tätigkeit gezittert hatte, so ruhig nahm sie, wie das ihre Art war, das Unabänderliche auf. Nur verbat sie sich jede weitere Zuwendung von Lebensmitteln durch mich. Sie sei in Breslau gut verpflegt, ich müsse jetzt für Leo Jogiches sorgen. „Du weißt doch", sagte sie, „daß das Essen in den Gefängnissen ungenießbar ist, und Leo fast ausschließlich von dem lebt, was du hineingibst. Bitte, sage mir, was du ihm bringst." Ich zählte auf. „Ich merke schon, du machst deine Sache gut. Habe ich auch nicht anders von dir erwartet."

— Ich mußte meine Sache 7 Monate hindurch gut machen. Es war rührend, wenn Rosa Luxemburg mir bei jedem Besuch irgend eine Kleinigkeit für Leo Jogiches mitgab, die sie sich entweder abgespart oder in Breslau durch Frau Schlisch hatte auftreiben lassen. Auch für Zigaretten sorgte sie, denn Leo Jogiches war ein leidenschaftlicher Raucher. Ganz Rosa Luxemburgs Art entsprach es, als sie mir nahelegte, ihre Laken verarbeiten zu lassen, falls Leo Jogiches Wäsche benötigte, was allerdings nicht der Fall war.

Vier Jahre lang sind Sie Rosa Luxemburg durch ihre „Gefängnisgruften"
gefolgt. Zuerst das Weibergefängnis in der Barnimstraße, dann das Polizeigefängnis am Alexanderplatz, die Festung Wronke in Posen und zum
Schluß das Gefängnis in Breslau.
Rosa Luxemburgs Briefe an Sie klammern totz ihres privaten Charak-
ters die Situation der politischen Gefangenen nicht aus. Ja, sie zeigen sogar, was sie in einem Brief an Luise Kautsky ausspricht, daß sie sich nämlich „fühle wie ein Mensch ohne Haut". Und trotzdem, das alltägliche
Dasein ihrer Gefangenschaft verschwindet häufig hinter den Sorgen, die
sie mit ihrer Außenwelt verbindet, hinter einer fast unvorstellbaren
Selbstdisziplin, die auch ihre eigene Dünnhäutigkeit verbirgt. Wie sah
der Alltag für eine politische Gefangene in dieser Zeit aus?

Die Gefangenen erwartete eine kleine kahle Zelle mit Eßnapf, Blechlöffel, Wasserkrug und Waschnapf. Eine Holzpritsche mit einem Keilkissen, einer dünnen Matratze und einer Wolldecke diente als Schlafstätte. Tagsüber wurde die Pritsche hochgerichtet und an der Wand befestigt. Eine Holzplatte, die als Tisch diente, konnte heruntergeklappt werden. Der einzige Stuhl war fest eingeschraubt und zwar so, daß der Gefangene mit dem Gesicht zur Tür sitzen mußte. Der durch eine Klappe von Zeit zu Zeit hineinschauende Beamte konnte dann gleich sehen, womit sich der Gefangene beschäftigte. Neben der Tür war das Klosett mit automatischer Wasserspülung, die morgens, mittags und abends für das gesamte Gefängnis in Funktion trat. Für jedes Stück, das man einem Gefangenen hineingeben wollte, mußte man der Gefängnisdirektion die Erlaubnis des zuständigen Richters vorzeigen können. Es gab also nach einer Verhaftung viele Wege, ehe man die Gefangenen mit dem Nötigsten versorgt hatte.

Die äußeren Bedingungen für Schutzhaftgefangene waren besser als die für Strafgefangene. Man durfte Nahrungsmittel ins Gefängnis bringen, Blumen, Bücher und Gegenstände, die die Zelle wohnlicher gestalteten. Auch Briefe durften in mäßigem Umfange geschrieben und empfangen werden.

Meine Mutter übernahm es, nach ärztlicher Vorschrift für Rosa Luxemburg zu kochen. Wir schickten ihr täglich das Mittagessen und legten nach Möglichkeit etwas für die übrigen Mahlzeiten hinzu.

Ich hatte von der Kommandantur, der die Schutzhaftgefangenen unterstanden, generelle Erlaubnis bekommen, Rosa Luxemburg einmal in der Woche, und zwar für eine Stunde zu besuchen. Diese Sprechstunde überwachte ein Kriminalbeamter, der aus dem Polizeipräsidium entstandt wurde.

Eines Tages wurde er durch den unangenehmen Beamten abgelöst, der sich schon bei der Verhaftung Rosa Luxemburgs übel benommen hatte, ein Mensch mit schlechten Umgangsformen. Er sollte fortan die Sprechstunde überwachen. Gleich beim ersten Mal bemühte er sich, sie uns zu verleiden. Unausgesetzt suchte er Rosa Luxemburg durch ungehörige Bemerkungen herauszufordern. Wir blieben äußerlich ruhig, unterhielten uns und besprachen während der uns zustehenden Stunde alles so gut wie möglich.

Da wir die Gegenwart dieses Überwachungsbeamten einfach nicht be-
achteten, sagte er bei einer der nächsten Sprechstunden nach Verlauf von
etwa 10 Minuten, die Sprechstunde sei beendet.
„O nein", meinte Rosa Luxemburg, „ich habe gerade Wichtiges zu be-
sprechen. Ich führe das Gespräch zu Ende." Dies tat sie auch. Sie gab Punkt für Punkt ihre Wünsche an, die ich an
ihren damaligen Rechtsanwalt Dr. Weinberg übermitteln sollte.

Die unverschämten Bemerkungen des Beamten fielen immer wieder, so
daß Rosa Luxemburg eine Tafel Schokolade nach ihm schleuderte und
aufgeregt rief, daß man von einem dreckigen Spitzel kein besseres Benehmen verlangen könne.
Ein preußischer Beamter bekam von Amts wegen niemals Unrecht, und
so hatte der Auftritt für Rosa Luxemburg unangenehme Folgen. Am gleichen Tag, spät abends wurde sie aus dem Gefängnis in der Barnimstraße
geholt und nach dem Polizeigefängnis am Alexanderplatz „strafversetzt".
Hier blieb sie etwa vier Wochen in einer kleinen unsauberen Zelle, an der
die Stadtbahn Tag und Nacht vorbeirollte. Ein Hof für den üblichen
„Spaziergang" der weiblichen Inhaftierten war nicht vorhanden. Ich
mußte das Essen wieder mitnehmen, als ich es brachte, und Selbstbekö-
stigung in einem bestimmten Restaurant bestellen, dessen Kost teuer,
schlecht und für Rosa Luxemburg schädlich war. Alle Bemühungen, sie
von diesen Mißständen zu befreien, scheiterten.
Sie schrieb Flugblätter und Artikel für die „Spartakusbriefe" bei dem
spärlichen Licht, das die matte obere Scheibe der Tür in die Zelle ließ.
Die Zelle selbst blieb unbeleuchtet.
Sämtliche Sachen Rosa Luxemburgs außer einigen Büchern und den notwendigen Toilettengegenständen, die sie mitgenommen hatte, waren bei
dem plötzlichen Verlassen der Barnimstraße unverpackt dort geblieben.
Vorläufig sollte alles in der innegehabten Zelle verbleiben, bis bestimmt
würde, wohin die Gefangene vom Polizei-Gefängnis aus käme.

Clara Zetkin und Rosa Luxemburg auf dem Weg zum Magdeburger Parteitag der SPD 1910.

Über die Isolationshaft im September 1916 im Polizeipräsidium in Berlin schrieb Rosa Luxemburg: „Der anderthalbmonatige Aufenthalt dort hat auf meinem Kopf graue Haare, in meinen Nerven Risse zurückgelassen, die ich nie verwinden werde". Am 26. Oktober 1916 wurde sie unerwartet in die Festung Wronke, in der Provinz Posen, überführt. Hier waren die Haftbedingungen vom Äußeren her erträglicher. Aber die Odyssee durch die Gefängnisse hatten die seelischen Abwehrkräfte — und das war ja wohl auch das eigentliche Ziel dieser Haftbedingungen — der Gefangenen geschwächt. Die Krankheit Rosa Luxemburgs — ein nie ganz auskuriertes Leberleiden und nervöse Magenbeschwerden machten ihr zu schaffen — verschlimmerte sich, und sie selbst klagte über Depressionen.

Als ich eines Tages Wäsche und Bücher in das Polizeigefängnis brachte, wurde ich in das Zimmer des Direktors geführt. Selbst recht erschrocken teilte er mir mit, Rosa Luxemburg sei ganz in der Frühe plötzlich in die Festung Wronke überführt worden. Er könne allerdings nicht genau sagen, ob der Name des Ortes stimme. Ich vergewisserte mich, daß es eine kleine Stadt dieses Namens gab, und stellte fest, daß sie in der Provinz Posen lag. Jetzt eilte ich zur Kommandantur, zum Oberkommando, aber nirgends wollte man Bescheid wissen. Ich sollte mich nur gedulden, Frau Dr. Luxemburg würde sicher schreiben und ihre Wünsche äußern. ·

Alle Briefe Rosa Luxemburgs gingen über die Kommandantur, so daß wir frühestens in acht bis zehn Tagen Nachricht von ihr haben konnten. Und Rosa Luxemburg hatte weder genügend Kleidung und Wäsche noch Geld.

Leo Jogiches hatte die rettende Idee. „Reisen Sie nach, Mathilde, und bringen Sie Rosa das Nötigste. Sie wird sich freuen, wenn Sie sogleich nach ihr Umschau halten, sie wird es sogar erwarten." Leo Jogiches war überzeugt, daß der Direktor eines Provinzgefängnisses selbständig handeln dürfe und mich, ohne vorheriges Befragen der Kommandantur, mit Rosa Luxemburg sprechen lassen würde.

In der Tat verhielt es sich so. Rosa Luxemburg selbst sagte später zu mir: „Ich hatte gehofft, jemand von Euch würde gleich nach Wronke kommen, um sich nach mir umzusehen."

Ich ging in die Barnimstraße, um alle dort zurückgebliebenen Sachen versandbereit zu machen. Stück für Stück unterzog ich einer genauen Prüfung. Dabei entdeckte ich einen politischen Situationsbericht, den mir Leo Jogiches diktiert und den ich Rosa Luxemburg zugeschmuggelt hatte. Ich war erschrocken. Ängstlich überflog ich die Seiten. Leo Jogiches hatte am Schluß der Mitteilungen einige private fürsorgliche Worte hinzugefügt — Äußerungen persönlicher Wärme waren so selten von ihm. Ich war glücklich, daß der Vorsteherin dieses schwer belastende Schriftstück entgangen war. „Um eine einwandfreie Kontrolle zu gewährleisten, habe ich sämtliche Sachen persönlich durchgesehen", hatte sie mir bei der Übergabe gesagt. Die doppelte Kontrolle meinerseits hat Rosa Luxemburg und mir viel Kummer erspart.

. . . Nachdem Rosa Luxemburgs Sachen abgesandt waren und mir das

Oberkommando in Posen Erlaubnis erteilt hatte, unsere Gefangene zu besuchen, fuhr ich Mitte November 1916 nach Wronke.

Das kleine Städtchen Wronke, zu deutsch „Krähennest", liegt eine Stunde Bahnfahrt von der Stadt Posen entfernt. Es gehörte zu dem Preußen zugeteilten Gebiet Polens und ist nach dem Ersten Weltkrieg Polen wieder zugefallen.

Zum ersten Mal kam ich in ein von Preußen annektiertes Gebiet. Eine dünne Schicht deutscher Einwohner, die hierher verpflanzt worden war, bestand hauptsächlich aus der Beamten- und Lehrerschaft sowie aus Geschäftsleuten. Sie wurden von den Polen gehaßt.

Ich fühlte mich nicht behaglich in dieser Umgebung und hatte den Polen gegenüber das Gefühl eines Eindringlings.

Die Bevölkerung, die durch den zwangsweisen Besuch deutscher Schulen zum Deutschsprechen gezwungen wurde, hielt ungeachtet dessen an ihrer Muttersprache fest. Unter sich und mit den Kindern sprachen sie polnisch. Kamen die Kinder in die Schule, so blieb den Lehrern nichts anderes übrig, als sie erst deutsch sprechen zu lehren, bevor sie mit dem Unterricht in deutscher Sprache beginnen konnten.

. . . Das erste Wiedersehen mit Rosa Luxemburg fand in dem üblichen „Sprechzimmer" statt, einem schmalen weißgetünchten Raum, dessen Hintergrund, etwa 2 m im Quadrat, durch eine dicke Zementbarriere abgeteilt war. Dorthin wurden die Gefangenen geführt, wenn sie angemeldeten Besuch bekamen; anderer kam nicht in Frage. Die Barriere trennte die Besucher von den Gefangenen.

Selbst die Wiedersehensfreude ließ mich die Häßlichkeit dieses Raumes erkennen. Wir umarmten uns über die Barriere hinweg, so gut es ging. Ausgehungert nach Nachrichten, flüsterte mir Rosa Luxemburg zu: „Bringen Sie nichts von Leo?" Ich drückte ihr einen Kassiber in die Hand, dazu den Augenblick nutzend, in dem die Oberin und der Staatsanwalt sich in Komplimenten ergingen, um einander den Vortritt in den Sprechstundenraum zu lassen. Dann besprachen wir das Nötige, jedes nach vorher gemachten Notizen, da man ohne Aufnotierungen oft das Wichtigste vergißt. Nachdem wir uns über alles, was ich erledigen wollte, verständigt hatten, war dieser erste Besuch beendet.

. . . Ich beschloß, etwa eine Woche in Wronke zu bleiben und die mir bewilligten drei oder vier Besuche nicht hintereinander, sondern stets ein, zwei Tage auslassend zu machen, damit Rosa Luxemburg längere Zeit Abwechslung durch meinen Aufenthalt hatte. Nachrichten, die dem scharfen Auge des Staatsanwalts entgingen, wußten wir uns in gewohnter Übung, auch ohne daß wir uns sahen, zukommen zu lassen.

... Die Oberin des Gefängnisses, Frau Else Schrick, besaß Takt und Herzensbildung und hatte vielseitige geistige Interessen. ... Sie bat den Staatsanwalt um die Erlaubnis, einige ihrer freien Abendstunden bei Rosa Luxemburg verbringen zu dürfen. Es wurde ihr gestattet; unterhielt sich der Staatsanwalt doch selbst gern, so oft es seine Zeit erlaubte, mit seiner Gefangenen. Man nahm sich vor, auch in späteren Zeiten Fühlung zu halten. Der Staatsanwalt wie die Oberin wollten Rosa Luxemburg aufsuchen, sobald sie sich wieder in Freiheit befände.

... Ich erschrak, als ich bei meinem nächsten Besuch im Januar 1917 Frau Oberin Schrick nicht mehr antraf. Sie hatte sich in dem kleinen Städtchen mit seinem Klatsch nicht glücklich gefühlt und sich nach Metz, ihrer Heimatstadt, zum Kriegsdienst beurlauben lassen.

... Nach einiger Zeit war eine neue Gefängnisoberin in Wronke eingetroffen, eine verarmte adlige Dame, etwa Ende der Dreißig, die schon rein äußerlich einen unangenehmen Eindruck machte. Sie war so vulgär und anmaßend in ihren Äußerungen, daß Rosa Luxemburg sie ignorierte. Die armen Gefangenen hatten durch die unerfreuliche Art dieser Oberin sehr zu leiden; auch das Gefängnispersonal war erschrocken über die neue Vorgesetzte.

Die gänzliche Isolierung war Rosa Luxemburg bisher erträglich gemacht worden durch das harmonische Zusammensein mit Frau Schrick. Die neue Oberin indes verstand es, der Gefangenen das Leben durch tausend Kleinigkeiten zu vergällen. Ich war erschrocken, in welch schlechtem Gesundheitszustand ich Rosa Luxemburg damals antraf. Sie war arbeitsunfähig. Sie, die ihre körperlichen Schmerzen nicht zu beachten pflegte, schrieb mir jetzt unterirdisch: „Ich leide an seelischen Depressionen. Es ist manchmal so schlimm, daß ich arge Befürchtungen habe." Die Magenbeschwerden traten zuweilen wieder so heftig auf, daß Rosa Luxemburg oft keine oder zu wenig Nahrung zu sich nahm. Sie wünschte mein Kommen häufiger und litt an Sehnsuchtsqualen.

Wenn ich dann zu Besuch kam und der Staatsanwalt die Sprechstunde abhielt — er tat dies jetzt meist, weil er wußte, daß uns die neue Oberin unangenehm war —, setzte Rosa Luxemburg sich auf meinen Schoß, lehnte ihren Kopf an meine Schulter, ließ sich Zärtlichkeiten gern gefallen, während sie dies sonst nicht duldete. Sie war krank und hilflos. In dieser Zeit ihrer Krankheit war Rosa Luxemburg unberechenbar launisch. In ihrer Reizbarkeit fürchtete sie, ich könnte die ihr so unangenehme Oberin um etwas bitten. So wies Rosa Luxemburg mich bei einem unerwarteten Besuch ab in der Annahme, ich hätte die Oberin um diesen Besuch gebeten. In Wirklichkeit hatte mir der Staatsanwalt, selbst ängstlich wegen Rosa Luxemburgs Gesundheitszustand, angeboten, des öfteren zu ihr zu gehen, damit sie dadurch Freude und Ablenkung hätte. Als sie sich nun weigerte, mich zu empfangen, suchte ich, traurig darüber, meine Zuflucht im Walde. Ich machte mir klar, wieviel Rücksicht wir Rosa Luxemburg schuldig waren. So mit Gedanken beschäftigt, sah ich am Ufer eines Teiches durch das Grün herzförmiger Blätter viele weiße Blüten leuchten. Es war Sumpfkalla. Ich zog Schuhe und Strümpfe aus und wagte vorsichtig einige Schritte in den Morast, um die Blumen zu pflücken. Auf dem Rückweg gab ich sie im Gefängnis ab.

Als die Pforte geöffnet wurde, winkte Rosa Luxemburg mit dem Taschentuch aus ihrem Gärtchen. Ich eilte an das Gitter.

„Sind Sie bös?"

„Ach, wie könnte ich das!"

„Ich habe schon zu Frau Doktor gesagt", ließ sich die Stimme der Oberin vernehmen, „wenn ich Fräulein Jacob wäre, würde ich mich für solche Freundschaft bedanken."

„Wenn Sie Fräulein Jacob wären, so kämen Sie als Freundin für mich nicht in Betracht", lautete die prompte Antwort.

Rosa Luxemburg auf dem zweiten Kursus der Parteischule der SPD 1907.

Im Juli 1917, nach neunmonatiger Haft in Wronke, kam Rosa Luxemburg nach Breslau in das Gefängnis. Wieder ein Wechsel, wieder Kampf gegen neue Widrigkeiten.

In Rußland hatte die Oktoberrevolution erste Siege errungen, und Rosa Luxemburg muß es doppelt schwer empfunden haben, in dieser Zeit eine Gefangene der Mächte zu sein, die sie am heftigsten bekämpfte: den Militarismus und Imperialismus. Im Oktober 1917 haben Sie sie, zusammen mit anderen Freunden, gebeten, ernsthafte Schritte einzuleiten, um nach Rußland emigrieren zu können. Sie haben in Ihren Aufzeichnungen geschrieben, Rosa Luxemburg habe daraufhin geantwortet: „Ich bin zu verknüpft mit der Schande des deutschen Proletariats, ich kapituliere nicht." Auf erneutes Drängen sagte sie: „Nein, ich halte auf meinem Posten aus, und ich hoffe, in Deutschland noch etwas zu erleben, und zwar in nicht gar zu ferner Zeit."

Aber wie barbarisch müssen die Machthaber dieses Militärstaats gewesen sein, daß sie Rosa Luxemburg, die zwar ungebrochen, aber dennoch krank war, von Gefängnis zu Gefängnis, von Zelle zu Zelle zerrten und selbst noch angesichts von Isolationshaft behaupteten, sie schützen zu müssen. Vor wem? Vor der eigenen Bevölkerung, die ihre Hoffnungen auf eine bessere Zukunft mit Rosa Luxemburg verband? Sie haben sie nach Breslau begleitet.

Der Staatsanwalt eröffnete uns während der Sprechstunde, er hätte von der zuständigen Behörde Nachricht erhalten, daß Rosa Luxemburg in ein anderes Gefängnis überführt werden müsse. Im Felde sei eine Dame zu mehrjähriger Festungsstrafe verurteilt worden; da es in Deutschland nur zwei Festungen für weibliche Personen gebe, die eine bereits besetzt sei, so müsse Wronke für die Verurteilte zur Verfügung gestellt werden. Es käme noch genauer Bescheid, aber wir könnten mit den Reisevorbereitungen bereits beginnen. Wenn es ihm nicht ausdrücklich verboten würde, wolle er uns den Ort sagen, der bestimmt worden wäre. Ich könnte mich dann vorher über die Verhältnisse dort zu unterrichten suchen. Tag und Stunde der Abfahrt dürfe er nicht angeben. — Das brauchte er auch nicht, darüber belehrte mich Rosa Luxemburg, sobald sie selbst es erfahren hatte.

. . . Inzwischen hatte uns auch der Staatsanwalt gesagt, daß die Fahrt nach Breslau ginge. „Wenn Sie mir versprechen, nicht auf den Bahnsteig zu kommen, will ich Ihnen auch sagen, wann und mit welchem Zug Frau Dr. Luxemburg abreist."

„Nein", entgegnete ich, „das möchte ich mir nicht nehmen lassen; ich werde täglich zu den zwei nach Breslau gehenden Zügen an der Bahn sein, mittags und auch 5 Uhr früh."

Den Tag der Abreise wußte ich bereits, die Abfahrtsstunde wollte mich Rosa Luxemburg wissen lassen, sobald sie ihr mitgeteilt war. Sie bat mich, gleichzeitig mit ihr zu reisen. Ich riet ab, weil ich Unannehmlichkeiten fürchtete und weil es außerdem zweifelhaft war, ob wir während der Fahrt miteinander reden durften.

Am Nachmittag des 22. Juli 1917 war ich auf dem Bahnsteig und konnte Rosa Luxemburg die Hand drücken, als sie kurze Zeit nach mir eintraf, begleitet vom Staatsanwalt und einem Breslauer Gefängnisaufseher, der die Reise überwachen sollte. Der Staatsanwalt überzeugte sich als pflichttreuer Beamter, daß alles ordnungsgemäß vor sich ging. Wahrscheinlich war es ihm auch eine liebe Pflicht, seiner Gefangenen das Geleit zu geben. Er hatte bestimmt, daß an jenem Tage keine Bahnsteigkarten ausgegeben würden. Ich forderte daher eine Fahrkarte zur nächsten Station, mit der ich den Bahnsteig betreten durfte. Der Staatsanwalt machte gute Miene zum bösen Spiel, und wir unterhielten uns, bis der

Zug einlief, der Rosa Luxemburg wieder in ein anderes Gefängnis ent-
führte — das vierte während der Kriegszeit.

... In Breslau ging ich sogleich zur Kommandantur und erbat drei bis
vier Sprechstunden, die mir in Anbetracht zu machender Besorgungen
und damit verbundener persönlicher Besprechungen auch bewilligt wurden. Bereits gegen Mittag war ich zu Rosa Luxemburgs Überraschung
bei ihr. Sie hatte erst für den nächsten Tag auf ein Wiedersehen gerech-
net.

Traurig und mit Tränen in den Augen wurde sie zu mir geführt.

„O Mathilde", sagte sie, „der Umschwung ist zu schrecklich. Ich habe
eine kahle Zelle. Ich darf nicht auf den Hof hinunter. Es gibt kein Restaurant am Platz, das meine Verpflegung übernimmt. Ich werde hier zu-
grunde gehen."

Die Beschaffung von Nahrungsmitteln war schwer. Immerhin gab es
Dörfer in der näheren und weiteren Umgebung, wo sich die Bewohner
Breslaus Gemüse, Obst, Fleisch und vor allen Dingen Butter zu verschaffen wußten. Aber ein Restaurant ausfindig zu machen, das für Rosa Luxemburg die Verpflegung übernahm, war unmöglich. Jede Gastwirt-
schaft hütete sich, ins Gefängnis mehr Lebensmittel für eine Person zu
liefern, als sie nach ihren Lebensmittelkarten zu beanspruchen hatte. Mit
diesen geringen Mengen aber konnte niemand ohne schwere gesundheit-
liche Schädigung auskommen.

Ich hatte mir bereits in Wronke die Adresse von Breslauer Parteifreunden beschafft, von denen man annehmen konnte, sie würden mutig genug
sein und das nötige Interesse haben, Rosa Luxemburg zu betreuen. Es
war die Familie Schlisch, die in unmittelbarer Nähe des Gefängnisses
wohnte. Das Familienoberhaupt, Robert Schlisch, traf ich nicht zu Hause, als ich vorsprach. Er arbeitete in seinem Schrebergärtchen, etwa eine
halbe Wegstunde von der Wohnung entfernt. Flugs mußte der älteste
Junge sich aufs Fahrrad setzen, um dem Vater die Nachricht zu überbrin-
gen, daß Rosa Luxemburg in das Breslauer Frauengefängnis gekommen
sei, und daß man seine Hilfe für sie erbäte. Nach kurzer Zeit war Robert
Schlisch zur Stelle. „Seien Sie außer Sorge, für unsere Rosa habe ich immer was übrig. Ich habe als Schiffer häufig in Oberschlesien zu tun, dort
sind die Lebensmittel noch nicht knapp."

„Selma", wandte er sich an seine Frau, „nicht wahr, du wirst für Rosa kochen? Das Herüberschaffen ins Gefängnis ist ja eine Kleinigkeit, kaum fünf Minuten Weg."

„Selbstverständlich", sagte, sichtlich erfreut, Selma Schlisch. Und sie tat für Rosa Luxemburg, was in ihren Kräften stand. Die ganze Familie half ihr dabei.

Nach einiger Zeit wurde Robert Schlisch zum Militärdienst für die Binnenschiffahrt eingezogen. Seine Frau, die ihn besuchen wollte, schrieb ihm, sie wollte während ihrer Abwesenheit die Verpflegung andern überlassen. Er antwortete, sie möchte, so gern er sie bei sich sähe, vorläufig nicht kommen. Rosa Luxemburg ginge vor.

... Die Hauptsache blieb, daß Leo Jogiches die Kampfgefährtin über die politischen Vorgänge unterrichtete. Aus Furcht vor der Polizei, die zu jener Zeit nachts noch nicht kam, wohl aber häufig während des Tages, schrieb ich die Berichte in Geheimschrift ausschließlich nachts. Vorher mußte Leo Jogiches sie mir diktieren, was bei seiner gründlichen Art viel Zeit erforderte.

Am 20. Oktober 1918 wurde eine Amnestie für politische Gefangene er-
lassen, unter die auch Karl Liebknecht fiel. Für Rosa Luxemburg war sie
jedoch ohne Bedeutung. Sie war ja nur in ‚Schutzhaft‘ und galt daher
nicht als Strafgefangene des Kaiserreichs, dessen Zusammenbruch bevor-
stand.

Am 8. November, einen Tag bevor Wilhelm II. nach Holland floh, wurde Rosa Luxemburg nach vierjähriger Haft in Breslau aus dem Gefängnis entlassen. Die erste Revolutionsphase in Deutschland hatte begonnen,
über die sie selber zuvor gesagt hatte: „Entweder muß sie [die Revolu-
tion] sehr rasch und entschlossen vorwärts stürmen, mit eiserner Hand alle Hindernisse niederwerfen und ihre Ziele immer weiterstecken, oder sie
wird sehr bald hinter ihren schwächeren Ausgangspunkt zurückgeworfen
und von der Konterrevolution erdrückt."
Noch aber lebte die Revolution und machte ihre ersten unsicheren Schritte. Das Chaos im Reich — die Bevölkerung hungerte und der öffentliche
Transport und Verkehr war fast zum Erliegen gekommen — war aber
wohl weniger die Folge revoltierender Massen und einer plötzlich ausge-
brochenen Anarchie als der ruinösen Politik des Militarismus und seiner
vollständigen Niederlage.
Wie erlebten Sie in dieser Situation die Rückkehr Rosa Luxemburgs nach
Berlin, und wie reagierte das Berliner Proletariat auf dieses Ereignis?

Am 9. November verließ ich meine Wohnung nicht, da wir telefonische Nachricht von Rosa Luxemburg erwarteten. Die Zugverbindung zwischen Breslau und Berlin war unterbunden, so daß unsere Freundin nicht abreisen konnte.

Endlich meldete sie sich. Ihr war am 8. November 10 Uhr abends von der Gefängnisdirektion mitgeteilt worden, daß sie frei sei. Da sie ihre Sachen nicht vollständig gepackt hatte und auch so spät am Abend nicht wußte, wohin sie gehen sollte, blieb sie während der Nacht vom 8. zum 9. November noch im Gefängnis. Am Morgen des 9. November ging sie zur Familie Schlisch und telefonierte von dort mit uns.

Auch an diesem Tage gingen keine Züge von Breslau nach Berlin, und Rosa Luxemburg mußte die Heimreise verschieben. Am Abend zog sie mit Parteifreunden durch die Straßen Breslaus, in denen die Revolution ausgerufen wurde.

Leo Jogiches bestimmte, daß ich am 10. November, falls die Bahn noch immer nicht in Betrieb sei, Rosa Luxemburg im Auto holen sollte. Da ließ sie mich telefonisch wissen, daß die Züge nunmehr bis Frankfurt an der Oder führen und daß man sie von dort holen sollte. Leo Jogiches wollte der Freundin mit mir gemeinsam entgegenfahren. Sie müsse sofort mit ihm in die Versammlung der Arbeiter- und Soldatenräte zum Zirkus Busch kommen, meinte er.

Am 10. November vormittags holte mich ein Auto ab, aber nicht mit Leo Jogiches. Statt seiner kam Eduard Fuchs, der mir erklärte, unser Freund sei unabkömmlich. Auch wünschte Fuchs Rosa Luxemburg sogleich zu sprechen, da sie über Rußland falsch informiert sei. Rosa Luxemburg hat ihren Standpunkt in der russischen Frage, ihre Kritik an der Taktik der Bolschewiki, trotz vieler Bemühungen auch anderer Genossen, nicht aufgegeben und Eduard Fuchs kam an jenem Tage auch nicht zu der gewünschten Unterredung. Denn das Auto, ein offener Wagen, in dem neben der Begleitmannschaft nur zwei Personen Platz hatten, erlitt gleich zu Beginn der Fahrt eine Panne. Fuchs requirierte zwei Mal in Militärdepots andere Autos, die aber noch unbrauchbarer waren. Während dieses Herumfahrens konnte ich das Berliner Publikum und das der Vororte, durch die wir kamen, beobachten. In den Arbeitervierteln wehten vereinzelt rote Fahnen, die Menschen aber, die wir trafen,

waren stumpf und ohne Begeisterung, kaum daß hin und wieder Passanten unserem mit roten Fahnen geschmückten Wagen zuwinkten.
Kein einziger von den Soldaten unserer etwa 15köpfigen Begleitmannschaft wußte, wem er entgegenfahren sollte. Als wir durch die gemeinsame Fahrt miteinander bekannt geworden waren, fragte man mich, ein wenig verlegen, wer eigentlich Rosa Luxemburg sei, die man holen wolle.

... Nachdem wir etwa 5 Stunden herumgefahren waren und dann glücklich einen Vorortbahnhof erreicht hatten, überließen wir Auto und Begleitmannschaft ihrem Schicksal und stiegen in die Bahn, die uns wieder zur Stadt brachte.

Inzwischen war auch Rosa Luxemburg in Berlin eingetroffen. In einem durch den Rücktransport der Truppen völlig überfüllten Zuge, eingeengt zwischen Gepäckstücken und Reisenden, hatte sie, auf einem Koffer im Gang sitzend, die Heimreise angetreten.

Der Zug lief in den Schlesischen Bahnhof ein, und Rosa Luxemburg stand ein Weilchen verwirrt neben ihrem Gepäck, bis sie auf den Gedanken kam, mit meiner Mutter zu telefonieren. Die gab ihr den Rat, zu ihr zu kommen, da ich mich sicher melden würde. Das tat ich auch und eilte nun heim, um die lang entbehrte Gefangene zu den Freunden zu begleiten.

Novemberrevolution 1918 in Berlin.

Das fünf Jahre während Massensterben auf den Schlachtfeldern des Ersten Weltkriegs, wirtschaftliche Zerrüttung, Hunger, Epidemien und die immer erbarmungsloser werdende Verfolgung politischer Gegner des Kaiserreichs hatten die Novemberrevolution ausgelöst. Sie trieb ihrem ersten Höhepunkt zu, als Rosa Luxemburg in Berlin eintraf und die politische Arbeit sofort wiederaufnahm. Im Dezember forderte sie in einem Artikel „Die Sozialisierung der Gesellschaft" unter anderem, daß „zum Wohl der Allgemeinheit mit Produktionsmitteln wie mit Arbeitskräften verständig gewirtschaftet und gespart werde. Die Vergeudung, wie sie heute auf Schritt und Tritt stattfindet, muß aufhören." Und in dem gleichen Artikel heißt es weiter: „In der sozialistischen Gesellschaft, wo alle gemeinsam zum eigenen Wohle arbeiten, muß natürlich bei der Arbeit auf die Gesundheit und die Arbeitslust die größte Rücksicht genommen werden." Wenn man diese Sätze liest, scheint es, als sei die gesellschaftliche Entwicklung stehengeblieben, als müßte der Fortschritt in einer industriellen Gesellschaft letztlich doch mit der Unterdrückung des einzelnen bezahlt und zwangsläufig zum Rückschritt werden.

Aber ich will hier weder den Rückzug auf eine idealistische Moral und Innerlichkeit propagieren noch Rosa Luxemburg zur Prophetin stilisieren. Es ist wohl mehr meine persönliche Betroffenheit darüber, daß wir heute ohne eigentliche Aussicht auf eine befriedigende Lösung noch immer mit den gleichen Fragen kämpfen.

Heutige gesellschaftliche Konflikte und die Suche nach politischen Lösungsmöglichkeiten spiegeln sich in diesen Sätzen Rosa Luxemburgs wider. Wie aber sah die praktische politische Arbeit damals, in den ersten Revolutionstagen, aus? Wie haben Sie die Revolutionärin Luxemburg erlebt? Und warum, etwas was ich nicht begreifen will, hat sie selbst ebenso wie ihre Genossen ihr Leben nicht geschützt, von dem sie wußten, daß es gefährdet war?

Wir fuhren sogleich in die Redaktion des „Berliner Lokal-Anzeiger", die am 9. November von einigen enthusiasmierten Revolutionsromantikern mit Beschlag belegt worden war. Man hatte mit dem vorgefundenen technischen Personal sofort eine Abendausgabe unter dem Titel „Die Rote Fahne" herausgebracht. Hinterher wurde die Morgenausgabe für den nächsten Tag fertiggestellt. Und damit hatte die Herrlichkeit bei Scherl ein Ende gefunden.

… Rosa Luxemburg konnte an der vergeblichen Verhandlung mit dem Direktor des Scherl-Verlages gerade noch teilnehmen, dann führten Leo Jogiches, Paul Levi, Karl Liebknecht und Ernst Meyer sie ins Hotel Excelsior, gegenüber dem Anhalter Bahnhof. Es war vereinbart worden, daß man vorläufig nicht nach Hause zöge, sondern im Hotel bliebe, um ständig miteinander beraten zu können.

Rosa Luxemburgs Gepäck stand auf dem Schlesischen Bahnhof. Es sei zwecklos, sagte man mir, daß ich dorthin wolle, da ich keinen Passierschein hätte. Den aber mußte man in jenen Tagen haben, wenn man abends auf die Straße wollte. Ich war fest entschlossen, auch ohne Passierschein mein Glück zu versuchen, und wirklich ließ man mich überall durch, sobald ich sagte, ich müsse Rosa Luxemburgs Koffer holen.

Als ich ins Hotel zurückkehrte, war es bereits später Abend, und die Freunde saßen noch in politischen Beratungen beieinander. Wenn sich alle einig waren, pflegte Karl Liebknecht in irgendeinem Punkt eine abweichende Meinung zu haben. Er konnte stundenlang um eine Geringfügigkeit diskutieren, um diese durchzusetzen. An diesem Abend war er ruhig und ein wenig gedrückt. Hatte ihn doch Leo Jogiches nur mit Mühe davon abbringen können, mit Haase und Ledebour in die Koalitionsregierung einzutreten. Er schämte sich jetzt dieser Absicht, und so war man verhältnismäßig früh zu Entschlüssen gekommen.

… Rosa Luxemburg lebte jetzt von früh bis spät in einer unbeschreiblichen Hetzjagd. Es kamen Besucher von nah und fern und aus allen Gesellschaftsklassen, die bei den Spartakisten die Macht wähnten und Vorteile für sich witterten, es fanden Beratungen zu politischen Tagesfragen statt, Versammlungen mußten abgehalten werden, und nicht zuletzt tobte der Kampf um den Besitz des Scherl-Verlags, den man käuflich erwerben wollte. Aber alle Versuche, die „Rote Fahne" dort weiterzudrucken, scheiterten.

Der Kampf um den Besitz des „Berliner Lokalanzeiger" mußte aufgegeben werden, und man kaufte die Zeitung „Das Kleine Journal" in der
Königgrätzer Straße. Dort wurde am 18. November die „Rote Fahne"
unter der Schriftleitung von Karl Liebknecht und Rosa Luxemburg begründet.
Damit begann Rosa Luxemburgs Tätigkeit als Chefredakteur, während
Karl Liebknecht sich ganz der Agitation der Massen widmete. Er gönnte
sich kaum einige Stunden Schlaf, sprach in drei bis vier Versammlungen
täglich, in Betrieben, auf öffentlichen Plätzen, und war überall, wo immer
er nötig war.
Rosa Luxemburg mußte fast täglich den Leitartikel schreiben. Sie hatte
Paul Levi zur engeren Mitarbeit und einen Stab gescheiter, aber im Zei-
tungswesen nicht eingearbeiteter Redaktionskräfte. Sie hat die Redaktion
fast niemals vor 11 Uhr abends, oft aber erst nach Mitternacht verlassen.
Die Reihenfolge der Artikel, Notizen und Nachrichten, der sogenannte
Spiegel, die letzte Prüfung bei den Setzern, alles lag ihr ob. Kümmerte sie
sich nicht darum, so kam irgendetwas verkehrt heraus, und sie ärgerte
sich am nächsten Tag, daß eine Zeitung, die unter ihrem Namen erschien,
Fehler aufwies.
. . . Eine allgemeine Hetze gegen die Spartakisten und die „Rote Fahne"
setzte ein. Das Excelsior-Hotel entledigte sich dieser Gäste, um zu zeigen, daß es nichts mit ihnen zu schaffen habe. Man zog von einem Hotel
ins andere und wohnte getrennt voneinander. Sehr bald mußten diese Re-
volutionäre unter falschem Namen leben, um sich und die Sache nicht zu
gefährden.
Dieser Hetzjagd müde, ging Rosa Luxemburg Ende Dezember in ihre
Wohnung. Ich schlief bei ihr. Nachts zwischen 12 und 1 Uhr holte ich
sie nach vorheriger telefonischer Verständigung von der Bahn ab. Müde
aß sie dann eine Kleinigkeit zur Nacht und ging schlafen. Wie ein Kind
streckte sie sich im Bett zufrieden aus und sagte: „Ich werde sehr gut
schlafen, ich habe alles geschafft, was ich mir vorgenommen hatte. Ich
bin so zufrieden."
Bei der ersten Besprechung über die zu verteilenden Parteiposten hatte
Rosa Luxemburg gebeten, daß ich ihre persönliche Sekretärin werden
solle. Ich freute mich, ständig mit Rosa Luxemburg arbeiten zu dürfen.
Leider verstand ich dieser kostbaren Wirklichkeit keine Freude abzuge-

winnen. Ich war plötzlich Rosa Luxemburgs wechselnden Stimmungen nicht mehr mit gleichem Verständnis ergeben. Tausend Kleinigkeiten zerrten an mir herum. Rosa Luxemburg war weit über ihre Kräfte in Anspruch genommen. Sie war gewohnt, alles mit der Hand zu schreiben, so daß ich kaum zum Arbeiten mit ihr kam. Für eine gegenseitige Verständigung blieb keine Zeit übrig. Anstatt geduldig abzuwarten, wie sich die Dinge entwickeln würden, arbeitete ich mit Leo Jogiches.

„Ich freue mich über deinen guten Geschmack", sagte Rosa Luxemburg, „aber daß Leo verträglicher als ich sein soll, das ist mir unverständlich. Er ist der schwierigste Charakter, den ich kenne, mit mir kann man doch auskommen." Leider konnte ich es damals nicht.

Eines Abends wartete ich in Südende lange vergeblich auf Rosa Luxemburgs Anruf, bis mir Paul Levi mitteilte, ich möge in die Redaktion kommen, es sei nicht gut, wenn Rosa Luxemburg nach Hause führe. Man wisse bei der herrschenden Pogromstimmung nicht, ob sie in ihrer Wohnung sicher sei.

Ich packte die nötigen Sachen zusammen, eilte zum Bahnhof, sah den Zug gerade abfahren und mußte eine halbe Stunde auf den nächsten warten.

Endlich zum Potsdamer Platz gelangt, lief ich in die Redaktion, vor der Rosa Luxemburg bereits mit Paul Levi wartete.

„Aber", sagte Rosa Luxemburg, „wie kannst du nur so laufen!" Paul Levi begleitete uns zu einer Droschke, und wir fuhren in meine Wohnung.

. . . „Rosa", sagte ich, „ich habe Angst um dich, was soll nur werden?"

„Wenn es gefährlich zu werden droht, so verreisen wir beide in den nächsten Tagen."

Daraus wurde natürlich nichts. Dagegen nahm Rosa Luxemburg ein junges Mädchen zu sich, das nach dem Tode Hans Diefenbachs brieflich bei ihr Zuflucht gesucht hatte. Wir hatten gemeinsam überlegt, daß das junge Mädchen kam, und ich war durchaus einverstanden damit gewesen. Als sie aber eintraf, verließ ich die Wohnung. Ich bekam es nicht fertig, Rosa Luxemburg fortab zu besuchen. Tat ich es gelegentlich, so litt ich solche Qualen, daß ich mir vornahm, meine Besuche einzustellen. Rosa Luxemburg verstand von alledem nichts. „Ich begreife nicht, daß du nicht zu mir kommst", sagte sie des öfteren.

„Es geht jetzt nicht", erwiderte ich. „Ich arbeite bis spät abends mit Leo."
In der Tat arbeiteten wir von morgens 9 bis nachts gegen 12 Uhr. War ich früher fertig, so lief ich in die Redaktion der „Roten Fahne" und begleitete Rosa Luxemburg von dort zur Bahn, fuhr aber trotz jedesmaliger Aufforderung nicht mit nach Südende.

Einmal, als wir kurz vor Mitternacht zur Bahn gingen und Rosa Luxemburg vor Müdigkeit kaum sprechen konnte, sagte sie: „Kannst Du mir sagen, weshalb ich stets so lebe, wie ich nicht die geringste Neigung habe? Ich möchte malen und auf einem Fleckchen Erde leben, wo ich Tiere füttern und sie lieben kann. Ich möchte Naturwissenschaften studieren, aber vor allem friedlich für mich allein leben können, nicht in dieser ewigen Hetzjagd."

Die Pogromstimmung in der Berliner Bevölkerung wuchs von Tag zu Tag. Rosa Luxemburg wohnte nicht mehr zu Hause, auch Karl Liebknecht nicht. Sie waren von dem Arzt Dr. Bernstein in der Blücherstraße aufgenommen worden, dem bekannten Anarchisten und Gebärstreikpropagandisten. Als ich zu diesem kam, waren beide bereits zu einer Arbeiterfamilie nach Neukölln gefahren. Die Familie des Arztes hatte Furcht, daß durch das Geschwätz ihres Dienstmädchens die Sicherheit ihrer verfolgten und gehetzten Gäste gefährdet würde.

Als ich mich auf den Weg nach Neukölln machen wollte, läutete mein Telefon. Aufgeregt meldete eine befreundete Genossin, daß Wolfgang Fernbach erschossen worden sei. Ich ließ mir die Nachricht wiederholen, sie erschien mir unglaublich. Noch am vorhergehenden Tage hatte ich unseren Freund auf der Redaktion der „Roten Fahne" gesprochen. Er war voller Zuversicht und bat Leo Jogiches, irgendetwas im Dienste der Revolution tun zu dürfen.

Auf dem Wege nach Neukölln hörte ich aufgeregte Unterhaltung: „Man müsse sie in Stücke schneiden und den Raubtieren zum Fraß geben." In solchen bestialischen Drohungen äußerte sich die maßlose Hetze gegen Rosa Luxemburg und Karl Liebknecht.

Als ich mein Ziel auf Umwegen erreicht und sicher war, keine Spitzel hinter mir zu haben, stieg ich von einem kleinen Hof aus 4 Treppen zu dem Versteck der beiden hinauf.

Ich hatte das Gefühl, nachdem ich mit Rosa Luxemburg und ihrer neuen

Wirtin gesprochen hatte, daß ich dort bleiben müßte, um rechtzeitig warnen und helfen zu können.

„Aber wo wollen Sie schlafen?", fragte mich Rosa Luxemburg, als ich diesen Wunsch äußerte. „In dem Bett hier schläft die Genossin mit ihrem Kind, ich selbst liege auf dem Sofa." Es war eine schmale, harte Lagerstätte.

„Ach" warf die Genossin ein, „Sie könnten schon bleiben, wenn nur nicht gar so viele Menschen herkämen. Ich habe Angst, daß Karl und Rosa bei uns entdeckt werden."

Ich überlegte. In dem zweiten Zimmer debattierte Karl Liebknecht mit einer wirklich recht beträchtlichen Zahl von Genossen. Es war ein wirres Durcheinander in dem kleinen Haus.

„Karl", bat ich, „lassen Sie Rosa allein wohnen, Sie dürfen nicht beide zusammen bleiben, es genügt, wenn einer entdeckt wird."

„Das ist ganz ausgeschlossen", war die bestimmte Antwort. „Wir müssen zusammenbleiben, um stets sofort beraten zu können."

Alle meine Einwendungen nützten nichts. „Bitte", sagte ich, „kommen Sie einen Augenblick zu Rosa hinüber."

Hier wiederholte ich meine Bitte auf Trennung und fügte die Nachricht von Wolfgang Fernbachs Tod hinzu.

„Das ist nicht möglich", rief Karl Liebknecht aus, „Sie müssen sich irren."

„Nein Karl, ich irre mich nicht. Ich habe die Angehörigen gesprochen, es ist so."

Rosa Luxemburg weinte leise. „Ich gebe dir einen Brief, Mathilde, du wirst ihn morgen Frau Fernbach bringen."

„Auch ich schreibe", sagte Karl Liebknecht und gab in einigen Zeilen seinem Mitgefühl Ausdruck.

. . . Rosa Luxemburg erklärte mir dann, daß ich sie kaum noch am nächsten Abend in dieser Wohnung antreffen würde; die Wirtin hätte Angst, sie bei sich zu behalten. — Fast jeder hatte Angst, und es fand sich nur schwer ein Unterkommen für Rosa Luxemburg und Karl Liebknecht. Ich sprach mit der Wirtin, sie sagte, sie könne die Verantwortung nicht länger übernehmen. Es kämen unausgesetzt Leute: Ich sollte selbst sagen, ob das nicht auffiele in einem Hinterhaus. Sonst besuche sie nur selten jemand. Man konnte der Frau nur recht geben, und ich versicherte ihr, daß man sich um eine andere Unterkunft bemühe.

„Ach, Mathilde", sagte Rosa Luxemburg, als ich wieder bei ihr war, „wäre ich doch wieder im Loch."

„Wie kannst du so etwas so Schreckliches wünschen!"

„Tausendmal besser als dieses Herumvagabundieren. Im Gefängnis habe ich meine Ruhe: Da ist meine Zelle, und außer mir hat niemand in ihr etwas zu suchen. Aber hierher kommen so viele Menschen, daß ich es einfach nicht ertragen kann."

... An jenem Abend trieb es mich, schuldig wie ich mich Rosa Luxemburg gegenüber fühlte, ihr diese Schuld zu bekennen. „Ich muß dir sagen, Rosa", begann ich, „ich komme sonst innerlich nicht zur Ruhe; ich war stets im Unrecht, wenn ich mich durch dich verletzt fühlte. Ich muß dich um Verzeihung bitten und verspreche dir, für die Folge stets zu kommen, wenn du mich rufst. Es ist ein Wahnsinn, dich für mich allein in Anspruch nehmen zu wollen."

„Aber Mathilde, verstehst du denn nicht, daß ich das junge Mädchen aus Pietät gegenüber unserem Freund Hans Diefenbach zu mir genommen habe, und daß mein Verhältnis zu dir ein ganz anderes ist?"

„So oder so, Rosa, ich bereue mein Benehmen, und das muß ich dir sagen."

Rosa Luxemburg lachte. „Weißt du, als Hans Diefenbach gestorben war, bereute ich, ihm dies und jenes nicht gesagt zu haben. Sprich dich nur aus, du hast dann nach meinem Tode nichts zu bereuen."

... Beim Abschied, es war das letzte Mal, daß ich Rosa Luxemburg sah, küßte ich ihre Hand. Sie entzog sie mir wie gewöhnlich, umarmte mich und küßte mich herzlich auf den Mund. Obgleich Karl Liebknecht und die Wirtsleute dabei waren, umarmte ich Rosa Luxemburg, ihr zuflüsternd, daß ich sie am nächsten Tag wiedersehen würde, daß jetzt alles wieder in Ordnung und ich glücklich sei.

Am anderen Morgen ging ich, bevor ich mich um Leo Jogiches kümmerte und die Briefe zu Frau Fernbach trug, vor die Redaktion der „Roten Fahne". Dort wurde ich auf Geheiß des Hausverwalters von Regierungssoldaten, die das Gebäude besetzt hielten, zur Garde-Kavallerie-(Schützen)-Division geführt. Es genügte, daß der Verwalter den Soldaten den Befehl gab: „Verhaften Sie, die hat auch in der Redaktion gearbeitet."

Es dauerte geraume Zeit, bis man mich verhörte. Viele Genossen, auch Unbeteiligte, füllten den Raum. Ich konnte die Briefe Karl Liebknechts und Rosa Luxemburgs unbemerkt in ein Butterbrot schieben, das ich verzehren wollte, hätte man mir nicht gestattet, die Toilette aufzusuchen. Soldaten begleiteten mich dorthin, und erwarteten mich mit aufgepflanztem Gewehr, während ich die Briefe zerriß und durch das Wasser in die Tiefe spülen ließ. Wären die Briefe bei mir gefunden worden, dann hätte man gewußt, daß ich mit Rosa Luxemburg und Karl Liebknecht, auf deren Ergreifung hohe Prämien ausgesetzt waren, Verbindung hatte. Bei dem dann vorgenommenen Verhör wurde ich körperlich untersucht. Man fand einige Ausgabezettel, hauptsächlich Belege für Autofahrten, und man kombinierte, ich müßte diese Fahrten für die Kommunistische Partei gemacht haben. Obgleich dies eine Verhaftung nicht rechtfertigte, wurde ich ins Reichstagsgebäude befördert, wo das Regiment „Reichstag" hauste.

Die Mannschaften umkreisten mich mit aufgeblähten Nüstern gleich wilden Tieren. Ich war in eine Pogromstimmung hineingeraten, die nicht übersteigert werden konnte. In das kleine Zimmer, in das ich schließlich gebracht worden war, kamen fortwährend Soldaten, die mich anstarrten. Denn bei meinem Eintreffen hatte sich die Nachricht verbreitet, ich sei Rosa Luxemburg, die man verhaftet hätte.

Wenn ich hier herauskomme, dachte ich, werde ich Rosa Luxemburg vor der drohenden Gefahr zu schützen wissen.

Ich kam zwar heraus, aber in Begleitung einiger verwilderter Soldaten, die mit mir in meine Wohnung fuhren. Auf mich wartend, saß in meinem Arbeitszimmer Paul Levi. Er wollte Briefe von mir schreiben lassen und wurde nun gemeinsam mit mir ins Moabiter Gefängnis gebracht. Wahrscheinlich hat ihm diese Verhaftung damals das Leben gerettet: er hat es später öfters behauptet. Denn hätte man ihn bei Rosa Luxemburg und Karl Liebknecht angetroffen, so wäre ihm gleich jenen ein bestialischer Tod gewiß gewesen.

Da ich keine „strafbare Handlung" begangen hatte, war mein Rechtsbeistand sicher, daß man mich bald wieder entlassen würde. Mir war es gar nicht unlieb, das Gefängnis an mir selber zu erproben, um beurteilen zu können, ob ich meine Gefangenen stets richtig versorgt hatte. Einige Kleinigkeiten fand ich an meiner Fürsorge auszusetzen, und da ich mit

Rosa Luxemburgs Verhaftung rechnete, wollte ich in Zukunft manches noch besser machen.

Nach einigen Tagen besuchte mich ein junger Anwalt in Vertretung Hugo Haases. Auf meine Fragen, was draußen los sei, antwortete er: „Nichts Neues, Rosa Luxemburg und Karl Liebknecht sind ermordet. Nun ist wieder Ruhe eingetreten." — Ich starrte den Überbringer dieser Nachricht an, konnte die Tränen nicht zurückhalten und schluchzte unaufhörlich. Dann ging ich in meine Zelle und marterte mich mit der Schuld ab, die mich durch meine Verhaftung vielleicht an Rosa Luxemburgs Tod traf.

„Wenn man verhaftet wird, so sind daran fast stets Unvorsichtigkeiten schuld. Hüten Sie sich vor solchen, sonst werden Sie gleich einigen anderen Genossen ständig im Loch sitzen, was kein Ruhm ist."

Diesen guten Rat hatte mir Rosa Luxemburg zu Anfang des Krieges gegeben. Und nun war ich doch nicht vorsichtig genug gewesen. Ich hielt es für sicher, daß ich Rosa Luxemburg von Karl Liebknecht schließlich getrennt haben würde, wenn ich nicht ins Gefängnis gekommen wäre. Ich litt sehr unter meiner Schuld, so daß der Gefängnisarzt Befürchtungen für meine Gesundheit hatte.

Nach Verlauf einer Woche wurde ich gemeinsam mit Paul Levi aus der Haft entlassen.

Einen Tag nach meiner Haftentlassung, am 25. Januar, war auf dem Friedhof in Friedrichsfelde die Beisetzung Karl Liebknechts und anderer 29 Opfer aus den Januar-Kämpfen. Auch Wolfgang Fernbach zählte zu diesen. „Daß Rosa ihre Schwäche gegen Karl so furchtbar büßen muß", sagte ich zu Leo Jogiches, als wir gemeinsam den Weg zur Trauerfeier machten.

Der Anblick der vielen offenen Gräber, die Angehörige und Freunde wehklagend umstanden, war schaurig. Wir legten Blumen auf den leeren Sarg Rosa Luxemburgs. Als ihr verstümmelter Körper, den verrohte Soldaten auf Geheiß der Offiziere in den Landwehrkanal geworfen hatten, am 13. Juli endlich zur Ruhe gebettet wurde, war dieser Sarg bereits verfallen und das Grab von Leo Jogiches aufgerichtet.

Oben: Gedenkblatt von Käthe Kollwitz für Karl Liebknecht (Radierung, 1919).
Unten: Der Landwehrkanal mit der Lichtensteinbrücke, von der die Mörder Rosa Luxemburgs ihre Leiche ins Wasser warfen.

„Auf den Gräbern tanzte die Konterrevolution Cancan", schrieb Paul
Frölich über die ersten Wochen in Berlin nach der Ermordung Rosa Luxemburgs und Karl Liebknechts. Eine Entwicklung, die Rosa Luxemburg
am 14. Dezember 1918 in einem Artikel in der „Roten Fahne" vorausgesehen hatte, als sie schrieb, daß der Krieg die Menschen in Deutschland vor die Entscheidung stellen würde: „Sozialismus oder Untergang
in der Barbarei!" Und der Beginn der Barbarei orientierte sich nicht an
den heute sinnfälligen Daten der Geschichtsschreibung. Er lag lange vor
1933 und machte Leo Jogiches zu einem seiner ersten Opfer. Am 10.
März 1919 wurde Jogiches von dem Kriminalbeamten Tamschik „auf
der Flucht erschossen". Zuvor hatte er in Artikeln in der „Roten Fahne"
vom 12. und 15. Februar 1919 das Verbrechen an beiden Spartakusführern aufgedeckt. Sie haben nach der Ermordung Rosa Luxemburgs weiter für Leo Jogiches gearbeitet, sind eine seiner wenigen Kontaktpersonen gewesen und haben das Geschehen aus unmittelbarer Nähe miterlebt.

Leo Jogiches sagte kein Wort, als wir uns nach der Ermordung Rosa Luxemburgs wiedersahen. Ich sprach ihm von den Vorwürfen, die mich zu Boden drückten; ich erzählte von den Mißverständnissen, die zwischen Rosa Luxemburg und mir Platz greifen konnten, und er versuchte, mich davon freizumachen. Ich bin sicher, daß er selbst sich mit Vorwürfen marterte.

. . . Nachdem ich Rosa Luxemburg verloren hatte, wollte ich gegen Leo Jogiches so handeln, daß ich bei seinem Tode nichts zu bereuen hätte. Als er gelegentlich schlechter Stimmung und unzugänglich war, sagte ich zu ihm: „Sie wissen, ich verkrache mich nicht mit Ihnen. Ich möchte mir nicht wieder Vorwürfe machen wie nach Rosas Tod. Wer weiß, was in dieser schrecklichen Revolution noch kommen kann".

„Sobald wieder geordnete Verhältnisse eintreten", erwiderte er friedfertig, „gehe ich nach Skandinavien. Dort zu leben ist lange mein Wunsch. Es ist auch das einzige Land, das ich ohne Rosa aufgesucht habe. In anderen Ländern, die ich liebe und wohin ich gern ginge, würde ich immer an die mit Rosa dort verlebte Zeit erinnert werden". —

Ich fürchtete für Leo Jogiches Leben, und ich bat ihn, nicht in seiner bisherigen Wohnung zu bleiben. Sie war der Polizei bekannt, nur allzu bequem konnte sie ihn dort verhaften. „Sie haben ganz recht", erwiderte er, „aber ich kann meine Wirtin jetzt nicht verlassen. Später wird sich's machen lassen, nur im Augenblick nicht. Die Frau verlangt eine Art Dankbarkeit, daß sie sich in meiner Gefängniszeit um mich gekümmert hat, sie würde kein Verständnis dafür haben, wenn ich jetzt von ihr ginge."

Abend für Abend verließen wir gemeinsam unsere Arbeitsstätte in der Wilhelmstraße und gingen zum Potsdamer Vorortbahnhof, von dem aus wir so oft zu Rosa Luxemburg gefahren waren. Leo Jogiches benutzte den Stadtbahnring nach Neukölln, während ich eine Straßenbahn nahm. Mitunter sah ich Leo Jogiches beim Besteigen der Bahn plötzlich auftauchen und mir zurufen: „Leben Sie wohl! Ich wollte nur sehen, ob Sie mitkommen."

Unsere Gespräche drehten sich immer und immer wieder um Rosa Luxemburg. „Mathilde", sagte Leo Jogiches einmal, „ich habe meine Mutter zärtlich geliebt, und ich habe lange Zeit gelitten, nachdem sie mir frühzeitig durch den Tod entrissen worden war. Aber ich fand mich mit

meinem Schicksal schließlich ab. Über Rosas Verlust werde ich niemals hinwegkommen."
Im März erhielten wir aus zuverlässiger Quelle die Nachricht, daß unser Büro von Regierungstruppen besetzt werden sollte. Wir verließen daher mit unserm Material, gedrucktem und geschriebenem, die Räume und wanderten in illegale Wohnungen. Leo Jogiches war beim Umzug allgegenwärtig und sorgte dafür, daß nichts liegen blieb, was die Gegenrevolution mit unserer Arbeit hätte vertraut machen können.
In den ersten Tagen des März wurde von der oppositionellen Arbeiterschaft der Generalstreik für Berlin proklamiert. „Die Kapitalisten wanken, die Regierung ist am Stürzen. Arbeiter! Proletarier, zaudert nicht!" hieß es in einem Aufruf der Kommunistischen Partei. — Die Antwort der Reaktion: der Streik wurde blutig niedergeschlagen. Wir hatten Tote zu beklagen.
Während dieser Unruhen fand ein Parteitag der „Unabhängigen Sozialdemokratischen Partei" in Berlin statt. Auf ihm trennte sich Clara Zetkin von der USPD und schloß sich der Kommunistischen Partei an. Leo Jogiches erwartete sie mit Ungeduld, um ihr Arbeitsgebiet mit ihr zu beraten.
Sie wünschte, in Rosa Luxemburgs Wohnung untergebracht zu werden. Leo Jogiches lehnte es ab, uns dort zu besuchen. „Das kann ich nicht", sagte er zu mir, „ich begreife nicht, daß Sie es können".
Halb mich entschuldigend erklärte ich, daß ich gern nach Südende ginge. Leo Jogiches dagegen begleitete ich in das ehemalige Herrenhaus nach der Leipziger Straße, in dem der USPD-Parteitag tagte.
„Bitte, Clara, versuchen Sie", sagte ich gesprächsweise, während ich sie zu Leo Jogiches führte, „daß Leo bei den jetzigen Unruhen nicht zu Hause schläft, er hat kein Recht dazu, sich dieser Gefahr auszusetzen."
„Sind Sie nur ruhig", warf unser Freund ein, den wir inzwischen erreicht hatten. In diesem Augenblick sah ich einen jungen polnischen Genossen, von dem ich wußte, daß er Leo Jogiches ergeben war. Er gesellte sich zu uns. Als ich später mit ihm allein war, bat ich ihn, Leo Jogiches ein Unterkommen zu verschaffen, er dürfte jetzt nicht zu Hause wohnen.
„Wird er den Rat befolgen?" war der berechtigte Einwurf.
„Er will allerdings durchaus zu Hause bleiben", bestätigte ich.
„Versuchen wir es. Ich habe ein Zimmer bei meinem Bruder im Tiergar-

tenviertel, dort wäre Leo sicher und gut aufgehoben. Bitte, sagen Sie ihm, daß ich ihn heute Abend um 9 Uhr vor dem Haus erwarte."
Der junge Pole wartete lange an jenem Abend bei schlechtem Wetter. Leo Jogiches kam nicht.

Am nächsten Tage, nachdem sich unser Genosse mit Leo Jogiches bereits verständigt hatte, sagte dieser lachend zu mir: „Sie können wirklich niemanden in den strömenden Regen schicken, wenn ich nicht zugesagt habe, zu kommen."
Einige Stunden später, als ich mit Clara Zetkin in der Südender Wohnung war, setzte sich Leo Jogiches telefonisch mit uns in Verbindung. Er möchte zu uns hinausfahren, er habe sich's überlegt, und ob wir zu essen für ihn hätten.
Wir waren überrascht, daß er sich gegen seine Gewohnheit zu einer Mahlzeit ansagte, hatten reichlich vorgesorgt und freuten uns, mit ihm zu Abend zu speisen.
Ich ging zur Bahn und holte ihn ab, damit er die Qualen des ersten Wiederbetretens der Wohnung weniger schmerzlich empfinden sollte. Als wir an dem hübsch gedeckten Tisch saßen, sagte Leo Jogiches: „Es ist schön hier. Mir ist, als ob Rosa jeden Augenblick kommen müßte. Wir wollen die Wohnung, falls sie noch nicht vermietet ist, behalten, Mathilde. Machen Sie dann gleich morgen mit dem Wirt einen Kontrakt."
Eine größere Freude konnte mir Leo Jogiches nicht machen, und auch Clara Zetkin war recht zufrieden.
„Jetzt bitte ich Sie noch um eines, Leo, auch wenn Sie meine Beharrlichkeit nicht schätzen. Versprechen Sie mir, nicht länger zu Hause zu wohnen. Am besten wäre es, wenn Sie für einige Zeit verreisten."
„Das ist ausgeschlossen, es ist keine Zeit zum Verreisen, ich habe schrecklich viel zu tun", entgegnete Leo Jogiches.
„Sie haben Zeit, sobald Sie im Loch sind, und noch viel mehr Zeit, wenn man Sie ermordet haben wird."
Leo Jogiches antwortete nicht, man ging zu anderem über. Er verließ uns zu später Stunde. Als ich ihn zum Bahnhof brachte, bat er mich, wegen des Wohnens nicht mehr in ihn zu drängen. Er habe in seinem Leben nur immer nach seinem Kopf gehandelt und wolle davon nicht abgehen.
Am nächsten Tage, es war ein Sonntag, blieben Clara Zetkin und ich allein beieinander und am darauffolgenden Montagmorgen begleitete

ich sie zur Bahn, mit der sie nach Stuttgart zurückfuhr. Dann ging ich, recht müde, nach Hause. Es waren schöne, aber anstrengende Tage gewesen.

Eigentlich wollte ich auf dem Heimweg in das Moabiter Kriminalgebäude gehen, um mich dort bei den Rechtsanwälten Theodor Liebknecht und Kurt Rosenfeld nach einer gefangenen Genossin zu erkundigen. Ich war aber so abgehetzt, daß ich es auf den nächsten Tag verschob.

Dienstag, gleich früh morgens, ging ich nach Moabit ins Kriminalgebäude, um dort eine Sprecherlaubnis für die in Untersuchungshaft befindliche Genossin zu erwirken. Auf einem der langen Wandelgänge des Gerichtsgebäudes traf ich Kurt Rosenfeld. „Bitte kommen Sie mit mir", sprach er mich an, „ich habe Ihnen etwas zu sagen. Leider nichts Gutes", fügte er hinzu, nachdem wir ein für die Anwälte bestimmtes Zimmer betreten hatten.

„Dann ist Leo verhaftet!"

„Es ist schlimmer!"

„Haben sie ihn auch ermordet?"

„Das ist noch nicht festgestellt. Lesen Sie die Notiz hier in der heutigen ,Vossischen Zeitung'."

„Danach unterliegt es doch keinem Zweifel!"

„Zeitungsnotizen stimmen nicht immer, ich habe noch keine wirklichen Anhaltspunkte."

Kurt Rosenfeld verließ mich, und kurz danach kam Theodor Liebknecht ins Zimmer.

„Was ist los, Mathilde?"

„Leo ist ermordet."

„Aber ich weiß doch nichts davon."

„Möchten Sie mich ins Leichenschauhaus begleiten, Genosse Liebknecht? Ich will Gewißheit haben."

Wir fuhren nach der Hannoverschen Straße ins Leichenschauhaus.

„Soll ich ohne Sie hineingehen?" fragte Theodor Liebknecht.

„Frau, bleiben Sie draußen", mischte sich der Türhüter in unser Gespräch, „den Anblick werden Sie nie wieder los."

Theodor Liebknecht ging allein und kam bald zurück. Er hatte die Leiche Leo Jogiches' gefunden.

... Ich übernahm die Vorbereitungen für die Beisetzung von Leo

Jogiches. Darum hatte ich gebeten, zumal alle sonst hierfür in Betracht kommenden Genossen in strengster Illegalität leben mußten.

Die Straßenbahnen waren nicht in Betrieb, aber Autos und Droschken fuhren, so daß ich mit Theodor Liebknechts Beistand in wenigen Tagen alles erledigt hatte.

Karl Liebknecht war auf der Totenbahre von Käthe Kollwitz gezeichnet worden, ich hatte den Wunsch, daß ihre Künstlerhand auch Leo Jogiches Totenantlitz der Nachwelt übermittele. Um ihre Bereitwilligkeit zu erbitten, wollte ich mich vergewissern, ob sie zu Hause sei. Aber nur in dringenden Fällen wurde eine Telefonverbindung hergestellt. Da der Mann von Käthe Kollwitz ein bekannter Arzt war, wurde mir für eine ärztliche Anfrage das Gespräch gestattet. Statt ihrer brachte ich mein Anliegen vor, woraufhin das Amt die Verbindung abbrach.

Jetzt wußte ich, daß ich Käthe Kollwitz antreffen würde, und ich fuhr sogleich zu ihr. Sie empfing mich freundlich und erklärte sich bereit, die Zeichnung zu übernehmen. Gesprächsweise bemerkte sie, daß sie der Kommunistischen Partei zwar nicht angehöre, aber das wärmste Mitgefühl für ihre auf so furchtbare Art ums Leben gekommenen Führer habe. Auch die Antwort möchte ich wiedergeben, die Käthe Kollwitz erteilte, als ich sie später bat, ihr Honorar zu bestimmen: „Ach, solche Dienste möchte ich mir nicht bezahlen lassen.“ „Darf ich dann bitten, daß wir die Auslagen für den Wagen zurückerstatten.“ „Ich bin von meiner Wohnung ins Leichenschauhaus zu Fuß gegangen, ich mochte zu dieser Arbeit kein Auto nehmen. Hoffentlich ist mir das Bild gelungen“, und sie zeigte zwei im Ausdruck wundervoll festgehaltene Kreidezeichnungen.

Nach der Ermordung Rosa Luxemburgs und Karl Liebknechts übernahm Paul Levi die Führung der KPD. Die Pogromstimmung in Berlin hatte die Parteiführung gezwungen, erst nach Frankfurt, beziehungsweise Hanau und dann nach Leipzig überzusiedeln. Sie selbst haben in Leipzig in unmittelbarer Nähe der führenden Genossen im Untergrund gearbeitet, wo man bemüht war, zumindest ein regelmäßiges Erscheinen der „Roten Fahne" zu sichern. Mitte Mai besetzten Regierungstruppen unter General G. Maercker auf Befehl der Reichsregierung Leipzig, nachdem die Führer der USPD sich gegen Maßnahmen der sächsischen Regierung, den Leipziger Arbeiterrat aufzulösen und einige seiner Mitglieder zu verhaften, aufgelehnt hatten. Unter welchen Bedingungen wurde bis zum Einmarsch der Regierungstruppen in Leipzig gearbeitet?

Von Leipzig aus hoffte man die „Rote Fahne" wieder in alle Winde wehen zu lassen, speziell sollte sie über Berlin flattern. Schwierigkeiten aber gab es zahllose. Trotzdem wurde in Leipzig ersprießlich, wenn auch nicht gar zu lange, gearbeitet.

... Erschwerend war, daß die Anwesenheit der in Leipzig arbeitenden Kräfte häufig in Berlin nötig war. Die Bahnverbindung war schlecht, die Züge fuhren langsam und selten, so daß Reisen nach Berlin und zurück viel Zeit kosteten. Dazu kam, daß nicht alle mit dem nötigen Opfermut arbeiteten. Es hatten sich Elemente eingeschlichen, denen die Arbeit Sache des Geldverdienens war. Je mehr die Kommunistische Partei anwuchs, um so geringer wurde die Zahl der Opfermutigen. Die hohen Gehälter und das für illegale Zwecke allzu leicht hergegebene Geld hatten viele Genossen korrumpiert.

Das Wiedererscheinen der „Roten Fahne" von Leipzig aus war mit großen Schwierigkeiten verbunden. Um das Verbot kümmerte man sich nicht. Eine illegale Druckerei wurde eingerichtet, die den Druck vornahm, und bald konnte die „Rote Fahne" wieder verschickt werden, was in Berlin und im ganzen Reich mit Freuden begrüßt wurde. Aber die Versandschwierigkeiten häuften sich auch an dem neuen Erscheinungsort. Die übliche Expedition war durch das Verbot des Blattes nicht möglich, man konnte es nur in Postpaketen verschicken. Dann kam es erst nach drei bis vier Tagen, häufig später, an seinen Bestimmungsort und war für die Empfänger wertlos. Schickte man die „Rote Fahne" durch Kuriere nach Berlin, so kam es häufig vor, daß diese verhaftet und die in den Handel gekommenen Exemplare beschlagnahmt wurden.

Zu alledem gesellte sich die Schwierigkeit der Papierbeschaffung. Papier für Druckzwecke war, wie alles zu jener Zeit, eingeteilt und nur auf Bezugsschein erhältlich. Die Reichsverteilungsstelle gab für die illegale „Rote Fahne" selbstverständlich kein Papier her. Man war also auf den Schleichhandel angewiesen, was recht kostspielig war.

Als ausschlaggebendes Moment kam zu all diesen Hindernissen, daß auch über Sachsen der Belagerungszustand verhängt werden sollte. Man zögerte ihn noch kurze Zeit hinaus, um die Frühjahrsmesse ungehindert vorübergehen zu lassen. Kaum aber war diese beendet, zog General Maercker mit seiner Truppe in Leipzig ein.

Am 11. Mai in aller Frühe hörte ich im Halbschlaf Pferdegetrappel. Als ich aus dem Fenster sah, war das meiner Wohnung gegenüberliegende Haus der „Leipziger Volkszeitung" von Soldaten besetzt, die vor ihm auf- und abpatrouillierten und die auch vom Dach herunter in mein Zimmer schauen konnten.

Da alle unsere Zusammenkünfte in Leipzig streng vertraulich stattgefunden hatten und meine Wohnung, die als Arbeitsstätte diente, nur wenigen zuverlässigen Parteigenossen bekannt war, wurde von den Soldaten nur noch das offizielle kommunistische Parteibüro besetzt, aus dem alle wichtigen Materialien vorher fortgeschafft worden waren. Die Druckerei der „Roten Fahne" wurde demoliert.

Die führenden Genossen waren vor Eintreffen des General Maercker zu Besprechungen nach Berlin gefahren. Ich begab mich mit den übrigen in Leipzig befindlichen Hilfskräften nach einigen Tagen des Abwartens, während welcher wir alles verpackt und geordnet hatten, ebenfalls nach Berlin zurück.

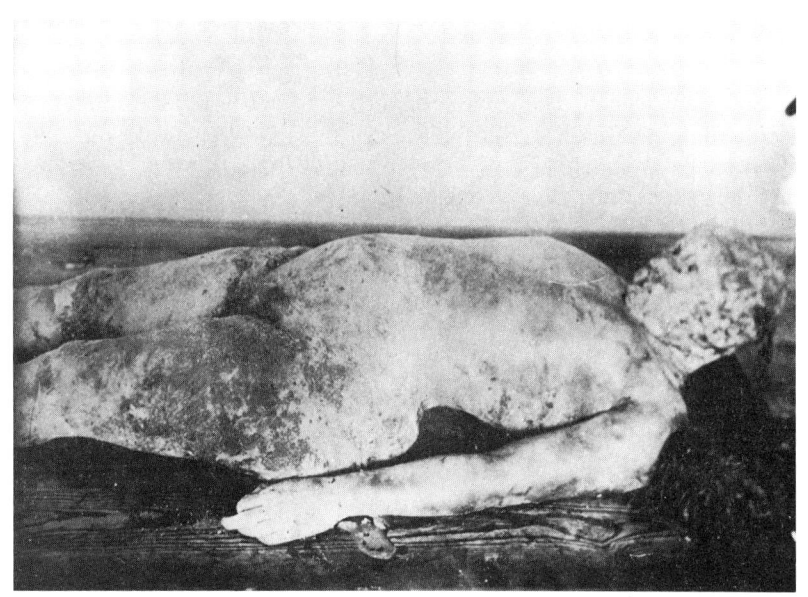

Rosa Luxemburgs Leiche nach ihrer Bergung aus der Schleuse des Landwehrkanals im Mai 1919.

Es lagen nur wenige Tage zwischen Ihrer Rückkehr nach Berlin und der Entdeckung der Leiche Rosa Luxemburgs im Landwehrkanal, die dann, vorerst war eine Gebühr von 3 Mark für die „Landung" zu entrichten, nach Zossen gebracht wurde. Selbst noch nach dem Tode der Freundin ihr ‚guter Engel', haben Sie ihre Leiche identifiziert und für die Freigabe und Überführung ins Leichenschauhaus gekämpft.

Es wäre zu einfach, hier den letzten Akt eines Dramas zu vermuten, das in Wahrheit seine Auswirkungen bis auf den heutigen Tag hat. Aber es war wohl das letzte, was Sie persönlich für Rosa Luxemburg tun konnten.

In Berlin wohnte ich der Sicherheit halber nicht zu Hause. Als ich in meine illegale Wohnung kam, hörte ich, daß Rosa Luxemburgs Leiche im Landwehrkanal gesichtet worden sei. Auch die Zeitungen brachten entsprechende Notizen. Zwar waren schon mehrmals derartige Gerüchte aufgetaucht, die sich bei Nachforschungen stets als falsch erwiesen hatten, diesmal aber schien die Nachricht zu stimmen. Auch hatte Noske die Tote nach Zossen verschleppen lassen; er mußte also ein Interesse an dem leblosen Körper haben. Vielleicht wollte er Rosa Luxemburg unauffällig begraben lassen?

Ich ging, um Näheres zu erfahren, in das Büro von Theodor Liebknecht. Er selbst war nach Stuttgart gefahren, wo er in einem politischen Prozeß die Verteidigung kommunistischer Angeklagter übernommen hatte. Die Garde-Kavallerie-(Schützen)-Division hatte sich bereit erklärt, einen von uns gewählten Arzt in ihrem Auto mitzunehmen, damit dieser den Obduktionsbefund der Gerichtsärzte nachprüfen könne. Der Vertreter Theodor Liebknechts lehnte dies Anerbieten ab. Sobald man es annähme, meinte er, spräche man der Garde-Kavallerie-(Schützen)-Division das Recht zu, als Gericht aufzutreten.

Ich teilte diese Auffassung nicht: der Obduktionsbefund war von Wichtigkeit, man konnte durch ihn in die Lage gesetzt werden, Rückschlüsse über die Art der Ermordung zu ziehen. Ich bestand deshalb darauf, daß ein Arzt, der unser Vertrauen besaß, den Obduktionsbericht der Gerichtsärzte nachprüfen sollte.

Es war inzwischen Abend geworden. Zwei Ärzte bat ich vergeblich, mit der Garde-Kavallerie-(Schützen)-Division nach Zossen zu fahren. Sie fürchteten für ihr Leben, mindestens aber rechneten sie mit politischer Verfolgung, wenn sie sich zur Verfügung stellten. Einer der beiden Ärzte hatte zuerst zugesagt, zog aber sein Versprechen mit der Begründung zurück, bei einer wichtigen Operation am nächsten Morgen nicht fehlen zu dürfen.

Ich versuchte mein Glück bei einem dritten uns befreundeten Arzt, der sich ohne weiteres bereit erklärte. Er versicherte, sich die Sache nicht rückzuüberlegen. Zur größeren Sicherheit läutete ich im Schöneberger Krankenhaus bei einem Sohn Clara Zetkins, Dr. Maxim Zetkin, an, der als Hilfsarzt dort tätig war. Ich wollte ihn bitten, sich seinem Kollegen auf der Fahrt anzuschließen. Dr. Zetkin war ausgegangen, und es gab keine Möglichkeit, ihn zu erreichen. Am darauffolgenden Tage erfuhr ich, daß der Arzt, der mir die feste Zusage gegeben hatte, nicht nach Zossen gefahren war. Rechtsanwalt Weinberg hatte ihm davon abgeraten, wieder mit der Begründung, daß die Garde-Kavallerie-(Schützen)-Division als Gericht nicht anerkannt werden dürfte.

Inzwischen war die Obduktion vorgenommen worden. Ich bat Maxim Zetkin, sich von der Garde-Kavallerie-(Schützen)-Division die Erlaubnis geben zu lassen, die obduzierte Leiche nachträglich besichtigen zu dürfen. Er ging zu diesem Zweck in das berüchtigte Quartier der Division, in das Eden-Hotel, wo ihm einige der Toten abgenommene Sachen vorgelegt wurden. Da er meist von Hause abwesend war und in anderen Städten wohnte, hatte er Rosa Luxemburg nur flüchtig und vor langer Zeit bei seiner Mutter gesehen. So konnte er auch nach den ihm vorgelegten Bildern, man hatte die Leiche fotografiert, die Identität mit Rosa Luxemburg nicht feststellen. Er schlug den verhandelnden Offizieren deshalb vor, mich zur Rekognoszierung kommen zu lassen.

Ich erkannte die mir gezeigten Gegenstände sofort. Ein Paar Handschuhe, die ich selbst besorgt hatte, waren an den Händen verblieben, die übriggebliebenen Fetzen eines Samtkleides hatten die Farbe nicht verändert, und einen goldenen Anhänger hatte man der Leiche unversehrt abnehmen können.

Man gab mir noch die Fotografien, die ich, ohne einen Blick auf sie zu werfen, Paul Levi überbrachte. Es unterläge keinem Zweifel, sagte er beim Anschauen der Reproduktionen, daß es Rosa Luxemburgs Leiche sei.

Einen Schein, der die Herausgabe der toten Rosa Luxemburg anordnete, hatte man mir mit den Worten übergeben, von der Militärbehörde sei die Leiche freigegeben, ob Herr Noske sie herausgäbe, bezweifele man. Jetzt hieß es schnell handeln. Ich setzte mich mit den Anwälten in Verbindung, um sie zu bitten, sich um die Leiche Rosa Luxemburgs nicht mehr zu kümmern. Sie sei freigegeben, alles weitere würde ich ohne ihre Hilfe zu Ende führen.

„Ich habe aber bereits an Noske geschrieben", bemerkte einer der Anwälte, „er möge Ihnen die Leiche aushändigen lassen. Warten Sie doch seinen Bescheid ab."

Gerade diesen Bescheid wollte ich nicht abwarten. Ich fragte Paul Levi, ob ich, selbst auf die Gefahr hin, daß man die Leiche in Zossen nicht herausgäbe, ein Leichenauto nehmen solle. Paul Levi wünschte, daß ich den Versuch sofort unternähme.

Für den gleichen Tag war es zu spät geworden, so daß ich erst am nächsten Morgen die traurige Fahrt antreten konnte, auf der mich Maxim Zetkin begleitete. An Ort und Stelle zeigten wir den mir von der Militärbehörde gegebenen Schein. Man ließ daraufhin Maxim Zetkin die Leiche besichtigen, an der er nichts mehr feststellen konnte.

Auch der Leichenwäscher konnte seines Amtes nicht walten, so weit war die Verwesung vorgeschritten. Man bedeckte die tote Rosa Luxemburg mit einem Laken und legte ihr ein Kissen unter das Haupt.

... Maxim Zetkin begab sich von Zossen zurück an seine Arbeitsstätte, während ich, neben dem Chauffeur sitzend, mit der toten Rosa Luxemburg ins Leichenschauhaus nach Berlin fuhr. Der Weg ging durch das im Frühlingsschmuck prangende Lichtenrade, an Wäldern und Wiesen vorüber, wo Rosa Luxemburg frohe Stunden verbracht hatte. Auch durch Südende fuhr der Wagen und in Berlin an der Redaktion der „Roten Fahne" vorbei, Rosa Luxemburgs letzter Wirkungsstätte.

Dann übergaben wir den Sarg dem Leichenschauhaus, in das ich jetzt täglich ging, um nachzuforschen, ob die Leiche an ihrem Platz war.

Der Beerdigungstag kam. Ich stand traurig dabei, als der Sarg verlötet wurde. Von den Berliner Organisationen gewählte Arbeiter trugen ihn auf einen offenen mit vielen Kränzen bedeckten Wagen. Ich folgte ihm noch eine kurze Strecke Weges und ging dann zu Clara Zetkin. Sie war gekommen, um der Freundin letzte Abschiedsworte an der Gruft zu sprechen. Der gewaltige Trauerzug, der sich vom Friedrichshain in Bewegung setzte, wurde zu einer machtvollen Demonstration der revolutionären Arbeiter. Voran gingen Matrosen und feldgraue Soldaten, dann folgten die Berliner Kreise und Betriebe. Die unabsehbare Menschenmenge mußte sich in Friedrichsfelde vor dem Friedhof auflösen. Das Betreten des Friedhofs war nur wenigen Personen gestattet worden.

Erster Teil

[Datum unbekannt]

Liebes Fräulein Jacob!

Jetzt kommt ein Sturzbach von Bitten über Sie, Sie sind also in Ihrem Element. Nach einer miserablen Nacht soll ich nämlich vorerst alle Besuche absagen, da ich deren gestern 6 erhielt und man das hier bei aller Höflichkeit etwas scheel ansieht. Seien Sie also so lieb und bestellen Sie gütigst per Telefon:

1) an Frau Mathilde Wurm[1] (Kurfürst 3975, im Buch als Emanuel Wurm eingetragen), daß ich sie grüßen und sie wissen lasse, daß es mir gutgeht und daß ich keine Besuche vorerst empfangen dürfe.

2) an Frau Rosenbaum[2] (Pfalzburg 2874 — zum Nachprüfen im Buch: Grunewald, Delbrückstr. 7), daß ich sie grüßen und bitten lasse, an Kurt die Nachricht zu geben, daß ich vorerst keine Besuche mehr haben dürfe,

3) an Marchlewskis[3] dito.

4) Fragen Sie, bitte, bei Kautskys[4] (Wilhelm 1955), wie die jetzige Adresse der *Frau* Kautskys sei, da ich ihr schreiben möchte. Die Adresse teilen Sie mir gütigst schriftlich mit.

---

1 *Mathilde Wurm,* geb. Adler (1874—1935), Schriftstellerin, war eine Freundin Rosa Luxemburgs. Vor dem Ersten Weltkrieg in der SPD, 1917 Eintritt in die USPD, 1922 zurück in die SPD. Von 1920 bis 1930 Reichstagsabgeordnete.
   Ihr Mann, *Emanuel Wurm* (1857—1920), Chemiker und vor dem Ersten Weltkrieg bekannter sozialdemokratischer Journalist, gehörte ebenfalls zum Freundeskreis von Rosa Luxemburg. Von 1917 bis zu seinem Tode Mitglied der USPD. Reichstagsabgeordneter seit 1890.
2 *Martha Rosenbaum* (1867—1940) lebte in Berlin. Seit 1915 enge Freundin Rosa Luxemburgs. Trat 1917 in die USPD ein.
3 *Julian Marchlewski* (1866—1925), Kampfgefährte und Freund Rosa Luxemburgs aus der polnischen Arbeiterbewegung. Gehörte im Ersten Weltkrieg zum Spartakusbund.
4 *Karl Kautsky* (1854—1938), bekannter sozialdemokratischer Theoretiker. Von 1883 bis 1917 Chefredakteur des theoretischen Organs der SPD „Die Neue Zeit". Bis 1910 Freund und Kampfgefährte Rosa Luxemburgs, dann Bruch der politischen und persönlichen Zusammenarbeit wegen Richtungsstreitigkeiten innerhalb der Vorkriegs-Sozialdemokratie. Seine Frau, *Luise Kautsky* (1864—1944), war bis zum Tode Rosa Luxemburgs eng mit ihr befreundet.

Aus Frkf. habe ich noch nichts, erwarte aber heute und gebe Ihnen dann gleich Bescheid. Einstweilen Dank und herzl. Grüße

Ihre R. L.

(*Welches* Buch lesen Sie jetzt?!)

(1913/14 Schöneberger Krankenhaus)

Liebes Fräulein Jacob!

Vielen Dank für Ihren duftenden Morgengruß und Ihre lieben Zeilen. Es geht mir ganz erträglich. Von Mimi[1] habe ich gottlob gute Nachrichten. Heute abend kam endlich aus Frankfurt die Depesche: Frist bis 31. März. Na also. Ich hoffe in den nächsten Tagen soweit zu sehen und werde Sie wieder zu einem Plauderstündchen zitieren, wie man gute Geister zitiert. Inzwischen entschuldigen Sie grossum Hiq das unwürdige Papier (faute de mieux) und seien Sie herzlichst bedankt und gegrüßt

von Ihrer
R. L.

---

1 *Mimi* war Rosa Luxemburgs Katze.

Liebes Fräulein Jacob!

So ein Pech! Soeben, ³/₄11 Uhr, werde ich dringend in die Stadt bestellt. Ich telefonierte gleich an Sie, Sie waren aber schon fort. Jetzt *müssen* Sie auf mich warten, dann mit mir zu Mittag essen und dann plaudern wir, ja? Mimi vertritt mich inzwischen.

Herzl. Gruß

R.

[Datum unbekannt]

Liebes Fräulein Jacob!

Jetzt komme ich „geschäftlich". Wollen Sie gütigst diesen Artikel *sogleich* abschreiben lassen und mir per Eilbrief sofort zurückschicken, so daß ich ihn bis Mittag oder so bis 2 Uhr habe. Apropos: Ich habe keine Ahnung, ob und wer unsere Rechnung für die Neujahrsbriefe an die Engländer beglichen hat? Am Ende hat es niemand noch getan. Geben Sie mir bitte Bescheid. Frau Zetkin[1], für die dieser Artikel bestimmt ist, bittet Sie auch um freundliche Beilegung der Rechnung. (Sie braucht nur 1 Exemplar).

Die Vergißmeinnicht blühen noch! Der Krokus ist himmlisch. Frau Zetkin bleibt bis Sonnabend. Sonntag hoffe ich Sie zu sehen.

Herzlich Ihre
R.

---

1 *Clara Zetkin,* geb. Eissner (1857—1933), Schriftstellerin in Stuttgart, war eine enge Freundin und Kampfgefährtin Rosa Luxemburgs. Von 1892 bis 1917 Redakteurin der sozialdemokratischen Frauenzeitschrift „Die Gleichheit". Mitbegründerin des Spartakusbundes und der USPD. Seit 1919 in der KPD, Reichstagsabgeordnete von 1920—1933.

Liebes Fräulein Jacob!

Vielen, vielen Dank für den reizenden Blumengruß. Und dazu meine Lieblingsblume: die zarten Anemonen! Sie haben mir wirklich eine
große Freude gemacht. Aber die Norddeutsche Allgemeine hat doch
recht: Das deutsche Volk ist so verschwenderisch, wie wenn das Vater-
land nicht in Gefahr und Not wäre. Wie sollen wir „durchhalten", wenn
das Volk nicht sparsamer wird?...

Die Idee mit der Mimi zeigt mir, daß auch gute Geister, ja namentlich diese, die Schwäche und Gebrechlichkeit der irdischen Dinge nicht
zu erfassen vermögen. Die Mimi im Korb getragen, für einen Tag mitgenommen und dann wieder abgeliefert! Wie wenn es sich um eine ge-
wöhnliche Kreatur aus der Gattung felis domestica handelte! Nun, wissen Sie, guter Geist, daß Mimi eine kleine Mimose, ein hypernervöses
Prinzeßchen im Katzenfell ist, das schon als ich, ihre eigene Mutter, sie
einmal mit Gewalt aus dem Haus heraustragen wollte, Krämpfe gekriegt
hat vor Aufregung und mir in den Armen steif geworden ist, mit brechen-
den Äuglein wieder in die Wohnung getragen werden mußte und nach
Stunden zu sich kam. Ja, ja, Sie haben keine Ahnung, was mein Mutter-
herz schon durchgemacht hat. Also lassen wir Mimichen in der Wohnung. Mir graut schon, wenn ich an den bevorstehenden und doch unvermeidlichen Transport denke, — vor dem 31. III., wo ich sie in die Villa
im Grunewald schaffen muß...

Aber wenn Sie allein kommen, wird mir sehr wohl sein. Nur muß
ich morgen und übermorgen schon zwei „unaufschiebbare" geschäftliche
Besuche erledigen, dann hoffe ich, Sie am Mittwoch — wenn Sie Ihre
Zeit ebenso verschwenden wollen, wie den schnöden Mammon — bei
mir zu sehen.

Inzwischen mit herzlichen Grüßen
Ihre R. L.

Dienstag (1915)

Mein liebes Fräulein Jacob!

Ihr Brief am Sonntag war der erste schriftliche Gruß, den ich aus der Außenwelt bekam, und er hat mir viel Freude gemacht. Soeben erhalte ich den zweiten, wofür ich Ihnen herzlich danke. Seien Sie um mich ganz ruhig: es geht mir gesundheitlich und „gemütlich" ganz gut. Auch der Transport im „grünen Wagen" hat mir keinen Schock verursacht: hab ich doch schon genau die gleiche Fahrt in Warschau durchgemacht. Ach, es war so frappant ähnlich, daß ich auf verschiedene heitere Gedanken kam. Freilich war auch ein Unterschied dabei: Die russischen Gendarmen haben mich als „Politische" mit großem Respekt eskortiert, die Berliner Schutzleute hingegen erklärten mir, es sei „schnuppe", wer ich sei, und steckten mich mit 9 „Kolleginnen" in einen Wagen. Na, das alles sind Lappalien schließlich, und vergessen Sie nie, daß das Leben, was auch kommen mag, mit Gemütsruhe und Heiterkeit zu nehmen ist. Diese besitze ich nun auch hier in dem nötigen Maße. Damit Sie übrigens keine übertriebene Vorstellung von meinem Heldentum bekommen, will ich reumütig bekennen, daß ich in dem Augenblick, wo ich zum zweitenmal an jenem Tage mich aufs Hemd ausziehen und betasten lassen mußte, mit knapper Not die Tränen zurückhalten konnte. Natürlich war ich innerlich wütend über mich ob solcher Schwachheit und bin es jetzt noch. Auch entsetzte mich am ersten Abend nicht etwa die Gefängniszelle und mein so plötzliches Ausscheiden aus den Lebenden, sondern — raten Sie! — die Tatsache, daß ich ohne mein Nachthemd, ohne mir das Haar gekämmt zu haben, aufs Lager mußte. Damit ein klassisches Zitat nicht fehlt: Erinnern Sie sich an die erste Szene in Maria Stuart, als dieser die Schmucksachen weggenommen werden: „Des Lebens kleine Zierden zu entbehren", sagt Marias Amme, die Lady Kennedy, sei härter, als große Prüfungen zu ertragen. (Sehen Sie mal nach, Schiller hat es etwas schöner gesagt als ich hier.) Doch wohin verirre ich mich? Gott strafe England und verzeihe mir, daß ich mich mit einer englischen Königin vergleiche! Übrigens besitze ich „des Lebens kleine Zierden" in Gestalt von Nachthemden, Kämmen und Seifen alle hier — dank der engelhaften Güte und Geduld Karls —, und so kann das Leben nun seinen geregelten Lauf fließen. Ich freue mich sehr, daß ich so früh aufstehe (5.40) und warte nur darauf, daß auch die Frau Sonne gefälligst meinem Beispiel folgt, damit ich von dem frühen Aufstehen auch was habe. Am schönsten ist, daß ich beim Spaziergang im Hof Vögel sehe und höre: ein ganzes Rudel frecher Spatzen, die manchmal einen solchen Krach machen, daß ich mich wundere, weshalb kein strammer Schutzmann da „mang" fährt; dann ein paar Amseln, wovon der gelbschnabelige Herr aber ganz anders singt als meine Amseln in Südende. Er quatscht und kreischt nämlich ein Zeug zusammen, daß man lachen muß; vielleicht wird (er) im März-April Scham annehmen und anständig flöten. (Jetzt muß ich übrigens an meine armen Spatzen denken, die nicht mehr auf dem Balkon ihr gedecktes Tischlein finden und wohl verwundert auf der Brüstung sitzen. (Hier müssen Sie unbedingt ein paar Tränen vergießen, es ist gar zu rührend!). . .)

Liebes Fräulein Jacob, ich erweise Ihnen die höchste Ehre, die ich einem Sterblichen antun kann: ich werde Ihnen meine Mimi anvertrauen! Sie müssen aber noch auf bestimmte Nachricht warten, die Sie von meinem Rechtsanwalt bekommen. Dann werden Sie sie in Ihren Armen (nicht etwa im Körbchen oder Sack!!!) im Auto entführen müssen, mit Hilfe meiner Wirtschafterin, die Sie mitnehmen am besten (ich meine nur für die Fahrt, nicht fürs Leben) und die alle sieben Sachen der Mimi (ihr Kistchen, Torfmull, Schüsselchen, Unterlagen und — bitte, bitte! — einen roten Plüschsessel, an den sie gewöhnt ist) mit verpacken wird. Das alles kann doch im Auto verstaut werden. Doch wie gesagt, warten wir damit noch einige Tage.

Was treiben Sie nun? Lesen Sie viel? Ich hoffe es. Ich lese eigentlich den ganzen Tag, sofern ich nicht esse, spaziere und die Zelle aufwische. Am schönsten ist die Krone des Tages: die zwei ruhigen Stunden abends von 7 bis 9 bei Licht, wo ich für mich denken und arbeiten kann.

Frau Z.[1] war leider so aufgeregt, daß ich um sie sehr unruhig bin.

---

1 Frau Z.: gemeint ist *Clara Zetkin*.

Seien Sie mir nun vielmals herzlich gegrüßt, leben Sie wohl und seien Sie heiter.

Ihre
R. L.

Selbstverständlich würde ich mich herzlich freuen, Sie zu sehen, aber damit müssen wir leider warten. Ich darf nur selten Besuche empfangen und vorläufig beanspruchen meine Rechtsanwälte den Zutritt. Holen Sie doch auch Ihre Vase aus meiner Wohnung ab!

(Februar 1915)

Von den „Quertreibern".[1]

Donnerstag mittag ist die Genossin Rosa Luxemburg in ihrer Wohnung durch zwei Kriminalbeamte plötzlich verhaftet worden. Sie wurde zunächst im Automobil nach dem Berliner Polizeipräsidium Abteilung VII (politische Polizei), und von dort im grünen Wagen nach dem *Weiber*gefängnis in der Barnimstraße transportiert. Es handelt sich um die Verbüßung der einjährigen Gefängnisstrafe, die der Genossin Luxemburg im vergangenen Jahr in Frankfurt a. M. zudiktiert wurde; auf höheren Befehl ist jetzt die bis zum 31. März erteilt gewesene Strafaufschubbewilligung aufgehoben und die sofortige Strafvollstreckung telegrafisch angeordnet. Einer Notiz der deutschen Tageszeitung, die über den Vorgang erstaunlich rasch und sicherlich gut informiert ist und durch hämische Glossierung unsere tapfere Genossin ehrt, entnehmen wir, daß dieses behördliche Eingreifen durch die bei gewissen Stellen sehr mißliebige politische Tätigkeit der Genossin Luxemburg unmittelbar veranlaßt ist. Alle Anzeichen deuten darauf hin, daß unsaubere Spitzel-Hände am Werke waren.

1 *Karl Liebknecht* (1871—1919), Rechtsanwalt, Freund und Kampfgefährte Rosa Luxemburgs, unterrichtete mit dieser Notiz die sozialdemokratische Presse über ihre Verhaftung. Von 1912 bis 1917 war er sozialdemokratischer Reichstagsabgeordneter. Stimmte am 2. 12. 1914 als einziger Abgeordneter des Reichstags gegen die Bewilligung der Kriegskredite. Führer des Spartakusbundes, Mitbegründer der KPD. Wurde am 15. Januar gemeinsam mit Rosa Luxemburg von einem Militärkommando ermordet.

25. 3. 1915

Liebes Fräulein!

Aus Straßburg schrieb ich — aber unvorschriftsmäßig. So wieder-hole ich meine besten Grüße u. Wünsche, daß *alles* gutgeht. Grüße auch den Ihrigen.

Ihr K. Liebknecht

Dienstag
(Stempel: 30. 3. 1915)

Mein liebes Fräulein Jacob!

Vor Ihrer Abreise will ich Ihnen noch viele herzliche Grüße mit auf den Weg geben. Besten Dank für alle milden Gaben, die mir sehr zustatten kommen. Mehr Wünsche habe ich vorläufig nicht, als daß Sie um mein irdisches Wohlergehen endlich beruhigt sein möchten. Ich freue mich ordentlich darauf, daß Sie aus den Mauern heraus und in die schöne Frühlingswelt hinausgehen. Das Wetter läßt sich gut an, gerade die frische kalte Luft garantiert einige Dauer des Sonnenscheins. Vielleicht finden Sie schon in Thüringen etwas Blumen auf den Wiesen, obwohl in dieser Höhe die Vegetation sich wahrscheinlich verspätet. Am Genfer See gibt es schon zahllose Vergißmeinnicht, Veilchen und bald auch meine allerliebste Wiesenblume — Wiesenschaumkraut; Himmelschlüssel nicht zu vergessen. Nächstes Jahr, wenn ich heil heraus bin, ist keine von diesen Genannten vor mir sicher. Inzwischen gebe ich Ihnen Vollmacht, an meiner statt die Wiesen zu plündern. Im Wald muß es jetzt die hellblaue zarte Anemone geben und die weißen Osterglocken, wenigstens bei Stuttgart im Buchenwald gab's massenhaft um diese Zeit. Also schauen Sie nach dem Rechten in Wald und Wiese und beschreiben Sie mir genau, was es gab. Nehmen Sie mit, wie ich's immer tue, den kleinen Pflanzenatlas: „Frühlingsblumen von H. Schuhmacher, Verlag Otto Maier, Ravensburg", mit dem man sich sehr leicht orientiert. Küssen Sie von mir die Mimi auf beide Äuglein, was sie von mir gern litt. Ich segne Euch beide von Herzen und wünsche Ihnen viel Freude und Erfrischung. Mit sonnigem Ostergruß

Ihre R. L.

[Datum unbekannt]

Mein liebes Fräulein Jacob!

Herzlichen Dank für Ihre Nachrichten und für alle Besorgungen. Ich soll Ihnen aber sagen, daß ich nicht so oft Briefe kriegen darf, also müssen wir uns damit leider etwas einschränken, obwohl Sie sich denken können, daß mir jede Nachricht von Ihnen eine Freude ist. Auch sollen Sie keine Personen mit bloßen Anfangsbuchstaben bezeichnen; ich weiß, das ist Ihre Gewohnheit in bezug auf gemeinsame Bekannte, aber das ist hier nicht zulässig. — Mit Belletristik bin ich vorläufig reichlich versehen, also können die ital. und franz. Sachen noch warten. Polnische Bücher durfte ich nicht kriegen, bitte, nehmen Sie sie gelegentlich wieder mit. Die Frau Vorsteherin ist momentan abwesend, sie wird sicher gern sehen, wenn Sie ihr guten Tag sagen. Und mir macht es immer eine Freude zu wissen, daß Sie hier in der Nähe waren, auch wenn ich Sie nicht sehen darf. Wenn Frau Zetkin kommt, hat es gar keinen Sinn, daß sie in Südende wohnt, da sie jetzt niemand dort pflegen kann (Mimis Vormund[1] und Fräulein Jezierska sind beide beschäftigt), also installieren Sie sie, bitte, bei Frau Rosenbaum, die sie mit offenen Armen aufnehmen wird. Ich hoffe, daß sie mich besuchen darf. — Die Stellen Ihres Briefes über Mimi lese ich unzählige Male. Küssen Sie sie von mir auf beide Äuglein. Mir geht es gut. Herzliche Grüße und Dank für alles!

Ihre und Mimis R. L.

Die große rote Pflanze heißt Schuppenwurz, die kleine grüne ist sonnenwendige Wolfsmilch.

---

1 Mimis Vormund: gemeint ist *Leo Jogiches* (1867—1919), persönlicher Freund Rosa Luxemburgs und engster politischer Mitarbeiter. Organisierte im Ersten Weltkrieg die Herausgabe der „Spartakusbriefe" und sorgte nach der Verhaftung Rosa Luxemburgs und Karl Liebknechts für den Kontakt zwischen der Spartakusgruppe und den Inhaftierten. Er wurde am 10. März 1919 im Untersuchungsgefängnis Berlin-Moabit ermordet.

[*Datum unbekannt*]

Mein liebes Fräulein Jacob!

Eine dringende Bitte: Schaffen Sie mir gleich hierher den kleinen schwarzen Strohhut, der in meinem Wäscheschrank oben liegt, und ein paar neue weiche Glacéhandschuhe, braun oder dunkelviolett 6 1/4. Ich soll nämlich am Sonnabend vorm. als Zeugin in einer mir völlig unbekannten Sache gegen Liebknecht zur Vernehmung fahren, habe aber weder Kopf- noch Handbedeckung, möchte also wenigstens den vorjährigen Deckel. Sie antworten mir ja schon 2 Wochen gar nichts wegen der Schneiderin! Oder haben Sie meine Karte nicht gekriegt? Bitte, geben Sie gleich ein Lebenszeichen, ob ich auf Hut und Handschuhe rechnen kann.

Herzlich Ihre und Mimis R. L.

Sonntag
(Stempel: 9. 4. 1915)

Mein liebes Fräulein Jacob!

Diese Karte soll Sie morgen zu Hause begrüßen, hoffentlich kehren Sie so erfrischt zurück, wie ich es Ihnen wünsche. Herzlichen Dank für die Blumen, Sie pressen jetzt famos, mein Heft bereichert sich zusehends. Die Kuhschellen kamen ausgezeichnet an, auch das andere. Namentlich die verschiedenen Kätzchen freuen mich ungemein. Von nun ab nur Gepreßtes, ja? Nun komme ich mit den unvermeidlichen Bitten, die sogar etwas dringend sind: *2* Fläschchen Myrrhentinktur, 1 Karton Lilienmilchseife von *Lohse* (3 Stück für 2 M), 1 Fläschchen Maiglöckchen von Lohse für 3 M., 1 Schachtel Lanolin mit dem Pfeilring für 20 Pf., 1 Schachtel weißen Bohnerwachs für 50 Pf., 3 dünnschalige Zitronen (die ich als Toilettenmittel brauche, um mir die Finger von der Tinte zu waschen). Um Mimi bin ich ruhig. Küssen Sie sie von mir und schreiben Sie, ob sie sich mit Ihnen gefreut hat.

Herzlich Ihre R.

P. S. Franz[1] mit Frau wollten mich besuchen nächstens, ich glaube, es ist besser, daß sie vorläufig die Absicht aufgeben. Ich lasse sie herzlich grüßen.

---

1 Franz: gemeint ist *Franz Mehring* (1846—1919), bekannter marxistischer Historiker und Schriftsteller. Im Ersten Weltkrieg Freundschaft mit Rosa Luxemburg und politische Zusammenarbeit im Spartakusbund.

Freitag, 9. 4. 1915

Mein liebes Fräulein Jacob!

Hoffentlich kriegen Sie diese Zeilen noch zum Sonntagsgruß, was mein Wunsch ist. Vielen herzlichen Dank für Ihre Briefe, die ich mehrmals lese und die mir viel Heiterkeit bringen. Heute kam der zweite (aus Jena, wo mir Ihr Hotel unbekannt ist) mit den schönen Einlagen. Mimis Bild hat mich schrecklich gefreut, ich muß immer lachen, wenn ich es anschaue; diese Szenen ihrer Wildheit, wenn jemand einen „Annäherungsversuch" unternimmt, habe ich so oft erlebt, daß ich sie fast knurren höre bei dem Anblick des Bildchens. Es ist vorzüglich gelungen; und auch für den jungen Arzt, der soviel Interesse meiner Mimi erweist, habe ich von vornherein die lebhafteste Sympathie. Für die Blumen einen ganz besonderen Dank, Sie wissen gar nicht, welche Wohltat Sie mir damit erweisen. Ich kann nämlich wieder botanisieren, was meine Leidenschaft und beste Erholung nach der Arbeit ist. Ich weiß nicht, ob ich Ihnen meine Botanisierhefte schon gezeigt habe, in denen ich vom Mai 1913 ab etwa 250 Pflanzen eingetragen habe, — alle prächtig erhalten. Ich habe sie alle hier, ebenso wie meine verschiedenen Atlanten, und nun kann ich ein neues Heft anlegen, speziell für die „Barnimstraße". Gerade alle die Blümchen, die Sie mir geschickt haben, hatte ich noch nicht, und nun habe ich sie ins Heft gebracht; besonders freut mich der Goldstern (das gelbe Blümchen im ersten Brief) und die Kuhschelle, da man dergleichen hier bei Berlin nicht findet. Auch die 2 Efeublätter der Frau von Stein sind verewigt, — richtig hatte ich Efeu noch nicht drin (Hedera helix auf Latein); ihre Abstammung freut mich doppelt. Außer dem Leberblümchen waren alle Blumen sehr ordentlich gepreßt, was beim Botanisieren wichtig ist.

Ich freue mich für Sie, daß Sie soviel sehen; für mich wäre das eine Strafe, wenn ich Museen und dergl. besuchen müßte. Ich kriege dabei gleich Migräne und bin wie gerädert. Für mich besteht die einzige Erholung im Schlendern oder Liegen im Grase, in der Sonne, wobei ich die winzigsten Käfer beobachte oder auf die Wolken gaffe. Dies ad notam für den Fall unserer künftigen gemeinsamen Reise. Ich würde Sie nicht im geringsten stören, alles zu besuchen, was Sie interessiert, aber mich müßten Sie entschuldigen. Sie vereinigen freilich beides, was ja am richtigsten ist.

Ein Bild der Lady Hamilton habe ich gesehen in der Ausstellung der Franzosen des XVIII. Jahrhunderts; ich weiß nicht mehr, wie der Maler hieß; habe nur die Erinnerung einer kräftigen und grellen Mache, einer robusten, herausfordernden Schönheit, die mich kalt ließ. Mein Geschmack sind etwas feinere Frauentypen. Ich sehe noch lebhaft in derselben Ausstellung das Bild der Madame de Lavallière von der Lebrun gemalt, in silbergrauem Ton, was zu dem durchsichtigen Gesicht, den blauen Augen und dem hellen Kleid wunderbar stand. Ich konnte mich kaum trennen von dem Bilde, in dem das ganze Raffinement des vorrevolutionären Frankreichs, eine echte aristokratische Kultur mit einem leichten Anflug von Verwesung verkörpert war.

Fein, daß Sie Engels' Bauernkrieg lesen. Haben Sie den Zimmermannschen schon durch? Engels gibt eigentlich keine Geschichte, sondern bloß eine kritische Philosophie des Bauernkrieges; das nahrhafte Fleisch der Tatsache gibt Zimmermann. Wenn ich in Württemberg durch die schläfrigen Dörfer, zwischen den duftenden Misthaufen fahre und die zischenden Gänse mit langen Hälsen unwillig dem Auto weichen, während die hoffnungsvolle Dorfjugend einem Schimpfworte nachruft, kann ich mir nie vorstellen, daß einmal in denselben Dörfern Weltgeschichte mit dröhnendem Schritt ging und dramatische Gestalten sich tummelten. Ich lese zur Erholung die geologische Geschichte Deutschlands. Denken Sie, daß man in Tonplatten aus der algonkischen Periode, d. h. aus der ältesten Zeit der Erdgeschichte, bevor noch jegliche Spur organischen Lebens war, also vor ungezählten Jahrmillionen, daß man in solchen Platten in Schweden Abdrücke von Tropfen eines kurzen Platzregens findet! Wie auf mich dieser ferne Gruß der Urzeiten magisch wirkt, kann ich Ihnen nicht sagen. Nichts lese ich mit solcher Spannung wie Geologie.

Zur Frau von Stein übrigens, bei aller Pietät für ihre Efeublätter: Gott straf mich, aber sie war eine Kuh. Sie hat sich nämlich, als Goethe ihr den Laufpaß gab, wie eine keifende Waschfrau benommen, und ich bleibe dabei, daß der Charakter einer Frau sich zeigt, nicht wo die Liebe beginnt, sondern wo sie endet. Von allen Dulcineen Goethes gefällt mir auch nur die feine, zurückhaltende Marianne von Willemer, die „Suleika" des Westöstlichen Divans. — Ich bin heilfroh, daß Sie sich erholen, Sie hatten es nötig! Mir geht es sehr gut.

Herzliche Grüße Ihre R. L.

Für Fräulein Dyrenfurth meinen freundlichen Gruß; ihre Anschrift hat mich sehr gefreut.

Mein liebes Fräulein Jacob!

Soeben kommt Ihr Brief mit den Himmelschlüsselchen und anderen Himmelsgaben. Ich habe Ihnen schon am Freitag geschrieben, und zwar nach dem *Hotel Rautenkranz*, das Sie mir angegeben hatten. Jetzt sind Sie im „Goldenen Löwen"! Das kommt davon, daß Sie wetterwendisch sind! Lassen Sie mich wissen, ob Sie den Brief noch erhalten. Tausend Dank für Brief und Blümchen! Mir geht es gut. Viel Vergnügen und Erholung! Herzliche Grüße von Ihrer

R. L.

Die Schlüsselblümchen beleuchten mir die Zelle wie Sonnenlicht. (Sie heißen auch französisch: Chandellier!). Sie sind ganz frisch angekommen. Sie pressen jetzt die Blumen famos! Die Hyazinthe ist wundervoll, auch das Moos! Das blaue Blümchen ist nähmlich eine Sternenhyazinthe, Scilla.

15. 4. 1915

Sehr geehrtes Fräulein Jacob!

Schon lange wollte ich an Sie schreiben, ich war aber nicht in der Lage, Ihnen etwas von Interesse mitzuteilen. Die Herausgabe der Zeitschrift[1] zog sich in die Länge, es waren noch viele Schwierigkeiten zu überwinden, und an Ärger und Verdruß fehlte es keinesfalls. Nun hat endlich das Schmerzenskind das Tageslicht erblickt. Ihr Exemplar hebe ich auf, da es sich bereits nicht verlohnt, es Ihnen zu senden. Wie ich hörte, wollen Sie schon am Sonnabend oder Sonntag zurückkehren, und ich bin nicht sicher, ob die Sendung Sie erreichen würde. Die Jugendfotografie R.'s hebe ich ebenfalls für Sie auf. Ich habe sie bereits aus der Wohnung geholt, schicke sie aber nicht, da sie leicht beschädigt werden kann — beim Abstempeln des Briefes. Und schließlich muß man doch auch dafür sorgen, daß Ihnen etwas Freude für später aufgespart bleibt, damit der Unterschied zwischen Ferien und dem Alltag nicht zu sehr empfindlich wird.

Ich hoffe, daß es Ihnen in Thüringen gut ergeht und daß die prächtige Natur auf Ihr Gemüt eine segensreiche Wirkung ausübt, was auch Ihren Bekannten ganz gewiß zu Nutzen kommen würde. (Ich weiß, daß mir die Antwort nicht erspart bleiben wird.) — Wie es scheint, geht es der R. nicht schlecht. Vor ein paar Tagen durfte sie den Besuch des Rechtsanwalts empfangen. Die Vorsteherin beklagt sich, daß sie zuviel Besuch hat, und da Fr. M.[2] die Absicht hat, sich in nächster Zeit bei der Vorsteherin als Petent zu melden, bittet er alle Bekannte und Freunde Rosas, ihm diesmal nicht zuvorzukommen, was Sie sich gütigst merken wollen.

Von der Mimi holte ich mir gestern telefonische Nachricht, was nicht besagen will, daß M. selbst telefonierte. Vielleicht komme ich heute

---

1 Herausgabe der Zeitschrift: gemeint ist die erste Nummer der von Rosa Luxemburg und Franz Mehring begründeten Zeitschrift „Die Internationale", die am 14. April 1915 erschien und sofort verboten wurde. Die nächste Nummer der Zeitschrift erschien erst am 30. Mai 1919.
2 Fr. M.: gemeint ist *Franz Mehring.*

zu Ihnen hinüber, um das „Biestchen" zu sehen, denn ich weiß nicht, warum die R. auf einmal dringend nach der M. fragt und beunruhigt zu sein scheint. Ich habe sie natürlich beruhigt, will aber die Mimi aufsuchen, da ich heute in der Nähe vom Zoo zu tun habe.

Und nun leben Sie wohl und auf Wiedersehen! Ich kann Sie vertrösten, daß ich wieder Stoff zum Streit mit Ihnen habe — den Sie — natürlich! — mir geliefert haben.

Ergebenst T.[3]

---

3 T.: gemeint ist *Tyszka*, ein Pseudonym *Leo Jogiches'*.

21. 4. 1915

Liebes Frl. Jacob!

Ich danke Ihnen sehr für Ihren freundlichen Brief, der mir viel Vergnügen bereitete. Ich hoffe noch öfter von Ihnen zu hören; nicht wahr? Und stets so Erfreuliches. Alles Gute. Beste Grüße auch den Ihrigen

Ihr K. Liebknecht

Danken Sie bitte auch Herrn von Gerl.[1] bestens.

1 Herrn v. Gerl.: gemeint ist *Helmut v. Gerlach* (1866—1935), Journalist und Politiker; gab in der Weimarer Republik als ein führender Vertreter des Pazifismus die Wochenschrift „Die Welt am Montag" heraus.

26./27. 4. 1915

Mein liebes Fräulein Jacob!

Vielen Dank für Brief und die schönen Sachen. Aber ist das nicht ein Mißverständnis mit Büchern?! Es sind lauter solche, die ich gar nicht bestellt habe und kaum brauche, hingegen der Band der N. Z.[1] ist *nicht* dabei! Soll das erst kommen? Cunow etc. habe ich seinerzeit richtig erhalten. — Jetzt wieder Bitten: mir ist ein Malheur passiert, der Kamm entzwei gegangen. Bitte, kaufen Sie mir einen weißen, aber nur zur Hälfte mit Zähnen, zur Hälfte bloßer Griff für die Hand. Auch eine feste, harte, ausgebogene Zahnbürste würde mich beglücken. — An Onkel Leo[2] werde ich mit der Zeit durch Ihre Güte schreiben, ich muß ja aber, wie Sie wissen, mit Briefen enthaltsam sein, also vorläufig für ihn und alle Verwandten nur herzliche Grüße. Auch Ihrem Fräulein Schwester wollte ich schon längst einen Gruß schicken und danken für die lieben Worte über Mimi, die sie nach Mimis Ankunft angeschrieben hatte. Ich umarme Sie und Mimi vielmals

Ihre R. L.

Das blaue Blümchen war aber doch ein Leberblümchen!
Rued. soeben erhalten! Die Neue Zeit (laufende Nr.) bekomme ich hier direkt vom Verlag.

---

1 N. Z.: gemeint ist die Zeitschrift „Die Neue Zeit". Theoretisches Organ der Sozialdemokratie, erschien von 1883 bis 1923.
2 Onkel Leo: gemeint ist *Leo Jogiches.*

4./5. 5. 1915

Mein liebes Fräulein Jacob!

Eine dringende Bitte: Ich brauche zur Arbeit ein Heft der Neuen
Zeit Nr. 41 vom 11. Juli 1913; es steht in meiner Bibliothek bei den
übrigen Heften. Mit Ihrem Plan, daß Sie bei Klara[1] in Südende wohnen, bin ich natürlich von Herzen einverstanden, ich würde sogar vorschlagen, daß Sie
die Mimi mitnehmen, damit Klara an ihr Freude hat. Aber es ist viel
leicht besser, die Mimi in Ruhe zu lassen, wenn sie sich schon so heimisch
bei Ihnen fühlt. Nur eine Bedingung: Sie nehmen nicht wieder die Frau
Dalkowsky zum Reinemachen! Das Weib darf mir nicht mehr in die
Wohnung, ich bitte mir das aus, was auch Onkel Leo sagen mag. Zum
Aufräumen wird Ihnen sicher die Frau Sachtler von gegenüber gern helfen oder fragen Sie telefonisch bei Frau Marchlewski (Steglitz 2151) an,
sie hat mir schon einmal eine gute Aufwartefrau für einige Tage angeboten. Kochen muß natürlich Frau Sachtler, aber Sie müssen selbst einen
anständigen Preis bestimmen, denn die Frau ist sehr schüchtern. — Noch
eine Bitte! Meine Schneiderin, die einzige, die mir ohne Anprobe etwas
machen kann, ist mir „abhanden gekommen". Sie soll nach München
verzogen sein; könnten Sie mir nicht ihre jetzige Adresse ausfindig machen? Sie heißt Frau Flora Heißner, ihr Mann war beschäftigt bei der
Optischen Anstalt von Goertz in Steglitz und sollte an die Filiale dieser
Firma in München. Gewohnt hat sie in Steglitz, Moltkestr. 2; im gleichen Hause wohnt die Genossin Bertha Selinger, die vielleicht Bescheid
weiß und die ich jedenfalls herzlich grüßen lasse. — Mit der Statistik,
die Sie nicht finden, ist es ein Kreuz; ich muß das schon selbst besorgen,
und mein Rechtsanwalt sollte dafür die nötigen Schritte tun; hoffentlich
bummelt er nicht. — Nochmals vielen Dank für die Blümchen. Die Nelke war königlich. Die 2 blauen heißen Traubenhyazinthen (muscari
racemosum), woher hatten Sie das? Herzlich umarmt Sie und Mimi

Ihre R. L.

---

1 Klara: gemeint ist *Clara Zetkin.*

22. 5. Sonnabend

Mein liebes Fräulein Jacob!

Soeben erhalte ich Ihren duftenden Pfingstgruß mit dem lieben Brief, der mir viel Freude bringt. Ich habe Ihnen schon so lange nicht geschrieben, jetzt mache ich mir daraus selbst ein Pfingstfest. Daß Sie neulich mit Klara dabei waren, machte die Hälfte des ganzen Spaßes für mich aus; wir reden mit ihr stets nur über Dinge, die auch Sie interessieren und angehen, und ich wäre sehr gekränkt gewesen, wenn ich Sie nicht mit dabei hätte; es war mir nachher nur leid, daß ich so wenig dazu kam, mit Ihnen ein Wort zu reden. — Sie verlangen eine Bestätigung über das Empfangene. Also ich erhielt den kurzen Brief mit der traurigen Botschaft von der Erkrankung der Frau Dr. Lehmann und mit dem Bilde Mimis, das mich hocherfreut hat. Dann bekam ich durch Karl[1] die Flasche Öl, an der ich mich nun täglich berausche und die mir sehr gut tut. Karl hat mir auch eine Nr. Illustrierte Zeitung geschenkt, die mir großen Spaß gemacht hat. Von Frau Rosenbaum erhielt ich — aber schon vor einiger Zeit — eine Schachtel Blumen und einen Brief, wofür ich mich bei ihr vielmals bedanke, ja, auch das Buch mit Tiergeschichten, wofür extra Dank. Ihre Gänseblümchen stehen jetzt noch bei mir im Wasser. — Ich glaube, das ist alles. Aber denken Sie, ich habe jetzt schon drei Briefe an mich feststellen können, die hier nicht angekommen sind! Um so nötiger, stets die eingetroffenen zu bestätigen. N. B.: Mimis Vormund hatte mir neulich auf einer Postkarte, wie das so seine Sitte, einen langen Brief „in 2-3 Tagen" in Aussicht gestellt. Ich habe keinen erhalten. Vielleicht ließ er es nur bei dem Versprechen bewenden. Er zeichnet sich jetzt überhaupt durch Schreibfaulheit aus.

Die beiden futuristischen Aufnahmen Mimis gehören auf die Sezessionsausstellung. Eine hat mich übrigens sehr beunruhigt: wenn meine Mimi schon wirklich einen solchen Leibesumfang hat, wie hier auf dem Tisch mit tanzenden weißen Mäusen, dann sieht sie ja — verzeihen Sie den Ausdruck — wie ein Mastschwein aus, und das würde mir in der

---

1 Karl: gemeint ist *Karl Liebknecht.*

Seele weh tun. Ich hoffte nur auf Ihren wohltuenden Einfluß auf Mimis
Charakter, nicht auf ihre Taille; die war schon ohnehin rubensisch genug.
Wie gern möchte ich Ihnen auch ein Pfingstgeschenk schicken!
Aber ich arme Kirchenmaus lebe ja selbst nur von Wohltaten anderer
hier. Also kann ich Ihnen wieder nur ein kleines Büchlein verehren, und
zwar soll es Voltaire sein. Es sind seine Märchen, die im allgemeinen wenig bekannt sind; ich habe mich stellenweise köstlich über sie amüsiert.
Ich empfehle Ihrer Beachtung auch das gute Bild von ihm, das am Anfang des Büchleins gedruckt ist: der reinste Reinicke Fuchs. Aber der
Post mag ich das Büchlein nicht anvertrauen, Sie müssen's sich schon
selbst abholen. Ich will Sie nämlich zugleich bitten, meinen Morgenrock
in Empfang zu nehmen und mir von Ihrer Schneiderin einen ähnlichen
fabrizieren zu lassen (nur braucht er nicht so weit zu sein). Den Stoff wollen Sie selbst besorgen: gerippten (oder schlimmstenfalls glatten) Sam-
met, weich und leicht, dunkelgrün (nicht oliv!) oder maulwurfsgrau, etwa
4-5 M. pro Meter. Dieses Ungetüm, das ich Ihnen mit Schamröte über-
gebe — so zerfetzt ist es schon —, war aus einem geschenkten Stoff, deshalb zentnerschwer, und dazu verpfuscht von der Schneiderin. — Da
jetzt Feiertage kommen, Sie dann Dienstag und Mittwoch beschäftigt
sind, so erwarte ich Sie also etwa am Donnerstag. Wenn Sie sich unten
melden, werde ich das Kleid und den Voltaire runterschicken.
   Ich fand auch, daß Karl sehr schlecht aussieht, gedrückt und zer-
streut ist; er tat mir furchtbar leid. Worin besteht der Heldenmut seiner
Frau, von dem Sie schreiben? Ich werde mich sehr freuen, das zu hören.
Ich will ihr mal schreiben, aber doch erst, wenn Karl wieder fort ist, jetzt
hat sie ja an ihm den besten Trost, wenn sie eines bedarf.
   Den Deckel von Ihrer letzten Blumenschachtel habe ich nicht, ich
kriege sie ja schon geöffnet. Unten fand ich an ihr einen Poststempel, den
ich beilege, der mir aber wahnwitzig vorkommt, namentlich die Jahres-
zahl.
   Daß der Staatsanwalt meinen Urlaubsantrag wegen der Statistik
abgelehnt hat, wissen Sie wohl schon. Also nichts zu machen. Na, ich ar-

beite so gut ich kann. — Auf die Wittsche Korrespondenz verzichte ich, ich kann mir schon ihre Physiognomie vorstellen. Dafür freue ich mich herzlich auf jede weitere Zeile von Ihnen. Mit vielen Grüßen an Karl, Onkel Leo und den Alten[2] umarme ich Sie und Mimi vielmals und bleibe

Ihre R. L.

Noch eine Bitte, wenn Sie am Donnerstag kommen: 1 Pfund Würfelzucker und eine Flasche Myrrhentinktur! Sonst bin ich mit allen Erdengütern versorgt.

2 den Alten: gemeint ist *Franz Mehring.*

28./29. 5. 1915

Mein liebes Fräulein Jacob!

Herzlichen Dank für die herrlichen Rosen und Tannenzweig, sowie
alles andere. Aber — aber: Ich *darf* nicht so oft Blumen kriegen und
nicht so häufig lange Briefe. Sie werden ahnen, daß es nicht mein Herz
ist, das mir diese Zeilen diktiert, sondern — das Reglement. Wir müssen
uns einschränken, es hilft nichts. Natürlich können wir uns deshalb doch
über alles Nötige verständigen, nur — mit Maß! Auch kann Mimis Vormund (dessen Karte ich soeben erhalte) über Mommsen alles schreiben,
was ich gern lesen und beantworten werde, er schreibt ja sowieso höchst
selten. Sagen Sie ihm, daß ich an meinen Bankier gleichzeitig schreibe.
— Wieso mein Kleid 50 M. kosten soll, ist mir unerfindlich. Ich brauche
ja nicht mehr als ca. 3 Meter doppelbreiten Stoff zu 4-5 M., macht
12-15 M., Arbeit kostete bei *meiner* Schneiderin 10 M., sagen wir 15,
macht zusammen höchstens 30. Und ich trage ein solches Hauskleid jahrelang, auch brauche ich es *hier* noch für den ganzen Herbst und Winter!
Ich nehme ja nur gerippten Samt, weil er das praktischste ist! Nun viele
Grüße! Ich umarme und küsse Sie und Mimi vielmals

Ihre R.

Die Konfitüren sind großartig, aber auch das darf ich nicht so bald
wieder kriegen! Dito Schokolade. *Dank für alles!*
In einer Woche brauche ich wieder Öl, aber dann eine doppelte
Flasche, ja?!..

4./5. 6. 1915

Mein liebes Fräulein Jacob!

Vielen Dank für Bluse (die herrlich gewaschen ist), für Öl und alles. Grüßen Sie von mir herzlich Klara, aber ich möchte bitten, daß sie keinen Versuch macht, mich zu sehen. — Von Berta[1] ist hier eine Sendung Konfitüren angelangt, bitte, danken Sie ihr von mir vielmals. Aber jetzt machen wir damit, wie mit Blumen, Schluß — bis zum heiligen Abend. — Wenn Ihre Zeit wieder erlaubt, bekümmern Sie sich, bitte, ein wenig um meine Gertrud[2] (Mariendorf, Königstr. 13, G. Zlottko). Sie ist in großer Not, man müßte ihr Verdienst verschaffen; auch Frau Ros.[3] bitte ich darum wieder. Schicken Sie ihr, der Gertrud, auch, bitte, für mein Geld solchen Frühlings- und Sommerblumenatlas von Schuhmacher. Mimis Vormund bitte ich um gelegentliche Information, ob von Mommsens Römischer Geschichte in diesem Jahr eine neue unveränderte Auflage erscheinen wird, wie ich im Tageblatt mal gelesen habe. Und nun, nachdem ich, wie ich eben nachgezählt, sechsmal „bitte" wiederholt habe, schließe ich mit „danke" und umarme herzlich Sie und Mimi sowie Klara.

Ihre R. L.

Nehmen Sie sich Zeit mit dem Kleid; bei dieser Hitze eilt es nicht. Kätes[4] Brief hat mich sehr gefreut.

1 Berta: gemeint ist *Bertha Thalheimer* (1883—1959), Schwester des späteren KPD-Führers August Thalheimer. Sie arbeitete im Ersten Weltkrieg aktiv im Spartakusbund mit. Später Mitglied der KPD, dann der KPO.
2 Gertrud: gemeint ist *Gertrud Zlottko,* ehemalige Haushälterin Rosa Luxemburgs.
3 Frau Ros.: gemeint ist *Martha Rosenbaum.*
4 Käte: gemeint ist *Käte Duncker,* geb. Döll (1871—1953), Lehrerin. Gemeinsam mit ihrem Ehemann, Hermann Duncker, gehörte sie dem Spartakusbund und der KPD an.

8./9. 6. 1915

Mein liebes Fräulein Jacob!

Ich habe eine große Bitte! Ich möchte, daß Sie 2 kleine Büchlein hier abholen lassen, solange Klara hier ist, denn *sie soll sie für ihren Sohn mitnehmen.* Ich habe einmal etwas der Feldpost anvertraut, und das ist verlorengegangen, so will ich die schöne Gelegenheit benutzen. Dann, wenn Sie schon in meiner Wohnung sind, darf ich um folgendes bitten:

1) Mein Kimono (eine große Schleife dazu aus gleichem Stoff ist irgendwo im Schrank unten oder in der Schublade des Waschtisches),

2) meinen blauen Seidenmantel,

3) die neue weiße Bluse,

4) Gobineau, Renaissance, kleines grünes Buch, im Regal, wo Goethe steht, unten,

5) ein Pflanzenbuch, dünnes, dunkelgrau, steht auf dem Regal am Fenster, oben. —

Was macht Klara? Wie geht es ihr? Viele herzliche Grüße für Klara, Sie und Mimi

Ihre R.

Von Mimis Vormund habe ich noch keine Nachricht.

Noch einmal, damit kein Mißverständnis entsteht: die Büchlein sind für Klaras Sohn.

23./24. 9. 1915

Mein liebes Fräulein Jacob!

Sie sind wirklich ein gutes Herz, daß Sie mir nicht zürnen wegen meiner letzten rabiaten Karte; ich machte mir nachher bittere Vorwürfe. Es geht mir ganz gut, seien Sie ruhig um mich. Ihre Liebesgaben tragen dazu wesentlich bei; herzlichen Dank dafür. Von Klara hatte ich gestern einen ausführlichen Brief, sie bleibt bei Haase[1], da ist nichts zu machen. Sonst geht es ihr anscheinend gut. Sie ist jedenfalls mit allem versorgt. Von Karl habe ich seit einer Karte aus Königsberg keine Nachricht; vielleicht ist sie wieder nicht angekommen, wie das schon mehrmals passierte. Schreiben Sie ihm gelegentlich, daß ich ihm die Königsberger Karte beantwortet habe (zum ersten Mal). Am Montag kommen Franz und Eva[2], worauf ich mich sehr freue.

Den Ausschnitt aus der B. Tagw.[3] könnten Sie mir vielleicht im Brief gelegentlich schicken? Dank für Mimis Bildchen, könnte ich aber nicht noch eins kriegen, das nicht in Schokolade getaucht war? Ich finde es reizend, daß Mimi soviel an mich denkt; ganz gegenseitig. — Zum Schluß, wie immer, einige Bitten: 1. Schreiben Sie mir, bitte, ob Sie meine letzte Karte Franz oder seiner Frau gezeigt haben (was ich aus gewissen Zeichen mit Bedauern vermute). 2. Ob L. meinen Brief von Frau Kautsky aufbewahrt hat. 3. Gelegentlich möchte ich sehr bitten um meinen rotgestreiften warmen Unterrock, der im Wäscheschrank oben liegt (falls er nicht verschwunden ist) und noch eine Flasche meines schönen „Elixiers" („Nachbarin, Ihr Fläschchen!" . .). Hingegen mit Dr. Süßmann wollen Sie gütigst die Sache ruhen lassen, ich habe es mir überlegt und komme ohne ihn aus; lassen wir also das Thema fallen. — Warum

1 Haase: gemeint ist *Hugo Haase* (1863—1919), Rechtsanwalt in Berlin. Von 1911 bis 1915 Parteivorsitzender und Vorsitzender der Reichstagsfraktion der SPD. Mitbegründer der USPD und deren Parteivorsitzender bis zu seinem Tod. Im November/Dezember 1918 Mitglied des Rats der Volksbeauftragten.
2 Franz und Eva: gemeint sind *Franz und Eva Mehring.*
3 B. Tagw.: gemeint ist die Zeitung „Berner Tagwacht", die im Ersten Weltkrieg ein Forum der internationalen Kriegsgegner war.

war soviel Unruhe um Sie und *in Ihnen*, wie Sie schrieben? Wie geht es Ihrer Frau Schwester? Herzlich umarmt Sie und Mimi

Ihre R.

Von Fräulein J. erhielt ich die Nachricht. Besten Dank und Gruß! Grüßen Sie, bitte, herzlich von mir Frau Ros. Ich schreibe ihr nächstens. Lassen Sie auch gütigst die Gertrud wissen, daß ich ihr sehr danke für die schönen Bildchen, aber nicht so oft erhalten darf und auch nicht viel schreiben kann.

24. 9. 1915

Die besten Grüße vom Dünawalde sendet mit der Bitte um ein recht baldiges Lebenszeichen nebst Bericht über unsere gemeinsame Freundin

Ihr K. Liebknecht

Ich hoffe Sie wohlauf.

(Poststempel 2. 10. 1915)

Mein liebes Fräulein Jacob!

Ich erfahre soeben, daß man vergessen hat, bei der letzten Gelegenheit Ihrem freundlichen Sendboten ein Päckchen von mir herauszugeben. Ich muß Sie nämlich bitten, meine Schuhe reparieren zu lassen. Wollen Sie gütigst bei der nächsten Sendung das Paket mitnehmen lassen (ich hoffe auch nächstens auf das Elixier — *nicht Öl*)? Ihre Blumen prangen auf meinem Tisch in üppiger Schönheit, das Löwenmaul entfaltet alle Knospen, auch die Astern und Levkojen; ich pflege sie aber auch mit derselben Zärtlichkeit, wie Sie unsere Mimi. Die Kätzchen bringen mich übrigens in Erstaunen, ich wußte gar nicht, daß um diese Zeit selbst im Treibhaus Weiden blühen können. Ihre Weide im Lazaretthof ist schon fast so groß wie ich (was ja freilich nicht viel besagen will). — Haben Sie irgend etwas von Karl wieder gehört? Hat er an jemanden geschrieben? Bitte, lassen Sie mich gleich wissen! Ich erwarte auch von Frau Eva Nachrichten, ich habe ihr gestern geschrieben. Ich habe Sehnsucht nach einem guten Brief von Ihnen.

Ich umarme Sie und Mimi herzlich

Ihre R.

5. 10. 1915

Mein liebes Fräulein Jacob!

Sie haben mich plötzlich so reich und fröhlich gemacht, daß ich Ihnen gleich danken muß. Überhaupt geht es mir mit Ihnen wie im Märchen mit dem „Tischlein-deck-dich". Kaum hatte ich neulich den Wunsch nach einem guten Brief ausgesprochen, als er auch schon hier war; und jetzt saß ich gerade etwas gedeppt, als mir der herrliche Strauß wieder soviel Farbe und Duft in die Bude gebracht hat, und auch das Gefühl, daß Sie hier in der Nähe waren. Wenn ich Sie bloß hätte für einen Moment sehen können! . . . Zunächst das Wichtigste: die Blumen. Ob Sie auch wissen, was das für Schätze sind, die Sie mir geschickt haben? Also auf jeden Fall: die kleineren gelben mit der braunen samtigen Mitte, das ist der Alant (Inula helenium), die großen gelben, die der Sonnenblume ähnlich sind, das ist Topinambur (Helianthis tuberosus), endlich die winzigen gelben in den vielen Trauben, so schön duftend, das ist die Canadische Goldrute (Solidago virgaurea), alle drei aus der Familie Compositen. Die wundervoll gelbrot gefärbten Blättchen sind natürlich von einer Eberesche, der blutrote Zweig ist ein Prunus oder „Türkische Kirsche", Zierstrauch aus der Familie der Rosazeen; endlich der Zweig mit den ganz schmalen, unten silbrigen, oben dunkelgrünen Blättchen ist ein weidenblättriger Sanddorn. Die Farben der Astern sind unaussprechlich schön, — ein echtes Herbstgemälde der ganze Strauß. Es freute mich herzlich zu hören, daß mein alter Herr schon wieder wohler ist; er gehört zu jenen großen Bäumen, die von der geringsten Krankheit wie ein kleines Kind gleich umfallen, sich aber ebenso rasch wieder aufrichten. Von Karl hatte ich gestern einen Brief; es geht ihm offenbar ganz elend in jeder Beziehung, obwohl er munter schreibt wie immer; aber wenigstens war er noch wohlauf; allerdings ist der Brief schon am 25. geschrieben, und wie es seitdem mit ihm steht, wissen die Götter. Er hat meine Karte erhalten, und ich will ihm bald wieder Nachricht geben. Auch Klara ließ mir eine Zeile zukommen.

Was ist es aber, daß Sie heute so tonlos und traurig schreiben? Ist irgend etwas passiert, oder täuscht mich mein Ohr? Hoffentlich lassen Sie mich gleich alles wissen, was Sie erfahren, ob es Gutes oder Böses ist;

das Schlimmste von allem ist die Ungewißheit. Wie steht's mit Grozi?[1] Hat er seine Arbeit wieder aufgegeben oder mangelt's an Energie? Sie wollten ihm ja Temperament beibringen. — Wie üblich habe ich noch einige Bitten in petto: 1) eine Tasse! und möglichst mit dem gleichen Muster: Palmblätter; jene schöne ist nämlich den Weg allen Fleisches gegangen; 2) das zweite Buch von Tugan-Baranowsky (Theoretische Grundlagen des Marxismus), steht bei mir auf dem großen Regal. Das alles hat natürlich Zeit bis zur nächsten Gelegenheit.

Ich freue mich sehr bei dem Gedanken, daß Sie Frau Rosenbaum auf meinem Balkon bewirten werden und hoffe, daß Sie es gemütlich haben werden.

Noch eine kleine Unruhe plagt mich. Rechnen Sie denn mit meinem Kassierer ordentlich ab und notieren Sie auch alle die unzähligen Ausgaben?! Ich wäre Ihnen sehr dankbar für eine Beruhigung.

Vielen Dank für Ihre Kirschen, sie sind ein Meisterwerk, und ich habe heute, dank Ihnen, ein ferschtliches Abendbrot.

Ich umarme Sie und Mimi herzlich

Ihre R.

Eben bemerke ich an meinem Unterrock einen ganz neuen Gürtel. Was sind Sie für eine Zauberin, daß sich alles verjüngt in Ihrer Hand! Aber warum verschwenden Sie Ihre Zeit und Aufmerksamkeit auf solche elenden Lappalien? Das macht mich ganz unglücklich.

---

1 Grozi: gemeint ist *Leo Jogiches.*

6. 10. 1915

Sehr verehrtes Fräulein!

Ihre Karte vom Fürstenhof erreichte mich durch günstigen Zufall heute. Ich schrieb Ihnen schon; das wird inzwischen eingetroffen sein.

An unsere Freundin gingen längst Nachrichten; ich bekam von ihr 2 Karten. Geben Sie auf ihre Gesundheit dort dauernd acht. Was ist mit Clara? Wie geht's Ihnen?

Ich bitte um gelegentliche Lebenszeichen. Heut geht's wieder zur Korporalschaft. Seit gestern scheint Feuerpause. Alles Beste

Ihr
K. Liebknecht

16. 10. 1915

Mein liebes Fräulein Jacob!

Ich habe gestern meinem Rechtsanwalt nicht aufgetragen, Ihnen für
die letzten Gaben zu danken, weil ich mir nicht nehmen lassen wollte,
dies selbst zu tun und mit Ihnen dabei ein wenig zu plaudern. Also herzlichsten Dank für Blumen — vorläufig reichen sie für eine ganze Weile,
ich pflege sie aufs sorgfältigste, so daß sie noch alle frisch sind —, auch
für die schöne Tasse, die ich natürlich nicht wage anzurühren, vor Angst,
sie könnte hier Schaden nehmen. Zum nächsten Dienstag schicke ich sie
Ihnen herunter in der schwarzen Tasche, ich werde ruhiger sein, wenn sie
wieder in Ihren Händen ist. Das Tischlein-deck-dich hat mir auch Eau
de Cologne gerade gebracht, als ich mir den Wunsch danach in den Bart
murmelte. Und wie hübsch waren die schönen Äpfel und Birnen mit
Blättern garniert! Wenn ich bloß wüßte, von welchem Baum diese Blätter sind! Ich kenne sie längst, diese Bäume stehen auch in der Grune-
waldstraße am Bahnhof Steglitz, aber ich bin bis jetzt nicht klug, wo ich
sie unterbringen soll. N. B. in dem vorletzten Strauß hatten Sie mir einen
so prächtigen Zweig eines Nadelbaums mitgegeben, den ich mir natürlich
eingeklebt habe: es ist virginischer Wacholder, ein Zierstrauch, offenbar
aus einer Anlage.
     Die große Freude dieser Woche war die Befreiung Klaras. Nun bin
ich um alle so ziemlich beruhigt — ausgenommen um Sie, denn Ihre
Stimmung ist ganz gewiß nicht so, wie ich mir wünsche. — Der Alte
war übrigens ziemlich gedrückt und klagte noch über Mattigkeit. Ich
möchte ihm jetzt gerade viel Sonnenschein gönnen, aber wo nehmen und
nicht stehlen? Daß Groß[1] seine Arbeit vernachlässigt, ist sträflich, aber
ich kann ihm ja nicht mal direkt die Leviten lesen, Sie müssen es schon
tun, auch ließ ich darum den Alten bitten. Die kostbare Zeit vergeht und
der Mensch bummelt! Ich finde es haarsträubend. Ich hoffte, daß Sie gerade auf ihn, wie auf Mimi, erzieherisch wirken würden und gebe die
Hoffnung noch nicht auf. Ich bin so froh, daß Sie für Botanik dauerndes
Interesse bewahren, aber ein Buch rate ich Ihnen ab zu erwerben. Ich

---

1 Groß: gemeint ist *Leo Jogiches.*

kenne ziemlich alle neueren Atlanten, sie taugen gar nichts. Das beste
Pflanzenbuch ist ein alter, völlig vergriffener Schmöker, den ich antiqua-
risch billig für 25 Mark gekauft habe (er ist hier in meiner Zelle, da ich
ohne ihn nicht leben kann). Dieser reicht für uns beide aus, und wir werden ihn später gemeinsam genießen, wie die Mimi.

Ich hatte leise Hoffnung, *Sie* in diesem Monat noch zu sehen, nun
meldet sich wieder stürmisch Frau Wurm an, die wir seit 8 Monaten
warten lassen. Der Himmel weiß, welche Sehnsucht ich schon habe, Sie
zu sehen und zu sprechen.

Was macht mein Liebling Mimi?

Ich umarme Sie beide vielmals

Ihre R.

Einen schönen Sonntag (in Südende?) wünsche ich Ihnen!

Bitte, danken Sie von mir Fräulein Jezierska für die Nachrichten
und die Karte meiner Schwester, auch grüßen Sie sie bestens. Ich schrieb
schon nach Warschau.

21./22. 10. 1915

Mein liebes Fräulein Jacob!

Vielen Dank für den lieben Brief, nun möchte ich Sie aber bitten, sich gleich hier zum nächsten Besuch bei mir in aller Form zu melden. Ich hatte nämlich keine Ahnung, daß Frau Eb. und Frau G. schon gemeldet waren und Erlaubnis gekriegt hatten, es war mir völlige Überraschung, als sie kamen. Jetzt will ich nicht länger warten und rechne bestimmt für den ersten zulässigen Moment, also im November, auf Sie; melden Sie sich nun, bitte, gleich! Daß Sie bei dieser eiligen Arbeit und dem Zeitmangel soviel mit den Dienstagfahrten zu mir versäumen müssen, ist mir schrecklich. Herzlichen Dank an Alex, aber ich hätte es lieber gesehen, wenn Sie ihm ganz ausgeredet hätten, es ist mir doch peinlich, immerzu so ferschtlich beschenkt zu werden, zumal bei diesem allgemeinen Elend. Er ist wirklich ein ausgezeichneter Charakter, wenn er bloß anders reden würde und seine Nervosität beherrschen könnte. Seine Frau kenne ich sehr wenig. — Für Belletristik vielen Dank, ich lese sie sehr selten, die paar Bücher von Ihnen genügen mir. Apropos: das nächste Mal, wo Sie hier sind, vergessen Sie nicht nach Büchern für Sie zu fragen, ich will Ihnen wieder einiges von Ihrem Eigentum herausgeben, u. a. Ihren Urfaust: Sie werden sich wundern, wie sauber ich ihn gehalten habe. — Locken Sie ja die Klara nicht her, es wäre ja Wahnsinn, wenn sie wieder herkäme, nur um mich zu besuchen, es lohnt sich bald nicht mehr. — Groß beruhigen Sie: Meine Arbeit wird nicht wirtschaftshistorisch, sondern vorwiegend theoretisch sein. Darüber bald ausführlicher. — Noch von leidigen Fressalien darf ich Sie bitten: keine Eier mehr, ich muß eine Pause machen, vielleicht mal eine Schachtel Sardinen. Auch Brötchen kann ich nicht mehr unterbringen, als ich hier kriege. — Die Kornblumen waren eine herrliche Überraschung, aber wo wachsen die jetzt? Mit Blumen müssen wir jetzt auch eine längere Pause machen! Ich umarme Sie und Mimi vielmals

Ihre R. L.

26. 10. 1915

Liebes Fräulein!

Vielen Dank für die erfreulichen Nachrichten. Angekündigte Sen-
dungen trafen noch nicht ein. Die Post klappt hier ganz und gar nicht.
Von mir nichts Besonderes — keine wesentliche Veränderung.
Man leidet unter der schlechten Post, unter Licht- und Tabakmangel.
Der Winter ist schon seit einigen Wochen eingezogen.
In einem Monat rund sieht man sich schon wieder. Hoffentlich
sind Sie wohl und lassen noch von sich hören.
Alles Beste

Ihr
K. Liebknecht

[Datum unbekannt]

Mein liebes Fräulein Jacob!

Einen frischen-fröhlichen Wintergruß sende ich Ihnen zum morgigen Sonntag. Schreiben Sie, bitte, der Klara, daß ich inzwischen von ihrem Sohn Nachricht hatte, so daß sie sich nicht zu beunruhigen braucht. Hingegen möchte ich Sie ersuchen, in meinem Namen bei Herrn G. Diefenbach, Stuttgart, Humboldtstr. 4, anzufragen, welche Nachrichten er von seinem Sohne Hans[1] hat; er möchte *Ihnen* und Sie im nächsten Brief mir Mitteilung machen. Desgleichen fragen Sie, bitte, bei Frau Luise Kautsky (Frankfurt a. M., Städtisches Krankenhaus), ob sie meinen Brief vom 18. 9. erhalten habe. — Ich möchte doch hören, wie Ihnen Pitt und Fox gefallen haben. Am Dienstag kriegen Sie hier den längst versprochenen Boileau, den ich jetzt fertig habe; er ist ziemlich langweilig, aber von wegen „klassischer Bildung" muß man ihn doch gelesen haben. Manchmal ist er auch ganz witzig, so fängt z. B. seine IV Satire sehr nett an; auch der Schluß der XII ist vorzüglich. — Ob Sie den Anatole France schon gefunden haben? Noch eine Frage, die Sie gelegentlich beantworten möchten: besitzen Sie zu Hause Meyers Lexikon? Ich würde Sie nämlich in diesem Falle regelmäßig bitten, mir einiges auszunotieren. Der meinige ist ja jetzt wegen der Kälte in Südende nicht zu gebrauchen. Es ist aber ein fatales Arbeiten, wenn man nicht gleich nachschlagen kann, was man braucht. Ich umarme Sie und Mimi herzlichst

Ihre R.

Ich füge auch den Briefwechsel Wagners mit der Wesendonk bei, das schöne Buch wird hier nur verstaubt.

---

1 *Hans Diefenbach* (1884—1917), Arzt, persönlicher Freund von Rosa Luxemburg.

Frankfurt a. M. 1. 11. 1915
Städt. Krankenhaus

Sehr verehrte Genossin Jacob,

ich muß diese Anrede wählen, da ich nicht weiß, ob Sie Frau oder
Fräulein sind, überhaupt sonst nichts von Ihnen weiß, als daß Sie zu
Rosas gutem Geist avanciert sind. In dieser Eigenschaft werden Sie ihr
gewiß auch den hier mitfolgenden Brief auf die schnellste Art zukommen
lassen können, sei es durch Güte oder pr. Post. Ich danke Ihnen sehr für
Ihre freundlichen Zeilen und guten Wünsche und werde Ihnen noch
dankbarer sein, wenn Sie mir mitteilen wollen, ob Rosa meinen Brief
bekam und wie es ihr gesundheitlich geht. Auch möchte ich wissen, ob
man ihr nicht ab und zu ein kleines bene antun könnte in Gestalt von
Früchten oder Bonbons, für die ja unsre kleine kleine Löwin im Käfig
eine starke Neigung hat.

Ist sie denn im Lazarett? Oder in ihrer „gewohnten" Zelle? Im
ersteren Falle kann man ihr wohl leichter etwas zustecken.

Ich hoffe, in nicht allzu ferner Zeit Ihre persönliche Bekanntschaft
zu machen, und begrüße Sie bis dahin auf diesem Wege aufs verbindlich-
ste.

Ihre sehr ergebene
Luise Kautsky

5./6. 11. 1915

Mein liebes Fräulein Jacob!

Ich will Ihnen nur eine Zeile schreiben, um Ihnen zu sagen, daß ich dank Ihrer Güte mit Fressalien vorerst gut versehen bin und Sie am Dienstag etwa nur ein paar Sardinen mitbringen möchten. — Wie nett war Ihr Einfall, mir Gedichte zu schicken; ich habe schon so lange keine (außer Goethe, von dem ich mich nicht trenne) gelesen. Hölderlin kannte ich (o, Schmach!) fast noch gar nicht. Er ist mir ein wenig zu pomphaft; wenn man z. B. sein „An die Hoffnung" mit Mörikes gleichem Thema vergleicht, wie viel inniger und poetischer ist Mörike! Dieses letztere Gedicht hat übrigens Hugo Wolf zu einem himmlischen Lied vertont. Mit Hölderlin gebe ich Ihnen am Dienstag noch den Federigo Confalonieri von Ricarda Huch mit, den Sie wohl noch nicht kennen. Ich habe fast alles von ihr gelesen, halte aber den Confalonieri für das Beste. Den „großen Meyer" wollten Sie mir aus Südende hierher verpflanzen, Sie liebe Seele? Ich habe mich sehr darüber amüsiert. Wo sollte ich denn die 22 Quartbände hier unterbringen? Nein, lassen Sie nur, ich komme schon so aus, — den Kraftmayr von Wolzogen kenne ich, werde ihn aber gern nochmals lesen, also bitte, wenn Sie ihn wieder finden, geben Sie ihn gelegentlich mit. — Mahonie und Ilex kenne ich wie meine Tasche; das Blatt ist von einer ganz anderen Pflanze, ich schicke es Ihnen im nächsten Briefe mit. Dank für den Brief von Frau K.[1] Auch Klara schrieb mir. Ich umarme Sie und Mimi herzlich

Ihre R.

Das Solanum lycopersicum, zu deutsch: Tomate, war ein glänzender Gedanke, ich schwelgte darin.

---

1 Frau K.: gemeint ist *Luise Kautsky.*

10./11. 11. 1915

Mein liebes Fräulein Jacob!

Sie sind unverbesserlich! Wieder ein Füllhorn in Gestalt der Markttasche, während ich noch mit den Liebesgaben von vorvoriger Woche nicht fertig bin! Mit Zucker eröffne ich hier nächstens eine kleine Viktualienhandlung (ich verbrauche nämlich 1 1/2 Würfel täglich, und Sie bombardieren mich mit Kilos). Vielen Dank für die prächtigen Astern und für Ricarda[1]. Ich habe natürlich die Gedichte sogleich fleißig gelesen, aber ich muß gestehen: weibliche Erotik en public ist mir seit jeher peinlich. Wie unser Auer einmal sagte: „sowas *tut* man, sowas *sagt* man nicht". Jedenfalls ist mir ihre Prosa lieber. Aber gefreut hat mich Ihr Geschenk doch. — Sollten Sie nächstens Bettina sehen, dann grüßen Sie sie herzlich; ich möchte gern von ihr mal eine Zeile kriegen. — Mit dem Besuch meines alten Herrn ist so eine Sache; ich möchte ihn und Evchen herzlich gern sehen, nun ist aber für November schon Mat. Wurm angesagt. Also für Dezember wird es wohl gehen. Andererseits möchte ich Frau R. endlich auch wiedersehen. Vielleicht kann sie im Dezember, wenn sie Ihnen mal den Gang hierher abnimmt, doch die Gelegenheit benutzen. — An den Alten schreibe ich übrigens heute auch eine Postkarte. Ich umarme Sie und Mimi herzlich

Ihre R.

Darf ich um mein Register der N. Z. bitten?

Um Gotteswillen, nennen Sie mich nicht „liebe *gute*"; das haben Sie von der Klara gelernt, ich kann aber diesen Gevatterinton nicht ausstehen.

Doch noch eine Bitte: Mein Elixier wieder! Ich entwickle mich zu einem richtigen Säufer.

---

1 Ricarda: gemeint ist ein Buch der Dichterin *Ricarda Huch* (1864—1947).

13. 11. 1915

Mein liebes Fräulein Jacob!

Ich will Ihnen nur vermelden, daß ich mit Viktualien vorläufig versehen bin und hoffe, daß Sie mir am Dienstag nichts bringen als mein
Elixier und etwa Bücher. Ich begreife gar nicht, was mit Tugan-Baranowsky u. Anatole France los ist, warum sind die nicht herauszukriegen?
Ist Groß dermaßen in seinen historischen Studien vergraben?! Apropos,
ich fand zu dem Thema vom Kirchenstaat, das ihn so interessiert, im
Ploetz'schen „Auszug der Geschichte" folgenden Passus: „Papst Pius
IX. flieht im November 1848, als in Rom sein Minister Rossi ermordet
worden war, nach Gaeta. Römische Republik wird proklamiert, welcher
sich auch Toskana nach Vertreibung des Großherzogs anschließt. Aber
österreichische Truppen besetzen Toskana und die zum Kirchenstaat gehörige Romagna, französische Truppen stellen in Rom 1849 die weltliche Herrschaft des Papstes wieder her. Französische Besatzung bleibt in
Rom." Über diesen Streich Napoleons und seine Wirkung auf die Nationalversammlung siehe auch Marx' Klassenkämpfe in Frankreich. —
Dann noch zu dem andern Thema, womit er sich beschäftigt, fand ich bei
Guizot (Geschichte des Bürgerkrieges in England) reiches Material: Die
englische Seemacht und die Stellung Englands in der Welt ist geradezu
das Werk der Revolution von 1649: während die „Eisenseiten" Cromwells mit den „Kavalierheeren" Stuarts einen unermüdlichen Krieg führten, fand die Republik Zeit und Mittel, ein starkes Heer und eine starke
Flotte auszurüsten, Schottland und Irland zu unterwerfen und anzugliedern, einen siegreichen Seekrieg gegen Holland und einen siegreichen
See- und Landkrieg gegen Spanien in beiden Welten zu führen, Jamaica
zu erobern und im Mittelmeer dem englischen Handel die erste Stellung
zu sichern. (Die berühmte Navigationsakte 1651 ist eine von den Äußerungen jener Periode.) Machen Sie ihn auf diese Tatsachen aufmerksam.

Franziskus[1] schrieb mir wegen eines Besuches. Ich denke, er kann
sich für den Anfang Dezember bald melden. Am Montag kommt Mat.
Wurm her.

---

1 Franziskus: gemeint ist *Franz Mehring*.

Ist Karl schon angelangt und in welchem Zustand? Schreiben Sie mir ja darüber, wenn Sie etwas erfahren.

Ihre Anna Karenina habe ich gelesen. Die Übersetzung ist haarsträubend. Aber es fragt sich, ob es eine bessere gibt. Was ich irgend an Übersetzungen aus der russischen Literatur gelesen habe, es war immer ein arger Schund, denn diese Übersetzungen werden meist von russischen Hungerleidern mosaischer Konfession ausgeführt, die sich als solche einbilden, die deutsche Sprache zu kennen, dabei aber literarisch völlig ungebildet sind. Ich weiß also nicht, ob es für Sie einen Zweck hat umzutauschen. Und trotz der liederlichen Übersetzung wirkt das grandiose Kunstwerk doch. Soll ich also Ihren Namen hineinschreiben?

Ich umarme Sie und Mimi aufs herzlichste

Ihre R. L.

Wilhelmshöhe, 10. 12. 1916
Post Degerloch bei Stuttgart

Liebes Fräulein Mathilde,

Sie wissen wahrscheinlich genug von meinem Ergehen und Befinden, daß Sie mir wegen meines Schweigens nicht zürnen. Sie hätten ausführliche Nachricht von mir verdient und ich würde Ihnen von Herzen gern oft und eingehend geschrieben haben. In Karlsruhe ging es nicht, und bald nachher bin ich schwer erkrankt, auch jetzt bin ich noch sehr schwach, so daß ich nicht an eine einigermaßen anständige Korrespondenz denken kann. Trotz allem komme ich mit einer Bitte zu Ihnen: Mit gleicher Post gehen 10,— Mark an Sie ab. Dafür kaufen Sie schöne Blumen, um in unserem und Kostias[1] Namen Rosas Wohnung zum Willkomm zu schmücken. Wir wollten die Blumen von hier aus senden, ich fürchte aber, daß der Transport ihnen schadet.

Zweitens möchte ich Sie bitten, mir umgehend zu schreiben, ob ich irgend etwas an Vorräten schicken könnte, um Rosa die nötige Ernährung zu sichern. Hier ist zwar auch alles knapp, immerhin kann gelegentlich Butter, Eier usw. wohl leichter und billiger beschafft werden als in Berlin.

Ich weiß, liebes Fräulein Mathilde, daß Sie und unsere gemeinsame Freundin Frau Martha in der liebevollsten Weise für Rosa sorgen werden. Das tröstet mich etwas darüber, daß es mir ganz unmöglich ist, sofort nach Berlin zu eilen, meine geliebte Rosa zu empfangen und ein wenig für sie zu sorgen.

Für all' Ihre Bemühungen vielen, vielen Dank. Grüßen Sie Frau Martha und die übrigen Freunde.

Ihnen selbst von Herzen gute Grüße und Wünsche

Ihre
Clara Zetkin-Zundel

---

1 Kostia: gemeint ist *Konstantin Zetkin*, persönlicher Freund Rosa Luxemburgs, Sohn von Clara Zetkin.

Wilhelmshöhe, 14. 2. 1916
Post Degerloch

Liebes Fräulein Mathilde,

vielen Dank für Ihren Brief. Halten Sie es mit den Blumen wie Sie wollen. Eine Vase hätte ich allerdings lieber selbst ausgewählt, aber ich bin überzeugt, daß Sie etwas Gutes aussuchen. Bei den Blumen hatte ich in erster Linie an ein paar schöne blühende Pflanzen gedacht. Azaleen oder Rhododendron. Ich lege die ganze Sache in Ihre Hände. Von Eßwaren will ich einstweilen absehen, bis ich weitere Nachricht von Ihnen oder Rosa erhalte. Für Rosa schicke ich noch einen Brief. Ich kann die Zeit kaum erwarten, sie wieder in Südende zu wissen und möchte sie vor allen Dingen selbst gern bei uns sehen. Reden Sie ihr zu einer Erholungsreise zu. Was Mimi anbelangt, so scheint es mir am besten, wenn sie bei Ihnen bleibt, gerade weil Rosa zur Erholung fort muß.

Ich schließe, liebes Fräulein Mathilde, weil ich zu müde bin, um weiter zu diktieren. Die letzte Woche war wieder schlechter. Ich hatte mir in den Kopf gesetzt, zu Franziskus' Geburtstag zu schreiben. Das habe ich ja auch durchgesetzt, aber ich bin mit dem Artikel ganz unzufrieden und die Sache hat mich sehr angegriffen. Das dürfen Sie aber ja nicht sagen.

Bitte, fragen Sie doch Mimis Vormund, ob er Nachricht bekommen hat, daß ich ihn dringend sprechen müßte.

Mit herzlichen Grüßen für Sie

Ihre Clara Z. Z.

11. 7. 1916

Meine liebe Rosa!

Ich hoffe und wünsche, daß es Ihnen erträglich gehen möge und
doch weiß ich, daß das natürlich unmöglich ist und daß Sie sehr zu leiden haben werden. — Sie werden gewiß erfahren haben, daß ich heute
bei Ihnen gewesen bin. Man sagte mir, Sie hätten an mich geschrieben!
Es ist aber bereits 10 Uhr abends, und ich habe keine Nachricht. Durch
irgendein Versehen müssen Ihre Zeilen nicht in meine Hände gelangt
sein. Ich weiß also nicht, was drin steht und kann Ihnen nichts darüber
sagen. Ich habe dort mit vielen Beamten gesprochen, an einen derselben
habe ich 100 Mark für Sie eingezahlt. Der Herr wollte mit dem Restaurateur sprechen, daß derselbe Ihrer Diät entsprechend für Sie kochen solle. Nachdem ich aber mit Ihrem Arzt heute nachmittag gesprochen habe,
sehe ich ein, daß das unmöglich ist. Der Restaurateur nimmt täglich 5 M.
35 Pf. Ich habe es mir berechnet, dafür kann in einem Haushalt genau
nach ärztlicher Vorschrift für Sie gekocht werden. Ich habe auch schon
hierfür alles in die Wege geleitet, und Sie könnten durch einen Boten täglich zu einer bestimmten Zeit Ihr Essen bekommen. Ich soll morgen
Sprecherlaubnis bekommen, da können Sie über alles bestimmen. Was
Herr Dr. Gumpert gesagt hat, all das sage ich Ihnen dann. Er will Sie
natürlich behandeln, das müssen Sie aber beantragen.
    Sämtliche Anwälte, die da glauben, in Betracht zu kommen, bemü-
hen sich um Ihre Hand! Oskar[1] lief ich gerade in die Arme, als ich zu Ihnen wollte. Durchaus meinte er, ohne ihn könnte ich gar nicht erst ins
Präsidium gehen. Aber ich wehrte freundlich aber entschieden ab. Hugo[2]
glaubt sich natürlich auch unentbehrlich. Dann kam Theodor[3] sehr bescheiden und bat, für Sie tätig sein zu dürfen. Ich glaube, Sie werden ihn
nehmen. Denn soviel ich beurteilen kann, brauchen Sie für Anträge usw.

---

1 Oskar: gemeint ist *Oskar Cohn* (1869—1934), sozialdemokratischer Rechtsanwalt und
   Reichstagsabgeordneter (SPD und USPD).
2 Hugo: gemeint ist *Hugo Haase*.
3 Theodor: gemeint ist *Theodor Liebknecht* (1870—1948), Rechtsanwalt, Bruder Karl Liebknechts.

einen Anwalt. — Dann müssen Sie mir die nötigsten Instruktionen geben, ich werde Sie danach befragen. Wir können uns beide vorher Notizen machen, damit wir nichts vergessen. Alles werde ich natürlich unmöglich allein erledigen können, mit vielen Sachen wissen nur Sie Bescheid. Aber auch das besprechen wir ja. Alle Ihre Freunde erkundigen sich unausgesetzt nach Ihnen. Jeder möchte Ihnen dienen. Sonja[4] hat mich heute zu Ihnen begleitet und geduldig auf der Straße gewartet. Für morgen bringe ich Ihnen jedenfalls vorschriftsmäßig gekochtes Essen mit.

Claire[5] spreche ich morgen. Ihr Mann bekam im letzten Augenblick die Nachricht, daß er nicht an die Front dürfe. Den Grund hierfür weiß man nicht. Claire ist jedenfalls zufrieden.

Kurt[6] mußte natürlich von Ihnen hören, und ich war lange Zeit mit ihm im Tiergarten. — Franz und ich trösten uns gegenseitig, ich war täglich bei ihm.

Ich sende diesen Brief „Eilboten", damit Sie rechtzeitig überlegen, was Sie mit mir zu besprechen haben.

Leben Sie recht wohl, Sie wissen, was ich Ihnen zu sagen habe, ohne daß ich es schreibe. Ich bin froh, daß ich wenigstens Mimi habe, obgleich ich sie Ihnen wohl gönnte. Auch das wissen Sie.

Wir umarmen Sie beide und ich bleibe

Ihre Mathilde Jacob

---

4 Sonja: gemeint ist *Sonja (Sophie) Liebknecht*, die Frau Karl Liebknechts, Freundin Rosa Luxemburgs.
5 Claire: gemeint ist *Claire Thalheimer*, die Frau August Thalheimers.
6 Kurt: gemeint ist *Kurt Rosenfeld* (1877—1943), Rechtsanwalt in Berlin. Verteidigte vor dem Ersten Weltkrieg Rosa Luxemburg in zwei Prozessen gemeinsam mit Paul Levi. 1917 in die USPD, November 1918 bis Januar 1919 Justizminister in Preußen. Von 1920—1932 Reichstagsabgeordneter der USPD und SPD.

28. 7. 1916

Die Kapern und den Parmesan
— Vom Feinde uns entzogen —
Hab' ich an's Huhn nun nicht getan;
Trotzdem bleib' mir gewogen.
Wenn Dir die Kriegskost nicht behagt:
ich habe nicht den Krieg entfacht.

Herzlichst grüßen Franz u. Eva Mehring

Wilhelmshöhe, 14. 8. 1916

Liebes Fräulein Mathilde,

soeben habe ich Ihren Brief vom 11. erhalten. Ich antworte Ihnen in der ausgesprochenen Erwartung, daß auch dieser Brief bespitzelt oder gestohlen wird von einem jener Halunken, die zu schlecht, zu dumm und zu faul für jede ehrliche Hantierung, sich von unseren Steuergroschen in dem Amt erhalten lassen, Privatäußerungen politisch bekannter Personen auszuspitzeln und abwürgen zu helfen. Ich habe Ihnen am 4. acht Seiten lang an die Ihnen bekannte Deckadresse geschrieben, und zwar als Eilbrief. Der Brief konnte also nicht verlorengehen, er ist gestohlen worden. Ich wußte damals noch nicht, daß Rosa wieder in der Barnimstraße war und daß ich ihr schreiben konnte. Deshalb war mein Brief zum Teil für R. bestimmt. Ich gab darin alle Nachrichten über uns; des weiteren riet ich Ihnen, als Rechtsanwalt den Genossen Haase zu nehmen. Ich rate das jetzt noch, trotz aller sachlichen Gegensätze. Genosse Haase ist persönlich ein anständiger Mann. Da ich R. seither geschrieben habe, brauche ich die betreffenden Mitteilungen nicht zu wiederholen; weil Sie aber selbst, liebes Fräulein Mathilde, Anteil an mir nehmen, will ich doch einiges über mein Befinden schreiben. Die Stuttgarter Verhaftungen stellten mich vor die Zwangslage, entweder die Gleichheit[1] ganz zusammenbrechen zu lassen, oder aber vorübergehend die ganze Arbeit zu übernehmen. Dann kam Rosas Verhaftung. Alles das blieb nicht ohne Rückwirkung auf mein Befinden; ich war eine Zeitlang sehr elend und bekam sogar wieder Ohnmachtsanfälle, was Sie aber R. nicht sagen dürfen. Ihre Briefe, liebes Fräulein Mathilde, beruhigten mich etwas, ich danke Ihnen tausendmal dafür.

Nun noch eine andere Sache, in der ich um Ihre freundliche Bemühung gebeten hatte. Ein junger Genosse und Freund, Robert, schickte mir einen guten Artikel. Wegen seiner persönlichen Beziehungen — er hat hocharistokratische Verwandtschaft — muß er sich die größte Zu-

---

1 Gleichheit: gemeint ist die sozialdemokratische Frauenzeitschrift „*Die Gleichheit*", die von 1892 bis 1927 unter der Redaktion von Clara Zetkin eine der wichtigsten sozialdemokratischen Zeitschriften war.

rückhaltung auferlegen. Er gab mir keine Adresse an, bat aber, ich solle das Honorar an seinen Großvater schicken. Er hat mir aber weder dessen Adresse noch seine eigene Adresse angegeben. Ich nahm an, daß Sie den Genossen kennen und bat Sie deshalb, ihn um die Adressen zu ersuchen.

Eine andere geschäftliche Angelegenheit: Ich habe von Freund H. D.[2] 100,— Mark für R. erhalten. Soll ich das Geld Ihnen schicken, und an welche Adresse? Ferner hat R. noch 16,— Mark Honorar bei der Gleichheit gut. Wohin soll ich dieses dirigieren lassen?

Liebes Fräulein Mathilde, ich muß schließen, da ich in schlimmster Arbeit stecke. Am 16. ist Redaktionsschluß, am 30. abermals und so fort im 14tägigen Turnus. In dieser Zeit ist es mir unmöglich, persönlich zu korrespondieren.

Mit herzlichen Grüßen für Sie und alle unsere gemeinsamen Freunde, zumal Rosa

Ihre
Clara Zetkin

2 Freund H. D.: gemeint ist *Hans Diefenbach*.

21. 8. 1916

Liebes Fräulein Mathilde,

Ihre beiden Briefe vom 16. und 19. habe ich erhalten. Abgesehen von Ihrer großen Treue für R. und die Sache war nur ein Erfreuliches darin, nämlich, daß die Polizei das Konterfei ihrer Spitzel in meinem Brief gelesen hat. — Ich habe Rosa einen 4 Seiten langen Brief und zwei oder drei Postkarten geschickt. Auch Nummer 22, 23, 24 der Gl. in einem Paket, die neue Nummer 25 am Samstag. Sie wird die Gleichheit regelmäßig von mir erhalten. Ich wollte ihr auch die Neue Zeit schicken, da Sie aber melden, R. erhalte sie durch Frau Kautsky, sehe ich von der Zusendung ab. — Sobald ich mich ein wenig besser fühle, gehe ich in die Stadt, um persönlich mit Herrn Dietz[1] wegen der Herausgabe der Übersetzung von Korolenko[2] zu sprechen. Bei persönlicher Rücksprache richte ich gewöhnlich mehr aus als brieflich. — Sie haben mir nicht geschrieben, ob ich die 116,— Mark evtl. an Ihre Adresse schicken darf. Wegen H. D. sorgen Sie sich ganz unnötig. Die Sache hängt ganz anders zusammen. Die 100,— Mark sind eingetroffen, ehe Sie geschrieben haben. Ich bin überzeugt, daß Ihr Brief gar nicht angekommen ist. Es ist auch besser, wenn Sie nicht wieder schreiben, eben der Unsicherheit des Empfangs halber. Als H. D. und der Kleine das letzte Mal hier waren, wurde vereinbart, daß mir für R.s Pflege geschickt werde, was irgend geschickt werden könne. Aus naheliegenden Gründen wollte man das Geld nicht direkt an R. schicken, man weiß ja, wie empfindlich R. ist, und daß sie lieber entbehrt als etwas nimmt. Vielleicht empfange ich noch von anderen Freunden ebenfalls etwas, damit für R.s Gesundheit getan werden kann, was irgend möglich ist.

Liebes Fräulein Mathilde, ich bin trotz aller Ihrer Gründe der Ansicht, daß Sie sich an den Genossen Haase wenden müßten, damit R.

---

1 Herrn Dietz: gemeint ist *Johann Heinrich Wilhelm Dietz* (1843—1922), Gründer und Leiter des J. H. W. Dietz-Verlages.

2 Korolenko: gemeint ist *Wladimir Korolenko* (1853—1921), russischer Schriftsteller. Rosa Luxemburg übersetzte im Gefängnis seine Autobiographie. Vgl. Wladimir Korolenko, Die Geschichte meines Zeitgenossen. Aus dem Russischen übersetzt und mit einer Einleitung versehen von Rosa Luxemburg, Berlin (1919).

wenigstens einigermaßen menschliche Bedingungen erhält. Es ist geradezu Mord, wenn ihr Arzt nicht zu ihr gelassen wird. Ferner muß sie tatsächlich alles erhalten an Korrespondenz, Zeitungen usw., was nicht die Sicherheit des Staates gefährdet. Genosse Haase ist ein vorzüglicher Rechtsanwalt, im Verkehr mit „oben" mutig und beachtet und kann mehr durchsetzen als mancher andere. R.s Gesundheit ist kostbarer als alle Bedenken wegen Haase(s) Kampfesweise im Parteistreit. Wenn wir da konsequent sein wollten, dürften wir fast mit niemand in der Partei zu tun haben.

Franziskas' Verhaftung hat mich sehr schwer getroffen, ich bin ganz außer mir.

Kostias Adresse ist: Feldunterarzt Konstantin Zetkin, Feldlazarett 1, 103. Infanterie-Division. Es geht ihm objektiv gut. Ich habe R. alles geschrieben.

Zum Schluß eine Frage: Ich erfuhr, daß Sie R. täglich versorgen. Wäre damit genützt, wenn jede Woche einmal Gemüse und Obst an Ihre Adresse käme? Das ist das einzige, was wir selbst haben. Ich fahnde seit langem nach frischen Eiern für R., konnte sie aber noch nicht auftreiben. Butter gibt es zur Zeit so gut wie gar nicht.

Mit herzlichen Grüßen und vielem Dank im voraus

Ihre
Clara Zz.

[Datum unbekannt]
den?? (ich habe die
Rechnung verloren)

Gestern ist von der Barnimstraße angeklingelt worden, daß meine
Sachen aus dem Raum geholt werden müssen, da derselbe gebraucht
wird. Bitte, haben Sie die Güte, *sogleich* hinzugehen und alle meine Sachen in Koffer zu verpacken. Vielleicht wird man dort erlauben, daß die
Sachen verpackt bis auf weiteres dort irgendwo aufbewahrt bleiben.

Noch eine *dringende* Bitte: gehen Sie weder zum Oberkommando
noch an die Kommandantur, fragen Sie nach nichts und bitten Sie um
nichts für mich, das ist mein unbedingter Wunsch.

Viele Grüße!
Ihre Rosa Luxemburg

Zweiter Teil

Donnerstag
(Poststempel: 31. 10. 1916)

Meine liebe Mathilde!

Ich bin in der Festung Wronke untergebracht. Es stellt sich aber plötzlich heraus, daß ich ganz blank ohne Geld bin (die Reise nebst zwei Begleitern ging nämlich auf meine Kosten und hat ca. 40 M. ausgemacht). Hier soll meine Verpflegung täglich M. 4,20 kosten, wozu noch kleine Besorgungen kommen. Überweisen Sie, bitte, gleich Geld her. Schicken Sie mir auch baldigst meine Wäsche (alles, was Sie haben), auch alle Bücher von der Barnimstr. (inkl. Meyer), ich muß endlich mal wieder ordentlich arbeiten können. Auf *Saccharin* warte ich mit Sehnsucht, denn ich kann ja hier ohne Attest nichts kriegen. Bitte auch außer Samtschuhen die Schuhe, die in meinem Nachttisch unten stehen. Herzliche Grüße an Sie und Mimi.

Ihre R. L.

Bitte auch meine Blumenvasen und Seife.

5. 11. 1916

Meine liebe Mathilde!

Ich erhielt Ihren Brief v. 27. 10. heute. Besten Dank für Samt-
schuhe und Wäsche. Es hat keinen Zweck, Briefe an mich hierher zu sen-
den, denn von hier werden sie doch erst wieder nach Berlin geschickt.
Adressieren Sie also bitte an die „Kgl. Kommandantur Berlin", im innern
Couvert (natürlich offen) an mich, Wronke, Zentralgefängnis. Teilen Sie
das, bitte, auch andern mit. Heute ist mir eine ganz neue Verfügung des
Oberkommandos mitgeteilt worden: nicht nur Briefe, sondern sämtliche
Bücher, die für mich kommen oder die ich zurücksende, sollen durch die
Berliner Kommandantur gehen!! Bei dem Tempo der Erledigung hieße
das ja, mir jegliche ernste wissenschaftliche Arbeit hier unmöglich zu machen, das einzige, was mir hier noch übrigblieb. Auch soll ich per Post
nur eine Zeitung abonnieren dürfen, was gleichfalls eine unbegreifliche
Neuerung ist. Ich habe gegen beide Verfügungen Vorstellungen gemacht,
vielleicht läßt sich noch eine Änderung erwirken, jedenfalls warten Sie
noch mit der Absendung der Bücher, sofern Sie nicht schon abgeschickt
haben. Wenn z. B. mein ganzes Lexikon zweimal die Reise von Berlin
nach Wronke und retour machen sollte, dann denken Sie sich den Verlust
an Zeit, Geld und den Ruin für die Bücher!! Hoffentlich kann ich Sie
bald sehen. Und wann sehe ich meine Mimi??!! . . . Ich umarme Euch
beide vielmals.

Ihre R. L.

Bitte vermerken Sie immer in der Antwort, wann Sie meine Nachricht erhielten. Auch lassen Sie feststellen, wann Weinbergs Bureau
meine Mitteilung vom Polizeipräsidium erhalten hat.
Sonjas Brief habe ich erhalten. Viele herzliche Grüße an Sie und
alle.
Geld (100 M) erhalten. Bitte gelegentlich noch.

L. M.!

Bitte um
blaues Kostüm mit Blusen,
Waschkleid, Kimono,
warmen rosa Unterrock,
3 Bettlaken mit breiter Kante, 3 ohne Kante,
3 Kissenbezüge (alles *mit Monogramm*),
4 Frottierhandtücher, Badelaken,
Leibwäsche, (*keine* wollenen Strümpfe),
6 Servietten (von den neuen), 6 Küchenhandtücher (von den neuen),
Bettvorleger, Fußkissen, Schuhlöffel,
den grünen Satin-Bettüberwurf vom Mädchenbett, das weiße Deckchen
mit Blumen. Wecker (in Ordnung bringen!), braune Handtasche leer,
Künstlermappen (Michelangelo, Turner, Feuerbach), Reiseplaid und Rie-
men.
Meinen Stempel.

  Von Büchern bitte

alle aus der Barnimstr., *ausgenommen* Homer,
„Kinder des Zorns", Grillparzer, (die ich *nicht* mehr brauche).
Dazu bitte noch:
18. Brumaire,
Klassenkämpfe in Frankreich (Engels)
Das Kommunistische Manifest (neu kaufen)
Geschichte der Deutschen Sozialdemokratie
Die französische Bibel
Lehren der drei Dumas.
Nachlaß von Marx und Engels.
Lassalle.
Geologie Deutschlands.
Albert Lange, Geschichte des Materialismus.
Völkerkunde.

Macauly Lord Clive *Deutsch* (Universalbibl.) aus meiner Bibliothek
Kipling Second Jungle Book (Tauchnitz ed.)

Gruß! R. L.

Mit Bücherabsendung bitte auf meine Nachricht warten.

10. 11. 1916

Meine liebe Mathilde!

Ihre beiden Briefe (v. 27. 10. und 5. 11.) habe ich erhalten. Gestern kam der Bescheid des Oberkommandos: die Bücher müssen alle
durch die Kommandantur gehen. Also bitte, liefern Sie sogleich alle Bücher, um die ich bat im letzten Bestellzettel, dort ab. Auch die fehlenden
Meyer-Bände. Den Zettel mit Titeln und Datum der Ablieferung schikken Sie her; wenn nichts mehr darauf steht, dann kann ich den Zettel
gleich kriegen. — Den Rest der Telefongebühren (ca. 7 M., glaube ich)
hat man mir in der Barnimstr. ausgehändigt. Mit der Wäsche will ich
erst etwas später sehen, wie sich machen läßt. Den Nietzsche habe ich
nun nicht kriegen dürfen, da es mir aber nicht lohnt, ihn nochmals an die
Kommandantur und wieder zurück reisen zu lassen, so wartet er hier im
Büro auf Gelegenheit, um „ungenossen" zu Ihnen zurückzukehren. Schikken Sie mir, bitte, keine Sardinen, Tee und dgl. nahrhafte Dinge, denn
ich habe hier bei voller Pension keine Verwendung dafür. — Luises[1]
Karte habe ich erhalten und will ihr bald eine Zeile schreiben. Leider tut
sie der Verlagsangelegenheit gar keine Erwähnung. Wo befindet sich
nun mein unseliges Manuskript jetzt? An Geld werde ich wohl monatlich
etwa 150 M. brauchen. Ich habe mir hier per Post alle Zeitungen (auch
N. Z., Glch. und das Bremer Wochenblatt, sowie die Sozial. Monatsh.)
abonniert. Das kostet zwar einen Batzen Geld, aber ich kriege wenigstens alles direkt. Also bitte keine Zeitschriften mehr schicken (nur die
alten natürlich)! Ich umarme Sie und Mimi vielmals und grüße alle
herzlichst.

Ihre R. L.

Sagen Sie, bitte, auch der Luise, sie brauche mir die N. Z. nicht
mehr zu schicken: mir wird schon von einem Exemplar schlecht, doppelt
wäre grausam.
Bitte nächstens das Gumpertsche Rezept für Salicylwasser!

1 Luise's: gemeint ist *Luise Kautsky*.

13. 11. 1916

L. M.!

Bitte, bringen Sie mit:
Seife (im 1. Paket war *keine!*)
2 Bildchen (Ritter am Spiegel im Eßzimmer und Maria v. Guido Reni
im Bibliothekzimmer)
die bunte Tischdecke aus dem Fremdenzimmer.
1 Fläschchen Kölnisch Wasser
meine Siegellackpetschaft (in dem Schreibtisch links)
grünen Fries
mein blaues Sammetkleid.

Auf Wiedersehen!
R. L.

Wilhelmshöhe, 22. 11. 1916
Post Degerloch

Liebes Fräulein Jacob,

alle Ihre Grüße, Briefe und die Karte vom Montag habe ich erhalten. Vielen Dank. Vogelfutter und Blumen gehen heute als Eilsendung
ab nach Wronke. Die Kästen folgen nach.

Ich schicke die Sachen an die Adresse des Herrn Gefängnisdirek-
tors, weil Sie keine Adresse angegeben haben.

Herzlichen Gruß
Clara Zetkin

9. 12. 1916

Meine liebe Mathilde!

Vielen Dank für den Brief v. 4. Ich freue mich schon sehr auf Sonja. Nur schade, wenn sie grade am Sonntag ankäme; ich störe doch nicht gern fremde Sonntagsruhe hier und fühle mich dann befangen. — Das Manuskript Korolenkos ist schon vor bald 2 Wochen an die Kommandantur für Sie abgegangen; fragen Sie also nach. Näheres darüber habe ich an Luise K. geschrieben. Ich verehre Ihnen sehr gern dieses Manuskript, wenn Ihnen das Zeug einige Freude macht, aber erst lassen wir's dem Herrn Cassirer[1] eine Weile, nicht wahr? — Könnten Sie mir nicht von Dr. Gumpert ein Attest für Brennspiritus zu Kurzwecken (Haferschleim u. Umschläge) schicken (falls man auf ein solches Attest kriegt, was ich nicht weiß); das Fläschchen ist schon alle, u. das war so schön. Ich kann hier ohne Zeugnis für 1,50 Liter haben! Ob ich Sie hier zu Weihnachten oder zu Silvester habe, ist für *mich* die gleiche große Freude, *Sie* aber möchte ich nicht gern am Silvester allein im Hotelzimmer hier sitzen lassen! Freilich auch zum Heiligen Abend wird das traurig sein. Bestimmen Sie selbst, wie es *Ihnen* paßt, ich freue mich auf alle Fälle. Ich umarme Sie und Mimi vielmals und grüße alle herzlich.

Ihre R. L.

Von Paul habe ich eine Karte gekriegt.

---

1 Cassirer: gemeint ist *Paul Cassirer* (1871—1926), Verleger in Berlin.

[Datum unbekannt]
(Original?)
Wronke, Dienstag —

Liebe Mathilde!

Ich habe eine große Bitte an Sie. Schicken Sie mir *sofort* telegrafisch 100 oder 120 Mark. Ich bin so zerfahren, daß ich nichts ausgerechnet habe und habe nicht genug mitgenommen. Sie bekommen es nach meiner Ankunft *sofort* wieder. Ich weiß nicht, an wen ich mich sonst wenden soll. Mein Schwager wäre vielleicht unzufrieden. Ich hoffe, Sie können es bekommen. Ich muß es morgen *Mittwoch abends spätestens* haben. Dann gibt es eine Ente für Sie. Sonst kann ich weder kaufen noch zahlen. Ich hoffe, Sie haben meinen Brief von gestern. Ich gehe wieder zu Rosa. Ihren Brief habe ich bekommen. Verzeihen Sie meine Frechheit. Bitte, schicken Sie wenn irgend möglich *telegrafisch*.

Ihre S. L.[1]

---

1 S. L.: gemeint ist *Sonja Liebknecht*.

[Datum unbekannt]
Wronke, Mittwoch —

L. M. Also, schönen Dank für die Moneten — aber Gegenmantel gibt
so wenig Enten — trotz aller Seufzer bleibt er unerbittlich — Sie bekommen eine Ente und Schokolade. —
Rosa bittet, den beiliegenden Zettel Gumpert zu geben. Vielleicht
kann er was raten, dann schicken Sie seine Antwort an die Adresse der
Oberin — Frl. Schrick —, dann erübrigt sich der Weg über die olle
Kommandantur. Sie sollen den beiliegenden Zettel nicht allen zeigen.
Das hat Rosa ausdrücklich gesagt.
Sie sieht trotz der Beschwerden, die sie hat, nicht schlecht aus. Gestern haben wir uns lange unterhalten. Ob ich von ihr was geschenkt bekomme, weiß ich nicht — also keine übertriebenen Hoffnungen — was
das anbetrifft. Rosa meint auch, es ginge uns „draußen" nicht viel besser
als denen, die drin sind. — Heute hat's geschneit und es war sehr schön
hier — ich war jenseits der Warthe, wo ich beim Gärtner Kruppke einen
hübschen Weihnachtsbaum bekam. — Lichter und Lichthalter besorge
ich noch, und die Oberin gibt dann am 24. Rosa den Baum — übrigens
bat mich auf dem Bahnhof am Zoo schon Luise Kautsky, einen Baum zu
besorgen, so daß ich nicht recht weiß, wen ich als Stifter angeben soll:
Sie oder sie. Ich werde beide nennen.
Also morgen abend am Zoo — — nicht wahr? Ich habe keine Lust,
nach Hause zu gehen — ich kann nicht atmen, wenn ich an *dieses* Zu-
hause denke — brr.
Die Stoffproben bekam ich heute. Ich lege sie Rosa heute vor —
ich finde das getupfte hübscher.

Freundlichst
Ihre
S. L.

Poststempel Wronke 22. 12. 1916
Ansicht von Wronke.

Liebste Mathilde!

Ich vergaß noch, der Sonja zu sagen: bitte, schicken Sie mir das Geld von Hänschen[1] her, und zwar *gleich* und *nicht* zusammen mit meinem Monatsgeld. Ferner schicken Sie die Poesien an Klara, sie wird sich amüsieren.

Kuß an Sie und Mimi!
R.

Mehring, Meyer, Rosa.

---

1 Hänschen: gemeint ist *Hans Diefenbach*.

I.

Untertäniges Promemoria
an
Frau Martha Rosenbaum

Als Karolus ward begraben in des Kerkers tiefem Grauen,
sandt ihm süße Kognakkirschen wohl die *edelste* der Frauen.
Da wir nunmehr brummen achtzehn oder gar schon zwanzig Wochen,
haben wir an jedem Tage uns die gleiche Huld versprochen.
Doch an *jedem* Tag *vergebens* harrten wir der süßen Spende,
denn die edelste der Frauen schloß für *uns* die Feenhände!
Unsre legitimen Frauen sandten uns hausbackne Gaben,
doch an Kognakkirschen konnte nie sich unser Herz erlaben.
„Butter hab' ich, Brot und Pudding, und dazu noch frische Eier,
aber keine Kognakkirschen", also klagt Genosse Meyer.
„Ich auch speise Fleisch vom Rinde oder Fisch vom sauren Hering,
aber keine Kognakkirschen", also seufzt Genosse Mehring.
Dieses große Elend ohne großes Mitleid anzuschauen,
nimmer glauben wir so Arges von der edelsten der Frauen.
Unsre flehentliche Bitte wird ihr gutes Herz erweichen
und mit holdem Lächeln wird sie uns die Kognakkirschen reichen.

Untersuchungsgefängnis
Altmoabit 12a 14. 11. 1916

gez.: Franz Mehring
Ernst Meyer[1]

---

1 Genosse Meyer: gemeint ist *Ernst Meyer* (1887—1930), von 1913—1915 politischer
Redakteur des sozialdemokratischen Zentralorgans „Vorwärts". Aktive Mitarbeit im Sparta-
kusbund, Mitbegründer der KPD und in den ersten Jahren ihres Bestehens fast durchgängig
Zentrale-Mitglied.

II.

Untertänige Dankhymne
an
Frau Martha Rosenbaum

Nun spielen wir die Leier, Franz Mehring und Ernst Meyer.
In gläubigem Vertrauen zur edelsten der Frauen,
denn wir gestehen ehrlich: die Kirschen waren herrlich.

Wie sollen wir ihr danken, als daß wir ohne Wanken
zu ihrer Fahne schwenken und unser Herz ihr schenken
— so weit es uns gestatten die legitimen Gatten. —

Nun wünschen wir das Beste ihr zu dem Weihnachtsfeste,
in dessen lichtem Scheine wir bitten um das eine:
daß sie im Neuen Jahre die alte Huld uns wahre!

III.

Auf das untertänige Promemoria
bekümmerte Antwort
eines Unberufenen.

Ach, der Mensch ist nie zufrieden,
wenn's ihm geht zu gut hinieden!
Im Besitz zwo züchtiger Frauen,
die sich mühen vom Morgengrauen
um jedwedes eßbar gut Ding,
Fleisch und Eier, Fisch und Pudding, —
nicht befriedigt still und ehrlich,
sondern noch mehr begehrlich,
stürmt verwegen in die Leier

so der Mehring wie der Meyer!
Doch nicht darum hat uns Kessel
hingesetzet in die Nessel,
um der Fleischeslust zu fronen
und zu schlucken Kognakbohnen!
Denkt, wie mancher Zeitgenosse,
nicht verhätschelt so vom Lose,
hat nicht Frau, noch Speck, noch Hering,
als wie Meyer und wie Mehring,
und vom Kognak keinen Nebel,
und im Munde nur den Knebel,
alldieweil jetzt herrscht der Säbel.
Bei so großen Teufelsleiden
lernt euch züchtiglich bescheiden
und auch Dinge unterscheiden;
denn das merkt euch: seit Aeonen
spricht man nicht von Kognak*kirschen*
sondern nur von Kognak*bohnen*.

R. L.

Wronke, Weihnachten 1916

Meine liebste Mathilde!

Wie soll ich Ihnen danken für das herrliche Geschenk?! Ich bin ganz beglückt, das leuchtet ja im Zimmer und gibt ihm ein ganz festliches Aussehen. Die arme Gefangene, die bei mir aufräumt, hat heute gesagt: „Wenn man das sieht, lacht einem das Herz im Leibe." Und das ist genaue Wahrheit. Mir lacht wirklich das Herz, wenn ich diese Pracht anschaue. Aber ich bin natürlich erdrückt von diesem wahnwitzigen Luxus, den Sie mit mir treiben. Das ist einfach unerhört.

Ich freue mich schon so auf Ihr Kommen! Ich habe gar keine Geduld, Ihnen zu schreiben, ich will mit Ihnen *reden*. Sie müssen mir gleich eine Postkarte schreiben (darüber Näheres von Lene), aber *direkt* hierher, nicht an die Kommandantur.

Schreiben Sie auch, ob Sonja sich ein wenig erfrischt hat, ob sie etwas von der Reise gehabt hat. Über Sie reden wir noch, wenn Sie hier sind, da ist manches zu besprechen.

Das Kleidchen soll Sonja heute beurteilen, ich habe ja keinen richtigen Spiegel.

Ich muß schließen und umarme Sie und unsere Tochter tausendmal. Leider *ging das hier nicht,* daß wir uns zum Fest sehen. Aber ich mache mir eben das Fest, wenn Sie hier sind.

Nochmals Kuß Ihre R.

20. 12. 1916 (Poststempel)

Liebste Mathilde!

Paket erhalten pünktlich zum Fest, die Blumen waren *vollkommen frisch*. — Tausend Dank, namentlich auch Ihrer lieben Mama für den Kuchen und die Zeilen, ich küsse ihr dafür das Händchen. Die lila Str... passen sehr gut in der Farbe, diese „wichtige Bestätigung" auf Ihren Extrawunsch. Der Sonja vielen, vielen Dank für den Christbaum, der mir eine splendide Überraschung war. Ich warte nun gespannt auf die „Madonna in der Landschaft mit vielem Getier" (schon der Name macht mich glücklich). — Ich bat die Frankfurter Rede[1] *hierher* zu schicken! Bringen Sie 1 Ex. mit. — Was Ihre beabsichtigte Änderung im bleu Kleid betrifft, so verbiete ich's! Beim Barte des Propheten und bei meinem Zorn: die Fasson soll so bleiben, wie sie war, „sonst freut mich die ganze Leich nicht". Und nun Prosit Neujahr Euch allen und auf baldiges Wiedersehen!

Ich umarme Sie und Mimi

Ihre R.

Schreiben Sie der Klara, daß ich von Costia endlich einen Brief erhielt.

---

1 Frankfurter Rede: gemeint ist die Rede Rosa Luxemburgs vor der Frankfurter Strafkammer am 20. Februar 1914. Rosa Luxemburg wurde damals wegen „Aufforderung zum Ungehorsam" zu einem Jahr Gefängnis verurteilt. Vgl. Militarismus, Krieg und Arbeiterklasse. Rosa Luxemburg vor der Frankfurter Strafkammer. Ausführlicher Bericht über die Verhandlungen am 20. Februar 1914, Frankfurt 1914.

(Ansichtskarte)
(Poststempel Breslau-Krenz)
29. 12. 1916

Liebste Mathilde!

Ich wollte Ihnen eigentlich schon zu Silvester ein paar kleine Zeichnungen von mir schicken, konnte sie aber wider Erwarten nicht zustande bringen, vielleicht kann ich sie Ihnen geben, wenn Sie hier sind. — Dann noch einige Bitten: bringen Sie mit: 1) Den Spirituskocher mit Untersatz von Karl (mein Kocher taugt nichts mehr), 2) Sesam, 3) meinen Thompson („Bingo"), war voriges Jahr in der Barnimstr., und auch „Tierhelden" desselben Thompson von Hans Kautsky[1], 4) meine Kolibri (die Pappschachtel auf dem Wäscheschrank).

Kuß Ihnen und Mimi R.

Prosit Neujahr Euch allen!

---

1 *Hans Kautsky* (1864—1937), Bruder von Karl Kautsky.

Steglitz, 11. 1. 1917

Liebes Fräulein Mathilde,

verzeihen Sie, daß ich bis jetzt nicht schrieb — ich hoffe, dieser
Brief erreicht Sie noch in Wronke. Also: in Luckau hört die Gemütlich-
keit auf — Karl wurde wie ein wildes Tier oder wie ein Affe uns hinter
einem hohen Drahtnetz gezeigt — er ist ganz geschoren, absolut nicht zu
erkennen, ernst und unruhig — Nachher hat dieser Hund von Aufseher
das Drahtnetz aufgemacht, so daß wir uns verabschieden konnten wie
sich's gehört — bis Anfang April —. Das Ganze ist eine Erfindung des
Teufels, ein Alpdruck, etwas absolut Unmögliches und Unfaßbares —
man möchte schreien und toben, bis man tot zusammensinkt oder ich
weiß selbst nicht was — Aber — die Leute halten es aus — es ist nicht
zu glauben, aber sie halten es aus — und das ist, was mich „beruhigt" —
Und außerdem — man kann nichts machen — nur abwarten. Sagen Sie
Rosa, daß Karl gefragt hat, wie es ihr geht und sie besonders grüßen läßt
— Es geht ihm überhaupt, wie er behauptet, nicht schlecht — sondern
direkt gut — und darauf kommt es schließlich an —

Ich lege einen Brief an Rosa bei — wenn's geht, geben Sie ihn ihr,
aber nur wenn's geht — die Jungen bleiben zu Hause. Rosa versteht einiges in mir nicht und glaubt, es kommt auf die Jungen an, was ein großer
Irrtum ist.

Bringen Sie mir, wenn's geht, ein Pfund Tee mit, aber billigen —
für 6 Mark ungefähr. Ist er teurer, dann will ich nicht. Dann genügt, was
Sie schon gekauft haben. Ob's Souchong oder Ceylon ist oder sonst was
— ist mir egal —

Ob ich dazu komme, den Beutel usw. jetzt zu besorgen, weiß ich
nicht — ich habe einiges zu tun —

Viele Grüße — auf Wiedersehen
Sonja Liebknecht

(Februar 1917)
ges. D. 7/2

Meine liebe Mathilde! Ich habe schon Gewissensbisse: Martha war heute hier und ich war gerade in scheußlicher Stimmung. Aber ich will mich für das nächste Mal zusammennehmen. Davon, daß Sie meinen Geburtstag an Luise abtreten wollen, kann gar keine Rede sein. Ich bestehe auf meinem Schein. Ich freue mich doch schon seit zwei Wochen auf diesen Ihren Besuch und bis jetzt habe ich Sie noch stets am Geburtstag gehabt, und nun wollen Sie auf meine Kosten die Großmütige spielen! An Luise schreibe ich eben, daß ich sie zum Mai einlade, bitte, überlassen Sie mir doch, wer und wann zu mir kommen soll.

Heute bekam ich das Urteil wegen Beleidigung des Kriminalbeamten: 10 Tage Gefängnis und Kosten. Veranlassen Sie beim Büro Dr. Weinberg die nötigen Schritte. Das Urteil ist gefällt vom Schöffengericht Berlin-Mitte, Abteilung 136, am 25. Januar, trägt die Nr. 136 D II 565 16. In der Begründung steht nichts mehr, als die Konstatierung der Tatsachen, die ich zugegeben habe.

Um meinen schlimmen Finger regen Sie sich auch schon auf? Es ist nichts damit: ich schloß nur energisch die Schublade in der Kommode, vergaß aber meinen kleinen Finger drin, darauf kam er zerquetscht heraus, was mir ganz recht geschah.

O Mathilde, wann werde ich mit Ihnen und Mimi in Südende sitzen und Euch beiden wieder Goethe vorlesen? Doch, ich will Ihnen gleich heute ein Gedicht aus dem Kopf vortragen, heute nacht fiel es mir wieder — weiß Gott weshalb — ein. Es ist eins von Conrad Ferdinand Meyer, dem lieben Schweizer, der auch den Jürg Jenatsch geschrieben hat. Setzen Sie sich nun, nehmen Sie die Mimi auf den Schoß, und machen Sie das liebe andächtige Schafsgesichtlein, das Sie zu machen pflegen, wenn ich Ihnen etwas vorlese. Also Silentium:

Huttens Beichte.

Hier schrei' ich über meinem Grabe nun.
Hei Hutten, willst du deine Beichte tun?

's ist Christenbrauch. Ich schlage mir die Brust
Wer ist ein Mensch und ist nicht schuldbewußt?
Mich reut mein allzu spät erkanntes Amt,
Mich reut, daß mir zu schwach das Herz geflammt,
Mich reut, daß ich in meine Fehden trat
Mit schärferen Streichen nicht und kühnerer Tat.
Mich reut, daß ich nur einmal bin gebannt,
Mich reut, daß oft ich Menschenfurcht gekannt.
Mich reut der Tag, der keine Wunde schlug,
Mich reut die Stunde, die nicht Harnisch trug,
Mich reut, ich beicht' es mit zerknirschtem Sinn,
Daß ich nicht dreifach kühn gewesen bin.

Diesen Schluß werden Sie mir aufs Grab setzen ... Haben Sie das ernst
genommen, Mathilde? Ei, lachen Sie darüber. Auf meinem Grabe wie in
meinem Leben wird es keine großspurigen Phrasen geben. Auf meiner
Grabestafel dürfen nur zwei Silben stehen: „Zwi-zwi." Das ist nämlich
der Ruf der Kohlmeisen, den ich so gut nachmache, daß sie sofort her-
laufen. Und denken Sie, in diesem Zwi-zwi, das sonst ganz klar und
dünn, wie eine Stahlnadel auffunkelte, gibt es seit einigen Tagen einen
ganz kleinen Triller, einen winzigen Brustton. Und wissen Sie, Fräulein
Jacob, was das bedeutet? Das ist die erste leise Regung des kommenden
Frühlings — trotz Schnee und Frost und Einsamkeit glauben wir — die
Kohlmeisen und ich — an den kommenden Frühling! Und wenn ich den
vor Ungeduld nicht erleben sollte, dann vergessen Sie nicht, daß auf meiner Grabestafel *nichts* stehen darf außer „Zwi-zwi ..."

Ich umarme Sie und Mimi in schrecklicher Sehnsucht

Ihre R.

(Poststempel Wronke 20. 2. 1917)

Meine liebste Mathilde!

Ich habe mich so gefreut, endlich wieder einen Brief von Ihnen zu kriegen, und auch auf das Paket freue ich mich kindisch, — nicht nur wegen des Inhalts, sondern weil es wieder etwas „von zu Hause" ist, liebevoll eingepackt und voller Wärme von Ihnen und Mimi.

Ist der Bebel-Hut dabei? Wenn nicht, bitte darum umgehend im Extrapaket.

Tausend Küsse
Ihnen und Mimi
Ihre R.

(gelbe Paketadresse)
22. 2. 1917

L. M.

Vom Kaufhaus des Westens ist doch ein Paket gekommen. Ich habe es verweigert. Bitte, telefonieren Sie doch nochmals.

Gruß!
R.

(Poststempel 17. 3. 1917)

Meine liebe Mathilde!

Heute erhielt ich die Vorladung zur Hauptverhandlung am 12. IV. Ich gab aus Versehen und Gedankenlosigkeit an, daß ich mich in diesem Termin durch Dr. Weinberg vertreten lassen wolle (während ich doch gar keinen Verteidiger wollte!). Nun bleibt nichts anderes übrig, als es dabei zu belassen. Teilen Sie also, bitte, dem Vertreter Weinbergs mit, er solle sich zum Termin einfinden, aber um Gotteswillen so wenig wie möglich reden, damit er möglichst wenig Dummheiten sagt. Ich gestatte ihm nur 5 Minuten Redezeit — das genügt vollkommen. Ferner soll er sogleich in meinem Namen „Entbindung" von meinem Erscheinen in der Hauptverhandlung beantragen. Sie als Zeugin beherzigen am besten gleichfalls die Regel: Reden ist Silber, aber Schweigen Gold. — Ich freute mich sehr über Ihre gestrige Karte. Auch mich hat Ihr Besuch sehr erfrischt. Über Mimis Besuch werden wir erst verhandeln, wenn es ganz warm und grün wird. Mit dem Lesen kam ich leider nicht so recht vorwärts, wie ich wollte, hoffe aber, bald etwas zurücksenden zu können. Mit dem Arzt ist alles in Ordnung: ich gehe zu ihm nächste Woche hin. Ihre Azalie blüht aus Leibeskräften und sieht wunderbar aus. Desgleichen gedeihen die Tulpen, Veilchen und Hyazinthen. Ich auch. Viele Küsse an Sie und Mimi. Herzliche Grüße Ihrer Mutter und Fräulein Gretchen!

Ihre R.

(Poststempel 18. 3. 1917)
Sonntag

Liebste Rosa!

Ich habe soeben ein Paket für Sie gepackt, das morgen früh Eilboten zur Post geht. Ein kleiner Teil Ihrer Wünsche ist hiermit erfüllt. Bei den anderen Sachen hänge ich von Freunden ab. Ich hoffe jedenfalls, in den allernächsten (Tagen) alles für Sie zusammen zu bekommen, dann kriegen Sie wieder Sendung. Wie geht es Ihnen gesundheitlich?

Innigst Ihre M.

(Poststempel Wronke 20. 3. 1917)

Meine liebe Mathilde!

Da Sie schon zum 2. Mal fragen, ob ich nicht vergessen hätte, Eva zu gratulieren, so teile ich Ihnen mit, daß ich Punkt am 11. einen ausführlichen und sehr herzlichen Brief an sie und Franz abgeschickt habe. Erkundigen Sie sich mal, ob sie ihn gekriegt hat. Wenn nicht, so liegt die Schuld nicht an mir; ich würde es aber natürlich gerade in diesem Fall, wo ich ihr meine Aufmerksamkeit bezeugen wollte, lebhaft bedauern. Gestern habe ich Ihnen für Fräulein Gretchen ein kleines Büchlein: Tizian von Hugo von Hoffmannsthal geschickt, und zwar per Eilboten. Hoffentlich kommt es gerade zum Datum an. Hier noch meine herzlichen Wünsche dazu und viele Grüße für Ihre Mutter. Ich umarme Sie und Mimi vielmals

Ihre R.

23. 3. 1917

M. l. M.!

Gestern war ich in Posen beim Arzt. Er war vom Befund nicht begeistert und meinte, ich müßte mich bei ihm öfters melden, da das Regi-
me offenbar alle 3-4 Wochen geändert werden müsse. Diese Perspektive
lächelt mir herzlich wenig, denn ich habe mir schon von dem einen Mal
eine tüchtige Migräne heimgebracht. Außerdem bezweifle ich, ob das
Oberkommando einwilligen wird. Aber vielleicht wird sich das noch er-
übrigen. Ich hoffe, daß mir der Frühling Besserung bringt, und dann ist
es doch immerhin möglich, daß ich Ende April frei komme. — Wer
kommt nun Anfang April her, Sie oder Martha[1]? Bitte gleich um Nachricht. Ich warte schon sehnlich auf den Besuch . . . Vielen Dank für das
Paket, das merkwürdig rasch ankam: schon Dienstag früh hatte ich's und
freute mich sehr. Haben Sie und hat Martha meine kleinen Büchlein erhalten? Sie lagen hier einige Tage infolge äußerer Umstände. Schreiben
Sie jetzt einen ordentlichen Brief wieder einmal, ich kann's brauchen. Ich
umarme Sie und Mimi in großer Sehnsucht

Ihre R.

Bitte sehr, den schwarzen Hut mitbringen (zugleich auch den weißen vorjährigen), die Sonne blendet mich so!

1 Martha: gemeint ist *Martha Rosenbaum.*

27. 3. 1917

Meine liebe Mathilde,

soeben habe ich endlich Ihren Brief erhalten. Ich war schon so unruhig, daß ich telefonieren wollte, leider *darf* ich's aber nicht. Mir wäre
natürlich am liebsten, Sie so bald wie möglich zu sehen, wenn es aber so
in Hetze gehen soll, dann warte ich bis zum 5., aber nicht länger! Kommen Sie nun so, daß wir uns gleich am 5. nachmittags und zum zweiten
Mal vielleicht am Ostermontag, 9., sehen (falls dies hier nicht geht, wird
man uns die 2. Sprechstunde schon entsprechend bestimmen). Mir wäre
auf alle Fälle lieb, Sie bleiben hier zwischen der 1. und 2. Sprechstunde
mehrere Tage, es tut mir so wohl, Sie hier in meiner Nähe zu wissen. (Bei
zwei Sprechstunden bleibt es nämlich, so wie uns gesagt worden!) Also
bitte, melden Sie sich gleich zum 5. und schreiben Sie mir eine Karte, ob
Sie dies getan. — Paul schickt mir jetzt die Times aus Bern. Senden Sie
ihm einen Dank und Gruß von mir. Ein Büchlein sende ich Ihnen wohl
nächstens. — Süßigkeiten esse ich nach wie vor nicht; in der Diät ist
nichts geändert worden, nur eine andere Medizin habe ich gekriegt.
Wenn Sie hier sind, müssen Sie wieder Hans besuchen, es tat ihm sehr
wohl das vorige Mal. Ich habe in diesen Tagen unaussprechliche Sehnsucht nach Ihnen und Mimi. Schreiben Sie wenigstens öfters eine Karte.
(Falls Martha doch noch käme, könnte sie sich evtl. telegrafisch anmelden.)

Ich umarme Sie und Mimi

Ihre R.

Pfemfert hat mir aber gar keine Bücher geschickt! Bringen Sie welche mit!

29. 3. 1917

Meine liebe Mathilde!

Vielen Dank für das Paket. Ich habe doch noch eine Bitte. Ich ließ natürlich bei der Posener Reise, wie immer, meinen Schirm im Zuge stehen. So ganz ohne Schirm leben ist doch nicht bequem; vielleicht kaufen Sie mir noch schnell einen einfachen schwarzen, Halbseide, mit Holzkrücke gebogen; aber dünn und leicht. — An Klara habe ich im März 2 Postkarten geschrieben, hat sie sie denn nicht erhalten, daß sie um mich so besorgt ist? Schreiben Sie ihr auch, ich möchte wieder die „Gleichheit" kriegen, sie soll sie mir überweisen. Früher bekam ich 2 Exemplare, dann hörte ich zu abonnieren auf, jetzt kriege ich gar keine. —

Der Rahmen für Karl paßt ausgezeichnet und ganz in meinem Geschmack; vielen Dank!

Ihre Azalie werden Sie noch bewundern können, sie steht in voller Blüte. Aber Herr Krupke läßt noch von sich nichts hören. Ich glaube, alle Zwiebeln werden bei *ihm* aufblühen, nicht bei mir, und so wird das Geschenk der Wiener zu einer Ovation für die Familie Krupke! . . . Ich umarme Sie und Mimi

Ihre R.

Heute früh schickte ich Ihnen Hebbels Gedichte per Eilboten.

1. 4. Sonntag 1917
(Ansichtskarte aus Wronke)

Meine liebe Mathilde!

Das war ein schöner Sonntagsgruß heute, die Vergißmeinnicht und
die Bücher! Ich habe mich gleich an sie herangemacht. Nächstens, morgen vielleicht, schicke ich Ihnen auch noch etwas als Reiselektüre. Aber
am Donnerstag hoffe ich Sie zu sehen! —

Herzinnigste Grüße

R.

Das Braunschweiger Blatt[1] kriege ich ja nicht!

---

1 Braunschweiger Blatt: gemeint ist der *„Braunschweiger Volksfreund''*.

2. 4. 1917

M. l. M.

Ich habe soeben den Gerichtsbeschluß aus Düsseldorf erhalten. Ich muß Sie nochmals dringend bitten, meinen Einwand an Weinberg *sofort* befördern zu lassen. Die Auffassung der Bürovorsteherin ist irrig. Der Einspruch Weinbergs ist sehr schwach begründet und wird sicher keine Wirkung haben. Was Sie ihr natürlich nicht zu sagen brauchen. Ich bitte also, daß er unbedingt noch nachträglich den von mir vorgeschlagenen Einwand erhebt und zwar schleunigst, sonst wird's zu spät. Sprechen Sie auch mit Kurt darüber, ich habe Ihnen zu diesem Zweck durch Martha Weinbergs Eingaben geschickt. Martha konnte alte Bücher nicht mitnehmen, weil ich keinen Koffer hatte; ich schicke heute einfach einen Teil per Post. Wozu soll ich damit immer jemand belästigen. Bitte, grüßen Sie herzlichst die Martha von mir und danken Sie ihr noch für die Erledigung des Bezugsscheines. Sie war furchtbar aufgeregt beim Abschied, es ist auch für mehr als 2 Monate. Ich umarme Sie und Mimi vielmals

R.

3. 4. 1917

Liebste Mathilde! Der Zweck dieses Eilbriefes ist, Ihnen meine *dringende Bitte* ans Herz zu legen, mir *kein* Paket mit Kuchen, Seife und Tee zu schicken, sondern alle diese Sachen Ihrer Cousine zu verehren. Ich werde mich herzlich freuen und brauche wirklich nichts für mich. Bitte, respektieren Sie meinen Wunsch!

Dann noch folgendes. Der unerwartete Besuch Marthas mit dem fatalen Verzicht Ihrerseits hat alle meine Pläne umgeschmissen. Jetzt ist plötzlich ganz warm geworden und ich habe förmlich nichts anzuziehen. Ich kann mich doch selbst nicht rühren und auf meinen Antrag um Urlaub bekam ich die Antwort, daß ja Fräulein Jacob alles für mich erledigen könne. Nun wollte ich eben mit Ihnen alles mal besprechen, was ich brauche und was Sie mir besorgen sollen. Brieflich ist das einfach nicht auszudenken: Ihr *Eilbrief* v. 27. 3. ist mir zum Beispiel gestern, am 2., also am 7. Tag ausgehändigt worden! Ich kann auch nicht über all diese Sachen schreiben, das muß besprochen werden. Deshalb habe ich den dringendsten Wunsch, Sie so bald wie möglich zu sehen. Falls nun durch Marthas Besuch und den Tausch für den April keine Erlaubnis mehr zu erlangen wäre — und ich fürchte beinahe, daß dies der Fall ist —, dann weiß ich nur einen Rat: Ich verzichte auf den Besuch im Mai und bitte *dafür* noch jetzt im April um einen Besuch von Ihnen! Da *Sie* sowieso nicht im Mai wieder kommen könnten, so werde ich mich leicht darüber trösten, wenn ich den ganzen Mai über ohne Besuch bleibe. Sind Sie nun damit einverstanden? Es versteht sich, daß Sie erst dann zu mir kommen sollen, wenn Sie das Nötigste in Ihren eigenen Geschäften erledigt haben und für 3-4 Tage abkommen können. Dann aber — so rasch wie möglich, denn die Besorgung der Sachen wird doch auch noch Wochen beanspruchen, und ich werde sowieso erst im Mai wohl zu einer Frühlingskleidung kommen. Überlegen Sie sich das, und geben Sie gleich Antwort, dann werde ich einen entsprechenden Antrag hier stellen. Und geben Sie auch an, wann Sie ungefähr für 3-4 Tage abkömmlich zu sein glauben. Vielen Dank auch für die Karte und die „Zukunft". Ich schickte keinen Ostergruß, da ich doch wußte, daß Sie ihn eine Woche nach dem Fest erhalten würden! . . . .

Ich umarme Sie vielmals und grüße herzlichst Ihr Mütterchen und Fräulein Gretchen.

Ihre R. L.

Geben Sie nur ruhig dem Kestenberg[1] das Manuskript, soweit Sie's von Dr. Mehring zurückhaben.

---

1 *Leo Kestenberg* (1882—1962), Musikpädagoge und Pianist, während des Ersten Weltkrieges Leiter des Verlags Paul Cassirer. (USPD).

(Ansichtskarte)
3. 4. 1917
(Poststempel)

Meine liebe Mathilde!

Ich bin doch ein Schaf, soeben fällt mir ein, daß ich Ihnen zum zweiten Mal dieselben Gedichte Hebbels schickte (zufällig hatte ich ihn in 2 Ex.)! Sie werden schöne Augen gemacht haben. Jetzt sende ich schnell noch Verlaines Gefängnisse, vielleicht erreicht Sie noch diese Reiselektüre! Ich erwarte Sie mit der größten Ungeduld. Hans werden Sie kaum sehen, er geht zu Ostern nach Hause. Viele Küsse Ihnen und Mimi

R.

Vielleicht kann ich ein wenig schwarzen Tee kriegen!

Ebenhausen bei München
Sanatorium 6. 4. 1917

Liebes Fräulein Mathilde — ich möchte gern wissen, ob Sie meine
Karte aus Stuttgart bekommen haben — hoffentlich schrieb ich nichts,
was Sie beunruhigt hätte — ich weiß es nicht genau.

Ich bin hier gut installiert — es ist reizend hier — nur sehr einsam
für mich natürlich — mit den Leuten, die hier sind und sehr nett an und
für sich sind, kann man nicht reden, denn sie verstehen nichts. Der Arzt
fand mich blutarm, erschöpft, kurz und gut, ganz meschugge. In einigen
Wochen wird's wohl besser werden — und dann kommt das Leben in
Berlin und zerstört die ganze Erholung. Na, meinetwegen.

Ich bitte Sie, liebe Mathilde, schreiben Sie mir sofort, wie alles geht
— was Sie für Nachrichten von Rosa haben (schicken Sie ihr vielleicht
meine Adresse), wie es Lene, Bertha und allen geht, ob Sie jetzt etwas
mehr Zeit für sich haben oder ebensoviel zu arbeiten haben wie vorher.
— Hat Mehring schon im Landtag geredet? Wann ist Berthas Termin?

Kurz, bitte, alles. Auch bitte ich, sich zu erkundigen, ob die Ge-
schäfte im Büro vorwärtskommen — sie müssen vorwärtskommen —
schreiben Sie mir darüber, ich bitte Sie, das beunruhigt mich so. Sie wissen doch.

Ich werde hier abgerieben, massiert, eingepackt und wie der ganze
Schwindel heißt, aber es bekommt mir ganz gut.

Schicken an Lebensmitteln ist nichts zu wollen. Das Essen im
Hause ist ganz gut. Zu kaufen aber gibt es einfach nichts, gar nichts —
zum toll werden. Ich würde so gern allen was schicken.

Sonst weiß ich nichts zu melden. Grüßen Sie alle, Ihre Mutter und
die Bekannten und leben Sie recht wohl

Ihre Sonja Liebknecht.

Poststempel 14. 4. 1917

Meine liebe Mathilde!

Bis heute (Freitag abend) habe ich noch kein Lebenszeichen von Ihnen, was mich ein bißchen beunruhigt. Zum Glück schrieb mir Luise heute, daß sie Sie schon nach der Rückkehr gesprochen hat, also weiß ich
wenigstens, daß Sie glücklich heimgekehrt sind. Vielleicht kommt morgen früh ein Brief von Ihnen. An Klara habe ich geschrieben. Die arme
Maus ist von selbst gestorben! Ich umarme Sie und Mimi

Ihre R.

Ihrer Mutter und Fräulein Gretchen herzlichste Grüße!
Den „Volksfreund" habe ich heute erhalten, Dank!

15. 4. 1917

Meine liebste Mathilde! Ich erhielt gestern Ihre beiden Briefe auf
einmal: der erste vom 11. trug den Zug-Stempel vom 13., er lag also irgendwo 3 Tage — vielleicht bei Lenchen in der Tasche. Vielen Dank
für beide Briefe.

Ich freue mich schon sehr auf das Paket, obwohl ich mir ungeheuer-
lich vorkomme, daß ich Ihre Mutter „kahlfresse" mit den Kuchen. Ich
werde ihr dafür, sobald ich frei bin, beide Händchen abküssen — in Er-
mangelung meiner eigenen Mutter. Ein paar Büchlein von den kleinen
will ich Ihnen bald nacheinander schicken. Ich erhielt hier wieder eine
Mahnung wegen Gemeindesteuern, 29,59 M. für April bis Juli 1916.
Was soll dies wieder bedeuten? Das Papier hat die Nr. 517/III. — Wegen des Bezugscheines für Schuhe will ich das Nötige tun. — Mir geht
es gesundheitlich ganz gut, Sie können ganz beruhigt sein. Übrigens will
ich Ihnen nächstens wieder einen ordentlichen Brief schreiben. Schicken
Sie mir baldigst wieder eine Zeile. Ich umarme Sie und Mimi tausendmal
und grüße herzlich Ihre Mutter und Fräulein Grete.

Ihre R.

Aus dem Bericht über die Gerichtsverhandlung machen Sie sich
nichts! Das ist doch alles wurscht.

17. 4. 1917

Meine liebste Mathilde!

Ihr Paket erhielt ich heute um 4 Uhr und Ihren Brief um 6. Ich habe mich so gefreut über alles! Haben Sie vielen, vielen Dank. Die Blümchen haben sich schon im Wasser erholt. Die Flicken reichen grade wie gemessen aus, ich will den Schaden gleich morgen kunstreich ausbessern. Für Karl hätte ich natürlich gern alle meine Kuchen hergegeben! Auf den Braunschweiger Volksfr. verzichte ich jetzt „unter sotanen Umständen". Die Gedichte von Däubler haben mich sehr amüsiert; das ist eben „Kubistische Poesie". Hans hat mir aus Stuttgart geschrieben, daß er sehr bedauert, Ihren Besuch verfehlt zu haben. Martha müßte auch so kommen, daß sie ihn von hier aus für einen halben Tag besucht; er wird sich sicher sehr freuen! Meine zweite Karte mit der Bestätigung über den Empfang Ihrer beiden Briefe haben Sie wohl inzwischen. — Ich habe doch noch eine Maus! Heute früh um 5 beobachtete ich, wie sie ruhig in meinem Schlafzimmer aus meinem Vorratsschüsselchen naschte. Aber das ist eine Hausmaus, und die verstorbene war eine Zwergmaus aus dem Felde. Ich zehre immer noch von Ihrem Besuch und erwärme mich daran. Innigste Grüße!

Ihre R.

Schreiben Sie oft! Das tut so wohl.

Wronke, 19. 4. 1917

Meine liebste Mathilde!

Gestern erhielt ich Ihr Brieflein mit der Inhaltsangabe des Paketes, dessen Empfang ich Ihnen inzwischen schon bestätigt habe. Sie scheinen meine Zusendungen doch nicht sehr pünktlich zu erhalten, was wohl am Personalmangel Eurer Post liegt: Sie erwähnen auch im gestrigen Brief nur noch eine Karte von mir, während ich gestern schon die dritte abschickte. Deshalb sandte ich Ihnen heute früh ein Büchlein, als Zeichen meines Gedenkens, per Eilboten, damit Sie es sicher zum Sonntag kriegen. „Das kleine Welttheater", um das Sie baten, konnte ich merkwürdigerweise gar nicht finden, ich habe es wohl schon Martha geschenkt. Aber der olle Hippokrates mit seiner „trockenen und feuchten Lebensweise", den ich noch gestern zum Schlaf las, wird Sie sicher mehr amüsieren; ich habe wenigstens lachen müssen an mehreren Stellen. — Ich bin Ihnen so dankbar, daß Sie mir häufig ein Lebenszeichen geben! Das hält mich warm und fröhlich. Ich fühle mich ganz wohl, seien Sie nur ruhig. — Mit dem Bezugsschein für Schuhe ist die Sache nicht so einfach, wie Sie denken: ich mußte erst einen schriftlichen Antrag stellen und nun warte ich auf Bescheid; es heißt, man müsse erst einen Eid leisten, daß man die Schuhe braucht. Das kann lustig werden, denn ich bin gespannt, ob der Herr Bürgermeister zu mir kommt, um mir den Eid abzunehmen, oder ob ich zu ihm muß. Vielleicht wird Marthas persönliche Intervention die Angelegenheit vereinfachen. Schreiben Sie mir gleich, wann sie zu kommen gedenkt. — Von Vögeln haben sich heute als außerordentliche Gäste drei Rotschwänzchen und ein Zeisig vor dem Fenster gemeldet. Auch die Nachtigall hält seit Ostern trotz Kälte und Graupen brav aus. Ich habe sie erst gestern wieder in meinem Gärtlein gehört, allerdings ganz kurz. Ich habe unter meinen Büchern fünf Lieder von der Wesendonk, in Musik gesetzt von Wagner, gefunden und will sie nächstens der Martha schicken, damit ihr Mann sie prüft; sie sind jedenfalls wertvoll als Musik: den Text finde ich banal. — Von Sonja kriegte ich einen Kartengruß, der wie ein Schrei einer wunden Seele klingt. Es ist schrecklich, wie sie ständig deprimiert ist; sie müßte unbedingt jemand bei sich haben. Ich will ihr jedenfalls häufig schreiben, um sie ein bißchen

aufzumuntern. — Mathilde, die blauen Blättchen von den Leberblüm-
chen sind abgefallen, aber die drei grünen (die wie der Kelch aussehen)
und die Staubfäden sind geblieben, und das gibt ein so originelles schönes
Sträußchen! Kein Mensch würde raten, was das für Blümchen sind. Ihre
Azalie ist unerhört: sie blüht immer weiter und noch keine Blüte ist welk!
Der Goldlack hat sich voll entfaltet, er ist von prächtiger goldbrauner
Farbe. Ihre Maiglöckchen und Vergißmeinnicht stehen im Wasser und
sind ganz frisch. Ich umarme Sie und Mimi tausendmal

Ihre R.

Herzliche Grüße für Ihre Mutter und Fräulein Gretchen.
Meine Säuglingsnahrung ist bald zu Ende.

Wronke, den 23. 4. 1917

Meine liebste Mathilde!

Eben erhielt ich Ihren Brief von gestern und beeile mich, gehorsam Ihre Wünsche zu erfüllen. Die Berufung nach Leipzig geht gleichzeitig ab. Mit der Heranziehung Dr. Druckers bin ich schließlich — Ihnen zuliebe — einverstanden, obwohl ich von ihm keine Ahnung habe. Setzen Sie sich (oder Kurt) also gleich mit ihm in Verbindung und geben Sie ihm jedenfalls Instruktionen, wie er die Sache behandeln soll, um mich nicht zu blamieren. Er soll auch nicht vergessen, dafür zu plädieren, daß mir die Schutzhaft auf die Strafe angerechnet wird. Ihre Bitte hingegen, baldigst nach Hause zu kommen, die Sie jetzt so oft wiederholen, kann ich nicht erfüllen: eben ist mir ein neuer Haftbefehl zugegangen, für 3 Monate ist also wieder vorgesorgt. Sie scheinen wirklich anzunehmen, daß es von meinem guten Willen abhängt, von hier fortzukommen! . . .

Wie ich mich auf Marthas Besuch freue und mit welcher Ungeduld ich schon den Freitag erwarte, kann ich gar nicht sagen. Ich bin nämlich schon wieder fast krank vor Sehnsucht. Sachen brauchen Sie mir vorerst nicht zu schicken. Milchzucker habe ich mir hier besorgen lassen, auch Hans gebeten, mir welchen aus Posen zu schicken. Mit Büchern bin ich auch noch versehen. Habe auch momentan keine Stimmung für Belletristik, am allerwenigsten für Gedichte. Weshalb war Mimi wieder in solcher Verfassung, wie Sie schreiben? Sicher ist ihr Mäglein nicht in Ordnung. Haben Sie noch ein bißchen kondensierte Milch für sie? Ich spare wieder Eier auf, die ich durch Martha schicke, dann kann Mimi auch noch eins kriegen. Ich habe solche Gewissensbisse, daß ich ihr kein Fleisch schicke, aber es bleibt jetzt so wenig, und ich fürchte auch, das bißchen kommt nicht frisch an. — Den Bezugsschein für Schuhe kriege ich doch noch ohne weitere Schwierigkeiten, sobald die Formulare hier eintreffen.

Liebste, schreiben Sie mir *gleich* eine gute Zeile, mir ist so elend zumute . . .

Ich umarme Sie und Mimi und grüße herzlichst Ihre Mutter und Schwester

Ihre R.

24. 4. 1917

Meine liebste Mathilde!

Wie habe ich mich heute über Ihre Scilla- und Veilchen-Sendung gefreut! Sie wissen aus meinem, inzwischen wohl erhaltenen, Brief, wie sehr mir gerade ein bißchen Trost und Wärme von Ihnen not tat . . . Ich habe auch noch die Hoffnung, morgen einige Zeilen von Ihnen zu kriegen.

Den Bezugsschein lege ich bei, Sie werden ihn wohl selbst ausfüllen, ich kapiere ja nichts von solchen Dingen.

Von Weinberg erhielt ich heute 1) Abschrift seiner Eingabe an das Düsseldorfer Gericht, 2) Ratschläge betr. sofortigen Antritts der 10tägigen Gefängnisstrafe. Ad 1) teilen Sie dem Büro, bitte, mit, daß ich den Gerichtsbeschluß v. 12. 3. aus Düsseldorf *nicht* erhalten habe und zum ersten Mal etwas davon höre. Der Einspruch Weinbergs kommt ja demnach etwas reichlich spät! Hoffentlich war er noch rechtzeitig abgeschickt, erkundigen Sie sich bitte danach. Ferner: für wann war Termin angesetzt und ob W. irgendeine Antwort erhalten hat. Ad 2) habe ich noch keinen Strafantrittsbefehl gekriegt. Sprechen Sie, bitte, mit Kurt darüber, ob das überhaupt stimmt, daß das Urteil schon rechtskräftig ist; mir schien, daß wir noch ein Rechtsmittel haben; freilich habe ich nicht einmal ordentlich nachgesehen, was das für eine Instanz war, die mir das letzte Urteil bescherte.

Anbei auch noch ein Brief aus der Schweiz, der, wie üblich, 10 Tage bei der Kommandantur lag. Wenn ich selbst antworte, so gibt es wieder diese Schneckenpost. Teilen Sie, bitte, der Schreiberin mit (wenn's geht telegrafisch oder wenigstens eilbrieflich), daß sowohl wegen verspäteten Empfangs (am 22. d.) wie überhaupt in meinen jetzigen Umständen die Erfüllung ihres Wunsches leider unausführbar ist. Alles, was ich senden kann, sind herzlichste Grüße.

Heute war ein so schöner Tag hier, ich saß fast die ganze Zeit draußen in der Sonne, aber das Sonnenlicht dringt nicht immer in mich hinein . . . Es wäre mir so tröstlich zu wissen, daß Sie mal an einem solchen Tag einen Spaziergang im Südender Feld machen, dort müssen schon mindestens Huflattich, Sternmiere und rote Taubnesseln blühen. Sie wissen ja,

wo ich sie immer pflückte. — Sonja habe ich geschrieben. Hans schweigt
seit 10 Tagen.

Ich umarme Sie und Mimi tausendmal in Sehnsucht

Ihre R.

Können Sie mir vielleicht ein wenig Mundwasser durch Martha
schicken?

Fragen Sie, ob Klara meinen Brief und Karte (schon vor ca. 2 Wochen) erhalten hat. — Schicken Sie mir, bitte, noch die dünnen gelben
Couverts (19 x 13)!

Liebes Fräulein Jacob,

verzeihen Sie, wenn ich gestern in der leider kurzen Zeit Ihres Hierseins ein wenig verhagelt gewesen bin. Ich bin mit meiner Krankheit nicht recht fertig und muß doch — aus verschiedenen Gründen — hier schon ärztlich mittun. Auf diesen an sich ungünstigen Boden pfropfte sich nun die mir drohende „Untersuchung", über die ich Ihnen kurz berichtete. So lächerlich die ganze Komödie objektiv ist, subjektiv in meiner gegenwärtigen Situation als preußischer Offizier „unter Offizieren" kommt sie mir übel in die Quere. So befand ich mich gestern ein wenig in der Stimmung, in der Sie vielleicht nach einer Haussuchung sind. Man möchte lachen, hat dazu alle moralische Berechtigung, aber findet momentan doch nicht ganz die Nervenkraft, da man sich von seinem Milieu — so intensiv wie das militärische im Krieg nun einmal ist — doch äußerlich nicht ganz zu emanzipieren vermag. So habe ich vielleicht auf Sie gestern den Eindruck eines verkaterten Stockfischs gemacht, Ihnen jedenfalls nicht das an herzlicher Lustigkeit und Gemütsfreiheit geboten, was Sie nach meinem Wunsche unserer armen Kleinen von hier hätten berichten und mitbringen sollen. Darüber ärgere ich mich heute grimmig, noch mehr als gestern, wo ich auch schon fühlte und Ihnen andeutete, daß ich anscheinend nicht ganz bei Stimme sei. Hoffentlich können wir dies Mißgeschick bei meiner nächsten Durchfahrt durch Berlin wieder gutmachen. —

Sie werden heute R. zum letzten Mal sehen, berichten Sie Ihr, bitte, alles Liebe und Herzliche von mir und danken Sie ihr vor allem für das Manuskript, das ich in der ersten freien Minute, die ich mit freiem Kopfe genießen kann, studieren werde. Für zwei lange Briefe, die mich, vor allem der letzte, heute ganz freudig und hochgebirgssonnig gestimmt haben, danke ich ihr noch schriftlich und alsbald. Für die Vögelchen werden wir hier so gut sorgen, als möglich ist.

Nun folgt aber eine Hiobspost: Mein Besuchsantrag ist, wie mir heute vom Chef meines Lazaretts, meinem gegenwärtigen militärischen Vorgesetzten, offiziell mitgeteilt wurde, abschlägig beschieden worden:

im Auftrage des Obergeneralarztes, bzw. des Oberkommandos. Ich fürchte, daß das für R. eine große Enttäuschung sein wird. Daß es eine solche für mich ist, ist selbstverständlich, denn sie hätte jetzt jeden Besuch und jede Ablenkung doppelt nötig. Hiergegen ist nun aber gar nicht anzukommen. Teilen Sie R. diese Bitternis schonend mit und machen Sie ihr klar, daß meine militärische Situation und Konduite zur Zeit nicht so glänzend ist, daß ich einen weiteren Versuch machen könnte, mit dem Kopf durch die Wand zu rennen, die sie nun einmal von der Außenwelt trennt.

Über meine eigene Affäre, die sich daran vielleicht anschließen wird, vielleicht auch nicht, erzählen Sie, bitte, weiter nichts, um sie nicht zu betrüben; außerdem auch nicht zu irgendeiner Unklugheit zu verleiten. Mein Chefarzt ist bis jetzt der lächerlichen Lappalie wegen dreimal beim Obergeneralarzt vernommen worden. Mich selbst hat man direkt seltsamerweise noch nicht interpelliert. Vielleicht geht die Geschichte aus wie's Hornberger Schießen, vielleicht wird eine wirkliche Untersuchung eingeleitet. Wer kann das wissen! Natürlich hängt alles von unberechenbaren Zufälligkeiten ab. Insgeheim fürchte ich, daß die ganze Ablehnung und Untersuchung mit meiner damaligen Zeugenschaft in dem Militärmißhandlungsprozeß zusammenhängen könnte. „Bestraft" kann ich natürlich für das eine so wenig werden wie für das andere, da Zeugenschaft und Freundesbesuch schließlich unveräußerliche Menschenrechte sind. Aber jetzt im Krieg kann eine flotte Versetzung etwas viel Peinlicheres bedeuten, als jede reguläre oder ehrengerichtliche Bestrafung, gegen die man Krach schlagen könnte. So bin ich gegenwärtig ganz auf Zufall und Willkür gestellt. Beide werde ich mit der mir angeborenen Würde vertragen, aber ich vermeide es, sie herauszufordern, solange ich in jener Zwangsjacke stecke, die man den bunten oder des Königs Rock nennt.

Grüßen Sie das mir wohlbekannte Wronke bestens und vertreten Sie beim Abschiedsbesuch meine Stelle mit Herzlichkeit, auch wenn die Frau Oberin irgendeinen dummen Witz dazu macht. Ich danke Ihnen für Ihren freundlichen Besuch vielmals und werde hoffentlich bald Gelegenheit finden, ihn zu erwidern.

Ihr H. D.[1]

---

1   H. D.: gemeint ist *Hans Diefenbach.*

25. 4. 1917

Meine liebste Mathilde!

Noch etwas Wichtiges als Nachtrag zu meinem gestrigen Brief. Bei aufmerksamem Durchlesen der Eingabe Weinbergs kam ich zu dem Schluß, daß er etwas Wesentliches unterlassen hat. Er macht nur Einwände dagegen, daß Klara, die Mitangeklagte, als Zeugin vernommen werden soll und daß sie ohne mein Beisein vernommen werden soll. Das Wesentlichste aber ist, daß Klara nach amtlichem Zeugnis *vernehmungsunfähig* ist (nicht etwa bloß reiseunfähig)! Derselbe Grund, der die Einstellung des Verfahrens gegen sie begründet hat, muß auch ihre Vernehmung als Zeugin unzulässig erscheinen lassen. Diesen Einwand muß Weinberg, der ja auch Klaras Vertreter ist, *schleunigst* noch nachträglich erheben. Veranlassen Sie ihn unverzüglich! Die Sache ist sehr wichtig und man müßte evtl. zu W. hinfahren, falls die schriftliche Verbindung langwierig ist. Lassen Sie mich gleich wissen, wie es damit steht.

Von Klara erhielt ich gestern einen Brief, sie hat meinen Brief und Karte bekommen. Auch Hans hat schon geschrieben, er ist nach Lissa versetzt. Ich umarme Sie und Mimi vielmals.

Ihre R.

29. 4. 1917

Meine liebste Mathilde!

Vielen Dank für alles! Daß Ihr beide, Sie und Mimi, solchen Luxus treibt und mir wieder Lohse schickt, ist eine wahre Sünde. Aber ich küsse Euch beide trotzdem, da Ihr nun einmal unverbesserlich seid. Daß der olle Hippokrates doch noch angekommen ist, ist mir recht. Sie haben recht: die vielen Eilboten sind bei mir nichts als Zappligkeit. Wenn ich mich hier vor Sehnsucht verzehre, dann habe ich einfach das Bedürfnis, irgendwie schnell mit der Außenwelt in Berührung zu treten, und dann will ich telefonieren, telegrafieren, Eilbriefe senden usw. Ich werde mich in Zukunft bessern. — Sie schreiben gar nicht, ob das Fleischchen für Mimi frisch angekommen ist, dann ist es sicher nicht gut angekommen! Ich will doch immer die Wahrheit erfahren, merken Sie sich das.

Den Bezugsschein werde ich nun nach bestem Wissen und Gewissen ausfüllen und Ihnen zurückschicken. Verzeihen Sie, daß ich so hilflos bin, aber Sie kennen mich ja schon genügend von dieser Seite. Kurts Idee, ich soll beantragen, daß mir die 10 Tage Strafe auf die Schutzhaft angerechnet werden, gefällt mir sehr gut, aber ob das jetzt noch geht (Strafantrittsbefehl habe ich immer noch nicht) und an wen? Lassen Sie ihn das fertig schreiben und schicken Sie mir, bitte, wieder nur zur Unterschrift.

Die Prozeßvollmacht für Dr. Drucker anbei. Aus Düsseldorf direkt erhielt ich nach wie vor *nichts*. Ich begreife gar nicht, weshalb mich die Leute einfach ignorieren.

Mit der „Antikritik"[1] ist mir die Sache nicht klar. Sie sagten doch, Sie hätten 3 Exemplare, eins hat Hans, eins der Alte, dann konnten Sie mir noch das dritte durch Martha geschickt haben und ich hätte die Revision schnell gemacht? Falls kein drittes Exemplar mehr vorhanden ist, dann schreiben Sie, bitte, *sofort* an Hans, er möchte mir im eingeschriebe-

---

1 Antikritik: gemeint ist Rosa Luxemburgs Entgegnung auf die Kritik vor allem Otto Bauers auf ihr 1913 erschienenes Werk *„Die Akkumulation des Kapitals"*. Vgl. Rosa Luxemburg, Die Akkumulation des Kapitals oder was die Epigonen aus der Marxschen Theorie gemacht haben. Eine Antikritik, Leipzig 1921.

nen Eilpaket das seinige schicken. Ich werde dann sogleich Revision vornehmen und an Drucker und H. schicken.

Grämen Sie sich doch nicht so über den Haftbefehl. Ich kann wirklich nichts dagegen machen. Nur die Idee mit Rußland wälze ich jetzt im
Kopf. *Vielleicht* entschließe ich mich zu einer Eingabe in diesem Sinne,
aber (ob) es fruchtet? Eine große Frage!

Für heute Schluß. Ich umarme Sie und Mimi tausendmal und freue
mich schon auf Pfingsten. Ach, wie lange noch!

Ihre R.

Wronke, 3. 5. 1917

Meine liebe, liebe Mathilde!

Heute früh erhielt ich Ihr kurzes Brieflein, das mich sehr traurig gemacht hat, denn Sie haben mir noch nie so knapp geschrieben, und ich
fühle daraus deutlich, wie sehr Sie wieder abgearbeitet und herunter sind.
Dann kam aber am Nachmittag das Paket mit den Veilchen und hat
mich etwas getröstet. Vielen Dank dafür, und so will ich Ihnen gleich
umgehend einige Zeilen zu Ihrer Beruhigung schicken.

Bei mir ist nichts Neues, als daß ich jetzt viel im Freien, in der Sonne sitze. Dabei kommt mir Ihr schöner Korbstuhl sehr zustatten; er ist so
leicht zum Herumschleppen und es sitzt sich in ihm königlich. Heute kam
eine Menge Schmetterlinge und Hummeln, sie fanden aber kein einziges
Blümchen im Garten. — Ich stellte deshalb den blühenden Topf Cine-
raria heraus, den mir Martha geschenkt hat, und Sie hätten sehen sollen,
wie sich die Tierchen darauf stürzten und von dem Goldstaub nicht genug naschen konnten. Auch einen prächtigen Vogel habe ich heute zum
erstenmal im Leben gesehen: den Goldammer. Ich saß so still und unbeweglich, daß er ganz nahe heranhüpfte und ich ihn genau betrachten
konnte. Was ich alles hier in Wronke kennenlerne! Wirklich, Mathilde,
ich sammle hier massenhaft neue Kenntnisse, lese dann gleich darüber
nach und fühle mich förmlich bereichert.

Vielen Dank für das Manuskript. Ehe ich jedoch an die Revision
herangehe, möchte ich, daß Sie durch Lene beim Alten anfragen, ob und
wie weit er damit ist. Ich könnte ja doch nicht direkt an den Verleger
schicken, sondern an Mehring, und er wäre sicher bitter gekränkt, falls er
umsonst ein gut Teil der Arbeit gemacht haben würde.

Luise schreibt mir heute aus Frankfurt am M., sie kann zwischen
10. und 15. Ich möchte aber baldigst den genauen Tag ihrer Ankunft erfahren, um nicht ins Blaue hinein tagelang zu zappeln. Bitte, fragen Sie
bei ihr hier telefonisch nach (oder schreiben Sie nach Frankfurt a. M.,
städtisches Krankenhaus; sie ist dort bei ihrem Jungen) und lassen Sie
mich dann wissen. Luise selbst wird's ja doch nicht tun.

Heute schickte ich an Sie drei Bücher von Pfemfert, die Sie ihm mit
Dank zurückgeben möchten (unter uns taugen sie sehr wenig, ich habe sie

gar nicht lesen mögen), und ein Notenbüchlein für Marthas Gatten. Nach Ihrer jüngsten Predigt wage ich gar keine Eilboten mehr zu mobilisieren und möchte deshalb wissen, wann Sie das Paket erhalten. — Und nun erwarte ich mit Sehnsucht wieder einmal einen ruhigen guten Brief von Ihnen, der mir sehr wohl tun wird. Mit noch mehr Sehnsucht erwarte ich Sie selbst. Ich hoffe, Sie zu Pfingsten wieder in dem leichten Musselinkleid zu sehen, das ich so gern habe. Könnten Sie nicht die dunkle Garnitur wegnehmen lassen, die das Kleid tötet, und eine mattgrüne und mattblaue anbringen?

Hören Sie, Liebste! Sonja beklagt sich so bitter über Lene, daß sie „Karls Haushalt" und „Karls Kinder" vernachlässige, sie sollte doch in Sonjas Abwesenheit sich um die Dinge kümmern. Auch Karl sei ungehalten. Bitte, könnte man nicht dem Alten diese Mission übertragen, falls Lene zu beschäftigt ist? Laßt doch jedenfalls die arme nervöse Sonja nicht zappeln! . . . . Ich umarme Sie und Mimi tausendmal in großer Sehnsucht

Ihre R.

Dank für das Briefpapier, ich finde es leider etwas lappig und möchte wenigstens bei den steifen Couverts bleiben. Könnte man nicht mehr davon kriegen? Ich meine solche wie dieses, in dem ich den Brief schicke.

7. 5. 1917

Verehrtes Fräulein, besten Dank für Ihre Nachricht. Die Erwähnung über Lèosia hat mich sehr gefreut, und bitte Sie, ihr bei Gelegenheit
meine herzlichsten Grüße zu übergeben. Ist sie denn aktuell unwohl? Be-
treffs der Sendung ist leider absolut nichts zu machen, sonst wäre es mir
ein Vergnügen, in dieser Hinsicht was besorgen zu dürfen. Am 1. Juni
werde ich übersiedeln, bis ich also meine neue Adresse aufgebe, bitte für
mich an meinen Bruder: Wspólna 53, zu adressieren. Mit vielen Grüßen
an Sie, verehrtes Fräulein, und Ihre Freundin, zeichne ergebenst

Anna.[1]

1 Anna: gemeint ist *Anna Breder*, die Schwester Rosa Luxemburgs.

9. 5. 1917

Meine liebste Mathilde!

Gestern schrieb ich Ihnen ausführlich und schickte meinen Haftbefehl. Jetzt will ich noch einige Kleinigkeiten nachtragen. Schicken Sie
mir, bitte, keinen Blumensamen: der einzige Platz im Gärtlein, wo ich
ihn aussäen könnte, ist schon mit den Zwiebeln von Krupke vollgesteckt.
Schicken Sie auch, bitte, keine Blumentöpfe durch Luise! Jetzt, wo es
zum Sommer geht und ich meist draußen sitze, hat das wirklich keinen
Zweck; also bitte: keine. — An Geld können Sie mir vielleicht M. 25
schicken, aber *gleich,* ich brauche für die Wäscherin. — Von René
Schickele habe ich noch nie was gelesen; der verrenkte Name schreckte
mich etwas ab; bin aber bereit, Ihnen zuliebe, auch in diesen Apfel zu bei-
ßen. — Schreiben Sie mir doch, bitte, sofort, wenn Sie erfahren, wann
Luise kommen will; ich weiß es bis jetzt nicht. Und wiederholen Sie auf
jeden Fall nochmals, was in Ihrem vorletzten, verlorengegangenen Brief
stand.
Ich umarme Sie und Mimi in großer Sehnsucht

Ihre R.

Ja, ich bat Sie doch um fertige Eingabe wegen Anrechnung der 10
Tage Gef. auf Schutzhaft!
Herzliche Grüße Ihrer Mutter und Fräulein Gretchen.

10. 5. 1917

Meine liebe Mathilde,

Ihren Brief v. 4. habe ich heute erhalten; er war also nicht verloren-gegangen, wie ich vermutete, sondern nach Posen an das Generalk. ge-schickt worden. Damit erledigt sich ein Teil meines Briefes und meiner letzten Karte. Ihre projektierte Eingabe behalten Sie, bitte, bis zu Ihrem nächsten Besuch bei mir, dann können wir die Sache besprechen; es kommt wirklich auf ein paar Wochen nicht an. Ihrem Herrn Bruder übermitteln Sie meinen herzlichen Dank; ich hoffe, ihn nach dem Kriege auch einmal kennenzulernen und ihm für soviel Mühe und Güte persön-lich die Hand zu drücken. Telegrafieren Sie mir doch, wann Luise zu kommen gedenkt; es ist mir so unbehaglich, im Ungewissen zu sein. Ich umarme Sie und Mimi vielmals

Ihre R.

Ich freue mich so über die Sonne!

12. 5. 1917

Meine liebste Mathilde,

gestern erhielt ich Ihr kurzes Brieflein vom 10. Sie müssen schon
sehr unruhig und aufgeregt sein, denn Sie datierten ihn vom *Juli!* Inzwischen haben Sie hoffentlich meinen Brief v. 8. oder wenigstens die Karte
v. 9. erhalten. Luise telegrafierte ab, sie kommt vielleicht am Sonntag.
Ich freue mich sehr auf die neuen Schuhe, ich habe wirklich keine mehr
zum Laufen hier im Hof auf dem Pflaster. Luise soll mir, falls sie *nicht*
am Sonntag kommt, doch noch vorher telegrafieren, damit ich nicht im
Ungewissen bin. Ich umarme Sie und Mimi. Innigste Grüße

R.

18. 5. 1917

Meine liebste Mathilde!

Ich habe seit Ihrer Karte am Sonntag, 13., bis heute, Freitag, keine Zeile von Ihnen erhalten, und Sie können sich denken, wie mich das peinigt. Ich schrieb Ihnen auch nicht inzwischen, weil ich von Tag zu Tag auf ein Lebenszeichen von Ihnen wartete und auch hören wollte, ob Sie endlich meinen Brief vom 8. mit dem Haftbefehl erhalten haben. Ich vermute, daß ein Brief von Ihnen wieder in Posen liegt. Ich denke, es empfiehlt sich, daß wir nur kurze Karten schreiben, dann bleiben wir wenigstens nicht tagelang ohne jede Nachricht. — Ich schicke Ihnen durch Luise die 6 Eier aus Bulgarien, die sie mir brachte, und noch 4 aufgesparte von mir, eins soll Mimi kriegen. Dann noch ein bißchen Fleisch und 2 Feigen (sie darf nicht mehr als eine halbe pro Tag kriegen, sonst verdirbt sie sich den Magen) und etwas frisches Gras. — Melden Sie sich gleich zum Pfingstbesuch, so daß Sie mich vielleicht so am 24. oder 25. das erste Mal sehen und dann einmal in den Feiertagen, man wird uns schon hier sagen, wann es paßt. Aber schreiben Sie *mir* auch gleich, ob Sie sich gemeldet und wann Sie kommen. Wie ich schon darauf warte, mein Gott! Bringen Sie die Mimi *nicht* mit, das ist mein fester Entschluß; Gründe mündlich. Bringen Sie mir aber meinen vorjährigen Sommerhut (so wie er ist, ungarniert), etwas Lanolin und ein Fläschchen Köln. Wasser (meine Nummer). Und Sommerhandschuhe.

Dann ein wenig Bücher wieder, ich bin blank. Schreiben Sie doch gleich eine Zeile auf einer Postkarte, ich vergehe vor Sehnsucht. Die Schokolade ist für Sie. Ich umarme Sie und Mimi tausendmal

R.

Können Sie etwas Brennspiritus oder Petroleum bringen?

Wronke, 20. 5. 1917

Meine liebste Mathilde! Gestern erhielt ich endlich wieder eine
Zeile von Ihnen: die Karte aus Hessenwinkel, und freute mich sehr darüber. Hier nur die folgende *sehr* eilige Sache. Der gottvolle Rechtsanwalt
Weinberg, der erst hartnäckig bestritt, daß ich gegen das Urteil wegen
„Beleidigung" noch ein Rechtsmittel habe, hatte sich plötzlich in zwölf-
ter Stunde eines besseren besonnen und schrieb mir „eilig" (aber im gewöhnlichen Brief), ich solle ihm, wenn ich die Revision anzumelden wünsche, mein Urteil sofort zusenden. Um ein Haar wäre die Frist verpaßt,
es klappte aber gerade noch, und ich schickte ihm per Eilboten das Urteil
zu. Gestern erhalte ich die beiliegende Antwort. Ich soll Revisionsgründe
angeben! Ich glaube, dazu hat man doch den Rechtsanwalt; ich bin dazu
nicht in der Lage, weil ich das Urteil gar nicht gelesen hatte, ich kann
dieses lederne, langweilige Zeug nie lesen, wüßte auch nicht zu welchem
Zweck. Also bitte, nehmen Sie gleich das Urteil vom Büro Weinberg
und lassen Sie sich von Ihrem bekannten Rechtsanwalt eine Revisionsbe-
gründung entwerfen, die Sie dann dem Büro W. zur Absendung geben.
Die Frist läuft in *Leipzig* am 25. ab. Über alles andere sprechen wir
wohl bald, wie ich hoffe, mündlich. Bitte, lassen Sie mich, eventuell telegrafisch, wissen, für wann Sie die Erlaubnis bekommen.

Ich umarme Sie und Mimi vielmals

Ihre R.

Noch eins! Wir haben hier ein Kind von 2 Monaten, das keine
Hemdchen und Windeln besitzt. Sagen Sie der Luise, sie soll Ihnen welche mitgeben, wenn Sie herkommen.

21. 5. 1917

Meine liebste Mathilde!

Um den Haftbefehl werde ich nicht monieren, wir besprechen das alles, wenn Sie hier sind. Was ist übrigens die „Eingabe", die Sie um den Besuch gemacht haben? Es ist doch wohl keine neue Verwirrung entstanden und Sie haben, wie immer, bei der *hiesigen Direktion* um Erlaubnis nachgesucht?! Sie können es ja evtl. telegrafisch. Schreiben Sie mir gleich zur Beruhigung! — Bitte, bringen Sie mir keinen Panamahut, sondern meinen eigenen vorjährigen (hoffentlich ist die Fasson nicht gedrückt), bitte sehr! Ich will ihn so haben, wie er ist. — Sandalen sind mir leider so schwer, wenn es vielleicht ginge statt dessen helle Stoffschuhe für den Garten (Leinwandschuhe), das würde mich freuen; die neuen sind sehr schön, aber durch das Wildleder so warm, daß ich sie eher für den Winter aufhebe. Ach Gott, wie bin ich schon ungeduldig Sie zu sehen! Wir werden uns viel zu erzählen haben. Ich fühle mich heute wieder so jämmerlich — wenn ich bloß wüßte, was ich verbrochen habe, ich Unglückswurm. Nun, Ihr Pfingstbesuch wird mich vielleicht wieder aufrichten. Ich schrieb Ihnen gestern und heute je 1 Eilbrief.

Kuß! R.

Wronke, 21. 5. 1917

Meine liebste Mathilde! Nur in Eile einige Zeilen. Ich bekam heute
von der Frau Dr. Lehmann aus Posen die Nachricht, daß ihr Mann im
Feldlazarett gestorben ist. Ich möchte nun sehr gern der kleinen freundlichen Frau, die ich in Posen kennengelernt habe, meine Aufmerksamkeit
erzeigen, weiß aber nicht, ob er in Posen begraben wird oder vielleicht
schon begraben ist? Die unglückliche Frau kann ich darum nicht befragen, also bitte, setzen Sie sich *sofort* in Verbindung mit Marchlewskis
und beauftragen Sie sie, falls noch Zeit ist, in meinem Namen einen Blu-
menkranz hinzuschicken oder, falls zu spät, wenigstens der Frau ins Haus
mit einem Gruß von mir Blumen zu schicken. Ihre Adresse (falls Sie vergessen haben) Victoriastr. 26/27. Die Nachricht hat mich wirklich sehr
ergriffen, der arme Kerl wird sich im Lazarett irgendeine Infektions-
krankheit zugezogen haben, denn mit einem schweren Herzfehler wäre er
doch nicht eben erst eingezogen worden. Vielleicht schreiben Sie der
Frau einige Zeilen, das ist leider alles, was man tun kann.
    Ich warte auf Nachricht, wann Sie kommen. Kuß Ihnen und Mimi

Ihre R.

    Vorläufig an Luise vielen Dank für die Blumen; ich schreibe ihr
bald.

23. 5. 1917

Meine liebste Mathilde!

Ich erfuhr gestern, daß Ihr Gesuch erst nach Posen an das Generalkommando gegangen ist, und am 25. werden Sie wohl kaum hier sein.
Das macht auch schließlich nichts, ich warte geduldig und werde mich an
jedem anderen Tag auch freuen, nur *wissen* möchte ich's so bald als möglich, bitte telegrafieren Sie mir, wenn Sie Antwort kriegen. Die Sache mit
Dr. Lehmann haben Sie wohl erledigt. Vom alten Herrn habe ich einen
Zornausbruch über Sie und Hannes wegen der Antikritik an den Kopf
gekriegt, wir wollen das aber schon mündlich besprechen. Noch eins,
Mathilde; wir sitzen hier jetzt anders, der Tisch zwischen uns. Bitte, ver-
ziehen Sie keine Miene. Ich schreibe das nur, damit Sie nicht enttäuscht
sind. Ich habe solche Sehnsucht!!

Kuß Ihre R.

Bitte, bringen Sie mir gleich Marken mit!

(Wronke 1917?)
ges. D. 30. 5.
Dienstag

Liebste Mathilde! Ich vergaß, Sie noch etwas zu bitten, was Sie mir vielleicht noch hier besorgen können: ein ganz schmales (etwa 1-2 cm) schwarzes Seidenbändchen, 1 m, oder Seidenlitze, wenn Sie kriegen. Ich brauche es zum Haarbinden, das kann mir aber der kleine Bote vom Essen nicht besorgen. Von der Sorte, wie Sie mir im Paketchen heute gaben, möchte ich vielleicht noch ein Paar bitten, lieber wäre mir aber Lilafarbe. Hoffentlich haben Sie einen schönen Tag in Lissa verlebt, wenn diese Zeilen in Ihre Hände gelangen, und dann sehen wir uns noch einmal!

Ich umarme Sie vielmals

Ihre R.

Ach bitte, kaufen Sie mir noch Postkarten, unfrankierte am besten. Tausend Dank für die Stiefmütterchen, die soeben angelangt sind. Und ich war nicht draußen! Welches Pech! . . .

Freitag früh
(Poststempel 1. 6. 1917)

Meine liebste Mathilde! Sie sind mir doch nicht bös?!... Sie verstehen doch, daß ich über jede Minute glücklich bin, die wir zusammen
sein können, aber ... Meine „Abers" müssen Sie doch schon allmählich
kennen und darauf Rücksicht nehmen, nicht wahr? Ihre Marechal-Rosen
haben mir gestern abend das ganze Zimmer mit süßem Duft gefüllt, ich
lag auf dem Sofa und träumte bis 10 Uhr, dann ging ich schlafen ohne
Lampenlicht. Jetzt sind die schönsten Tage des Jahres, wo die Dämmerung kein Ende hat und die Vögel abends gar keine Ruhe finden können;
noch um halb 10 (d. h. nach der Vogeluhr um halb 9) piepste immer
noch ein unruhiger Geist. Die Fliederrispen schimmerten hell aus der
Dämmerung und die Luft war so regungslos, daß alles im gespanntesten
Lauschen begriffen schien. Ich konnte mich kaum von dem offenen Fenster trennen und hätte am liebsten die ganze Nacht so stehen mögen, um
die köstliche Frische zu trinken. Guten Morgen, meine liebste Mathilde,
gute Reise und haben Sie mich lieb — trotz alledem.

Ihre R.

Wronke, 2. 6. 1917

Meine liebe Mathilde,

aus dem beiliegenden Schreiben werden Sie im Zusammenhang mit unserer neulichen Unterhaltung in der Sprechstunde wohl herausfinden, um was es sich handelt. Bitte, schicken Sie mir also meinen Geburtsschein oder richtiger das lustige Papierchen, das bei mir den Geburtsschein vertritt. Ich entsinne mich nicht mehr, ob ich dort noch eine beglaubigte deutsche Übersetzung des besagten Papierchens habe; wenn nicht, schicken Sie mir bitte das russische Original (eingeschrieben)! Ich werde es schon selbst übersetzen, und die Posener Herren werden wohl damit vorlieb nehmen. Mein Brief an Sie wird also, wie Sie sehen, immer noch nicht freigegeben. Um den Haftbefehl soll ich erst noch bitten! Fällt mir nicht ein; Sie haben ja jetzt die Abschrift und die mag genügen.

Die schönen Blumen, die Sie mir noch nachgeschickt haben, sind wohl am Wasser oder Sumpf gepflückt: es ist die Calla palustris, Sumpfschlangenkraut zu deutsch, eine Pflanze, die ich wohl nie wildwachsend angetroffen habe (als Topfpflanze wird sie viel kultiviert); sie ist, wie die ganze Familie der Arazeen (Aronsstabgewächse), zu der sie gehört, giftig.

Ich habe ganz vergessen, Sie nach den Schicksalen meiner unglücklichen Revision in der Berliner Sache zu fragen. Ist die Revision nun rechtzeitig abgegangen und was ist als Revisionsgrund angegeben worden?

Heute entdeckte ich zu meinem Schreck, daß das Musselinkleid völlig aus dem Leim geht. Ich habe nun leider gar kein leichtes mehr und möchte Sie bitten, doch eins aus dem neuen blauen Stoff machen zu lassen. (Meine übliche Façon, nur der Rock unten breiter; Kragen aus blauem Samt und ebensolche Knöpfe). Ich schicke als Maß gleichzeitig mein altes graues Kleid, da das neue doch viel zu breit in der Taille war; der Rock muß aber um 6 (hinten um 8 cm) kürzer sein.

Meine Postkarte hatte ich Ihnen *vor* dem „5-Minuten-Besuch" geschrieben. Hoffentlich sind Sie trotz diesem verunglückten Epilog nicht zu enttäuscht von hier weggefahren. Heute früh hörte ich wieder den

Kuckuck in der Nähe, aber er verzog sich bald wieder in die Ferne. Ich
umarme Sie und Mimi

                                                                    Ihre R.

Ihrer Mutter und Fräulein Gretchen herzliche Grüße.

6. 6. 1917

Meine liebste Mathilde!

Ich habe Ihre erste Karte am 4., gestern Ihren Brief und heute Ihre
zweite Karte erhalten. Ich schrieb Ihnen am 2. ausführlich. Für den Fall,
daß Sie diesen Brief nicht erhielten, wiederhole ich kurz den Inhalt. Bitte, schicken Sie mir eingeschrieben den Geburtsschein. — Mein Musselinkleid geht ganz aus dem Leim, und ich muß Sie bitten, mir das neue
blaue machen zu lassen. — Meine übliche Fasson. Als genaues Taillen-
maß schicke ich Ihnen das alte graue Kleid; der Rock kann unten weiter
sein und um 6 cm (hinten um 8) kürzer. — Das Pfemfsche Buch „Wieg-
ner Figuren" finde ich nicht bei mir, das ist mir ganz fatal. Ich entsinne
mich auch gar nicht, es hier gehabt zu haben, will aber noch gründlich suchen; falls ich's finde, schicke ich es sofort; er mag mich vorläufig entschuldigen.

Auf ein Paket von Ihnen freue ich mich; vergessen Sie den Milchzucker nicht. Auch ein Fläschchen Mundwasser. Seien Sie um mich ruhig,
es geht mir gut. Ich umarme Sie und Mimi vielmals

Ihre R.

Wenn Geburtsschein russisch, bitte über Generalkommando Posen
senden, Dr. Dossmann

8. 6. 1917

Meine liebste Mathilde,

gestern erhielt ich Ihren Brief mit den Bändchen, wofür besten Dank. Bitte, schicken Sie einstweilen den Geburtsschein *nicht,* ich will erst den Bescheid von Posen abwarten, ob das einen Zweck hat; halten Sie aber eine beglaubigte deutsche Übersetzung bereit. — Es tut mir so leid, daß Sie durch mein Schweigen beunruhigt wurden, aber ich konnte ja nicht wissen, daß der Brief nicht in Ihre Hände gelangen würde. Ich umarme Sie vielmals

Ihre R.

8. 6. 1917

Meine liebste Mathilde,

nur zu Ihrer Beruhigung einige Zeilen, die Sie möglicherweise noch
als Sonntagsgruß erhalten. Ich schrieb Ihnen schon 2 Postkarten. Ich bin
ganz verzweifelt über das Pf - - - sche Buch; ich habe Migräne und bin
nicht imstande zu suchen, was ja sehr ermüdend ist, und meine Migränen
halten mich gewöhnlich 1-2 Wochen in den Klauen. Schreiben Sie bitte
dem Hans, daß er mich entschuldigen mag und mein Schweigen nicht
mißdeuten soll; er weiß, was Migräne ist und daß sie genügender Ent-
schuldigungsgrund. Ich lasse ihn herzlich grüßen und werde ihm schreiben, sobald ich auf dem Damm bin. Von Klara hatte ich eine Karte, die
ganz munter klang; es scheint, daß sie die Maßregelung ganz tapfer und
ruhig hinnimmt. Immerhin müßte ihr Marie jetzt besonders eine Stütze
sein; sie jammert sehr, daß sie sich mit mir nicht aussprechen kann. Der
Luise sagen Sie, daß Kestenberg an mich geschrieben und ich ihm geantwortet habe und daß ich jetzt fleißig bei der Arbeit bin. Nächstens schik-
ke ich wieder einen Stoß Manuskripte an Luises Adresse, aber natürlich
durch das Generalkommando, was eine Verzögerung verursachen wird.
O Mathilde, wie ich mich nach Ihnen sehne! Mir geht es, um die
Wahrheit zu sagen, ganz miserabel, ich glaube manchmal, ich werde
wahnsinnig. Aber machen Sie sich nichts daraus, vielleicht überwinde ich
das wieder, wie schon so manches Mal.

Ich umarme Sie und Mimi vielmals in schmerzlicher Sehnsucht

Ihre R.

Apropos: die Frau Meyer hat mich vom 1. 10. 17 auf 900 M. ge-
steigert. Ich mußte natürlich zustimmen, denn von *dieser* Wohnung wollen wir uns doch nicht trennen, nicht wahr?

13. 6. 1917

Meine liebste Mathilde!

Heute erhielt ich Ihre beiden Briefe (vom 11. und 12.) und die Karte über das Paket, das wahrscheinlich bald folgt. Vielen Dank für alles. Es tut mir so weh, daß ich Sie mit meinem Brief beunruhigt habe, ich bedauerte es gleich, nachdem er fort war. Es geht mir schon besser, die Migräne läßt nach. Über den Arzt sprechen wir noch, wenn Sie hier sind. Melden Sie sich doch zum 22., das ist wieder ein Freitag, dieser Tag paßt Ihnen ja am besten. Schreiben Sie mir gleich, ob Sie sich gemeldet haben. Ich hoffe bis dahin soweit zu sein, um mich mit Ihnen recht freuen zu können. — Den Antrag auf Vertagung kann ich in Leipzig nicht stellen, denn in der Vorladung stand gleich, daß ich auf Antrag vom Erscheinen entbunden werde; also tat ich und nun bin ich bereits befreit. Die Blankovollmacht schicke ich Ihnen nächstens, jetzt will ich Sie nur rasch durch diese Zeilen beruhigen. Ich schicke gleichzeitig 100 S. Manuskript (Korol.) an das Generalkommando für Sie. — Ich umarme Sie und Mimi tausendmal

Ihre R.

Bitte, danken Sie Mathilde Wurm für die Kindersachen! Schicken Sie mir dünne Couverts 13 mal 19.

Telegramm an Mathilde Jacob, Berlin

Wronke, 14. 6. 1917

Bitte melden Sie sich zum 15. hier an bitte um Nachricht ob angemeldet — Rosa

Wronke, 15. 6. 1917

Meine liebste Mathilde!

Ich erhielt heute Ihren Brief von gestern und sende Ihnen morgen früh ein dringendes Telegramm mit der Bitte, erst Freitag zu kommen. Verzeihen Sie meine Zappligkeit, ich hatte vorgestern eine so fieberhafte Aufwallung von Heimweh, daß ich Sie mir für heute herzaubern wollte, aber das wird nicht mehr passieren, ich beherrsche mich schon wieder gut. Daß Sie hier einige Tage sitzen, bevor wir uns sehen, hat doch keinen Sinn und ist für Sie Zeitverlust und unnötiges Abhetzen. Gedulden wir uns schon noch die Woche, damit es ordentlich geht, und bitte, fragen Sie erst hier an, ob der 22. paßt. Man kann nie auf Wochen voraus wissen. Also unbedingt gleich anfragen und mich sofort per Postkarte oder Brief wissen lassen! Für das Paket tausend Dank. Alles andere mündlich. Ich umarme Sie

Ihre R.

(Denken Sie, bitte, an Spiritus!)
Die Blankovollmacht gebe ich Ihnen schon hier.

15. 6. 1917
Telegramm an Mathilde Jacob, Berlin

Falls nicht verreist bitte bis Freitag verschieben Gruß — Rosa

21. 6. 1917

Meine liebste Mathilde!

Ihre beiden Postkarten habe ich erhalten und mich sehr gefreut. Ich bin noch frisch unter dem Eindruck Ihres lieben Besuches. Sie wissen gar nicht, wieviel Freude Sie mir mit dem kleinen Lindenzweig gemacht haben; er duftet himmlisch und weckt mir so lebhafte Erinnerungen an mein blühendes Südende! . . . Dem Hans habe ich endlich wieder geschrieben, Sie doch hoffentlich auch? Sie Ärmste, diese Reise von 7 Stunden bei der jetzigen Hitze war wirklich ein riesiges Opfer; ich machte mir die ganze Zeit Vorwürfe, daß ich Sie so abgehetzt habe. Geben Sie bald ein Lebenszeichen! Ich umarme Sie und Mimi herzlich

Ihre R.

Der Rock im neuen Kleid wird doch oben *glatt* gemacht, nicht etwa faltig?! Ein paar weiße Handschuhe. Und Haferflocken!

21. Abends
(Juni 1917)

M. l. M.

Ich möchte doch bei dieser Hitze ein weißes Waschkleid haben und habe dazu die folgende Idee: Ich habe der Klara vor einigen Jahren eine Menge wundervollen gestickten Batiststoff geschenkt, der bei ihr immer noch liegt, da sie nicht den Mut hat, sich ihn machen zu lassen. Schreiben Sie ihr, ob sie Ihnen nicht einige Meter davon schicken will, da Stoffe nicht zu kriegen sind, damit Sie für mich ein Kleid machen lassen können. Ich möchte meine übliche Fasson, nur den Rock unten weit; für Taille könnte man dazu weißen Batist zukaufen, wenn der Stoff nicht reicht. Aber dort ist für 2 und mehr Kleider genug. Also wohlgemerkt: bitten Sie nur um einige Meter! Wenn sie schickt, lassen Sie mir gleich machen, damit Sie's mir nächstes Mal mitbringen können. Ich möchte selbst darum Klara nicht schreiben; ich will ihr von anderen Dingen berichten.

Ich umarme Sie und Mimi

Ihre stets R.

Ihrer Kusine herzlichen Gruß!
Könnte ich nicht zu dem blauen Kleid einen königsblauen Seidenkragen haben?

Wronke 26. 6. 1917

Meine liebste Mathilde,

ich habe gestern Ihren Brief und heute Ihre Karte vom Sonntag erhalten. Danke vielmals für die häufigen Nachrichten. Auch hier gibt es eine angenehme Abkühlung, die Luft ist herrlich. Ich fühle mich wohl und arbeite fleißig. — Als Geschenk für Klara kann ich Ihnen raten einen Band Galsworthy, und zwar „Das Herrenhaus" (dies war, glaub ich, der Titel des Buches vom Pfemfert, das ich hier neulich hatte). Sie wird es sicher mit Freuden lesen. Ein anderes Werk desselben Verfassers, das ich ihr zu Weihnachten schickte, hat ihr sehr gefallen. Für Hans könnten Sie „Die Plastik der Ägypter" besorgen; dies, wie auch Galsworthy, ist bei Cassirer erschienen. — Ich rate Ihnen nicht, Schulze-Delitzsch zu lesen. Er erfordert angestrengte und ausdauernde Konzentration des Gedankens, was bei Ihrer sporadischen Art zu lesen unerreichbar ist. Hingegen würde ich Ihnen sehr raten, die Lessing-Legende vorzunehmen; sie wird Ihnen auch „stückweise" genossen viel Erfrischung und Anregung verschaffen. — Daß Ihre Cousine den schönen Zwieback an mich verschwendet, ist Sünde! Aber vielen Dank und herzlichen Gruß! Ich umarme Sie und Mimi

Ihre R.

Ich habe wohl gelesen, daß ich nach Stockholm delegiert bin, aber was hab ich davon? Oder soll ich einen Urlaub beantragen?

30. 6. 1917

Meine liebste Mathilde!

Gestern erhielt ich Ihre Karte, heute die von Ihnen und von den Kindern und das Paket. Vielen, vielen Dank. Ich habe es kaum erst geöffnet und schreibe Ihnen bald wieder. Jetzt wollte ich Sie nur schnell benachrichtigen, was ich vergessen hatte, daß am 19. um 12.45 Uhr *in Berlin* vor dem Kammergericht (W 57, Elsholzstr. 32, Saal 164 Erdgeschoß) meine Revision wegen der Berliner Beleidigungssache verhandelt wird. Dies für den Fall, daß Ihr Rechtsanwalt etwa für nötig findet, mich dort durch jemand — vielleicht durch den Leipziger — vertreten zu lassen.

Was macht übrigens mein neuer Rechtsanwalt? Ist er auf seinem einzigen Bein eingeschlafen? Ich sehe und höre noch nichts von ihm.

Ich will Ihnen nun fleißig alle paar Tage eine Zeile schreiben, seien Sie nur um mich ruhig, es geht mir ganz gut. Heute haben wir hier ein Gewitter und Regen, was sehr erquickend wirkt. Hurra! Mein Flox (*Ihr* Flox) ist aufgegangen; er blüht schön rot und füllt mich ordentlich mit Stolz. Wirklich, bis jetzt ist mir noch alles in dem Gärtlein gelungen.

Luise schrieb aus Österreich, sie ist bei ihrem Sohn.

Ich umarme Sie und Mimi vielmals

Ihre R.

3. 7. 1917

Meine liebste Mathilde!

Ich erhielt heute Ihre Postkarte v. 27., die also in Posen war.*) Sie fragen mich dort, ob Klaras Geburtstag am 4. oder 5. wäre; es ist so, wie ich Ihnen sagte, aber nun auf jeden Fall überholt. Hoffentlich haben Sie gestern meinen Eilbrief v. Sonnabend erhalten. Gestern bekam ich das Urteil in der Leipziger Sache. Bitte gleich Revision anmelden, falls das nicht schon geschehen, Frist bis 9. Geschäftsnummer 5 Br 156/17 3/1. Zur Begründung der Revision schicke ich nächstens das Urteil, weiß aber nicht, an wen? Soll ich an Sie schicken oder an den mir unbekannten Verteidiger in Leipzig? Oder braucht dieser letztere vielleicht das Urteil nicht, da er ja dort war? — Auch die Welt am Montag mit dem Leuss-Artikel erhielt ich heute, besten Dank! — Den Hans zur Erledigung der Arbeit antreiben, können *Sie* aus verschiedenen Gründen besser, als ich von hier aus. Tun Sie's, bitte! Den vom Generalkommando erhaltenen Teil tippen Sie, bitte, nicht ab, ehe er auch durchgesehen ist. Warum ist es bei Ihnen jetzt so still, wie Sie schreiben? Wegen Ferien oder wie? Ich schwelge im Zwieback von Ihrer Cousine, grüßen Sie sie herzlichst von mir. Ich umarme Sie und Mimi

Ihre R.

Wie ist Sonja angekommen?

*) Anmerkung des Staatsanwalts Dr. Dossmann: Nein! Verspätet von der Post unmittelbar hier eingegangen. D.

4. 7. 1917

Meine liebste Mathilde,

heute erhielt ich Ihren lieben Brief v. 2. Natürlich meinte ich die
„Feier" zum Jubiläum des 10. scherzhaft; ich bitte nur um „stille Teilnahme". Zu wem wollen Sie nach Mecklenburg und für wie lange? Ich freue
mich sehr bei dem Gedanken, daß Sie an die See kommen und sich erfrischen werden. Im Juli wird es hier nicht mehr gut gehen, da ich während der Kinderferien nicht stören möchte, und zum August hat es noch
Zeit, daß wir uns verabreden. — Ein Paket von Frau Siegfried habe ich
bis jetzt nicht erhalten, auch keins aus Warschau. Sie werden aber vielleicht noch eintreffen, denn bis jetzt ist doch kein Paket verlorengegangen. Auf meine neuen Kleider freue ich mich schon kindisch; das Musselinkleid habe ich bereits an Torchen vermacht. — In meinem Keller, der
stets verschlossen war, stand natürlich ein großes, teures Zinnwaschfaß;
es ist also einfach gestohlen worden. Nun, da ist nichts zu machen. Lassen Sie aber den Zober jetzt lieber in die Wohnung, ins Mädchenzimmer,
stellen, sonst verschwindet er auch noch. — Ich schreibe Ihnen bald wieder und ausführlich. Für heute umarme ich Sie und Mimi tausendmal.

Ihre R.

Im nächsten Paket erbitte ich ein Fläschchen Mundwasser.

5. 7. 1917

Meine liebste Mathilde!

Ihr heutiger Brief sowie der gestrige zeigt so viel Unruhe um mich, und meine Sehnsucht ist auch schließlich schwerer zu bezähmen, als ich dachte, so daß ich auf den Julibesuch nicht verzichten will. Ich habe es wirklich so gut gemeint, indem ich hier nicht stören wollte, aber vielleicht geht es doch. Fragen Sie bitte sogleich hier an, ob etwa der nächste Freitag genehm wäre (da Sie ja diesen Tag bevorzugen), und lassen Sie mich dann gleich wissen, wann ich Sie erwarten darf. Beim Gedanken, Sie wirklich doch noch hier bald zu haben, hüpft mir das Herz vor Freude; ich wollte ja mal „heldenmütig" entsagen, aber wenn daraus nichts wird, werde ich glücklich sein. Die Entsagung schmeckt bitter . . . Meine liebste Mathilde, ich umarme Sie und Mimi tausendmal

Ihre R.

Bitte, seien Sie mir nicht böse!

7. 7. 1917

Meine liebste Mathilde!

Gestern schrieb ich Ihnen, heute erhielt ich Ihre Karte mit einem Gruß, dessen Handschrift ich nicht entziffern konnte.

Ich kann über nichts mehr schreiben, bis ich weiß, wann Sie herkommen. Ich vergehe vor Ungeduld und Reue, daß ich's verschoben habe.

Kuß Ihre R.

7. 7. 1917

Meine liebste Mathilde!

Soeben erhalte ich Ihren Eilbrief und sende Ihnen anbei, Ihrem Wunsch gemäß, per Eilboten das Urteil. Diese Überstürzung ist aber meines Erachtens unnötig; ich bat doch nur bis 9. die Revision *anzumelden*. Zu ihrer Begründung haben wir eine weitere Woche Zeit, d. h. bis 16. Der Rechtsanwalt sollte das doch wissen! — Ich schrieb Ihnen gestern und heute eine Postkarte und warte nun sehnsüchtig auf die Nachricht, wann Sie kommen. Bitte, bringen Sie mir etwas weißes Konzeptpapier mit, dann noch Spiritus, wenn Sie kommen, ich bin damit zu Ende, und auch weißes Löschpapier (wenn möglich Format 28 x 43) für meine Schreibmappe. Kleider bringen Sie natürlich auch mit; es lohnt sich ja nicht mehr, ein Paket zu schicken. (Alles das vorausgesetzt, daß wir für den Freitag hier Erlaubnis kriegen, worauf ich stark rechne.)

Ach Gott, jetzt erinnere ich mich, daß ich Ihren Lange immer noch nicht geschickt habe, obwohl Sie darum und um mein Urteil baten. Wirklich, ich konnte mich noch nicht dazu aufraffen, ihn zu lesen. Aber morgen vielleicht tu' ich's gleich und dann sende ich ihn sofort. Verzeihen Sie, Liebste, das war nicht Nachlässigkeit von mir, nur mein Nervenzustand ist an diesem Versäumnis schuld.

Hoffentlich auf Wiedersehen in 6 Tagen! In größter Sehnsucht

Ihre R.

Noch eine Kleinigkeit! Können Sie mir vielleicht solche roten Anklebezettel für Eilbriefe mitbringen?

10. 7. (1917)

Meine liebste Mathilde,

ich schicke Ihnen gleichzeitig als Drucksache per Eilboten Ihren
Lange zurück: ich hätte sonst kein ruhiges Gewissen, wenn Sie herkommen. Ich habe es gestern hinuntergewürgt und kann mein Urteil nur in
den Rat zusammenfassen: der Verfasser soll in Zukunft lieber Themata
wählen, die nicht schon von Shakespeare behandelt worden sind; die
Konkurrenz ist sonst etwas gefährlich . . .
Alles andere wohl schon mündlich. Wann kommen Sie?

Ich umarme Sie

Ihre R.

Dritter Teil

Montag früh!
(26. 7. 1917 Karte gestempelt)

Liebste Mathilde! Gestern bin ich hier angekommen halbtot vor Müdigkeit: ich bin ja so abgewöhnt von Menschen und vom Trubel! Der erste Eindruck meiner hiesigen Behausung war so niederschmetternd, daß ich mit Mühe die Tränen zurückhielt. Der Sprung nach Wronke ist gar zu groß. Aber was möglich ist, um mir das Dasein hier ein bißchen zu erleichtern, wird wohl getan werden, daran zweifle ich nicht. Das Schlimmste ist die Frage der Verpflegung — für mich der Kardinalpunkt! Heute wurde mir mitgeteilt, daß sich gar kein Restaurant findet, das für mich das Essen schicken würde! Was das werden soll, ist mir nicht klar, das hieße ja einfach, daß ich hungern soll, denn ich kann doch bei meiner schweren Magenkrankheit keine Gefängniskost einnehmen! Wir müßten dann, falls sich hier wirklich nichts findet, sofort eine dringende Eingabe um Überführung an einen anderen Ort machen! Vor allem sehne ich mich natürlich danach, Sie baldigst zu sehen und zu sprechen! Ich umarme Sie tausendmal

Ihre R. L.

Bitte um Zeitungen!

Mittwoch 17.

Liebste Mathilde,

nur 2 Zeilen, um Ihre Anfrage betr. meine Haftverbüßung zu beantworten. Ja, ich verbüße schon die 10tägige Strafe. Die 10 M. „Vorschuß" in der Gerichtsrechnung bedeuten die üblichen Kosten von 1 M. pro Tag. *Außerdem* muß ich 3 M. pro Tag für Selbstbeschäftigung = 30 M. *hier* bezahlen, bitte, schicken Sie diese Summe hierher, ins Gefängnis.

Auf Martha freue ich mich.

Ich umarme Sie

Ihre R.

Wenn noch Zeit ist, bitte durch Martha meine Winterschuhe und Pelzkragen.

Breslau 27. 7. 1917

Liebste Mathilde!

Ich warte mit Ungeduld auf eine Zeile von Ihnen, ob Sie wohlbehalten nach Berlin gekommen sind und sich schon von der furchtbaren Strapaze erholt haben, die Sie um meinethalben hier diesmal auszustehen hatten. Ich kann Ihnen nicht sagen, wie mich der Gedanke peinigt, daß Sie diesmal nichts als Müdigkeit vom Besuch bei mir mitgenommen haben. Ich tröste mich mit dem Gedanken, daß es das nächste Mal anders in jeder Hinsicht wird. Heute ist der Schrank gebracht worden; er sieht sehr gut aus und reicht vollkommen für meine Zwecke hin. Jetzt warte ich sehnlich auf meine Bücher, um arbeiten zu können, denn ich habe ja nichts mitgenommen. (Das Waschservice ist übrigens *nicht* angekommen, was mich einigermaßen wundert.)*) Frau Schlisch[1] mästet mich sehr sorgfältig, ich habe ihre Rationen noch reduzieren müssen, jetzt stimmt's. Worum ich Sie dringend bitten möchte, ist die Adresse von Mehrings. Ich hatte ja ihre erste Karte aus Koserow noch gar nicht beantwortet, da ich die nähere Adresse nicht entziffern konnte, dann gab ich Ihnen die Karte und kann nun gar nicht für den Gruß danken. Ich fürchte sehr, der Alte wird es mir übelnehmen. Bitte, entschuldigen Sie mich bei *ihm* und lassen Sie mich die Adresse schleunigst wissen. Ich fand hier im Paket Ihren Panamahut wieder! Das war mir sehr peinlich, weil ich ihn ja *gar nicht* trage, während ich Sie darin zu gern sehe. Sie werden mir also gestatten müssen, daß ich Sonja den Hut für Sie wieder herausgebe.

Was macht nun meine geliebte kleine Mimi? Wie hat sie die lange Abwesenheit ihrer Pflegemutter vertragen? Sie schrieben und sprachen in der letzten Zeit von ihr so wenig, daß ich ganz traurig und unruhig bin. Hoffentlich ist sie wohlauf und munter und freut sich jetzt über Ihre Rückkehr. Bitte genauen und häufigen Bericht über sie.

1 Frau Schlisch: gemeint ist *Selma Schlisch*, die zusammen mit ihrem Mann Robert für R. Luxemburg während ihres Gefängnisaufenthaltes in Breslau sorgte.

Nun mit vielen herzlichen Grüßen an alle und speziell an Ihre liebe Frau Mutter umarme ich Sie und Mimi tausendmal

Ihre R.

Schicken Sie mir, bitte, gelegentlich so eine mittlere kubische Schachtel, wie ich sie mehrmals erhielt: ich werde sie als meine Speisekammer gebrauchen.

*) Eben höre ich, daß das Waschservice schon hier ist.

30. 7. 1917

Liebste Mathilde! Bis heute habe ich noch kein Lebenszeichen von Ihnen, doch kommt es hoffentlich nächstens. Ich schrieb Ihnen am 27. einen Brief. Am 28. habe ich den von Sonja (v. 25.) erhalten, heute einen von Mehring. Der Briefverkehr wird also nicht so schlimm verzögert, wie wir befürchteten, und das wird in Zukunft vielleicht noch glatter gehen; ich hielte es für große Zeitersparnis, wenn die Briefe für mich direkt an die hiesige Kommandantur adressiert wären. Sagen Sie das allen Freunden. An Sonja und Mehring werde ich nächstens ausführlich schreiben. Ich fühle mich ganz gut und warte geduldig auf Bücher und auf Briefe.

Tausend Küsse
Ihre R.

Breslau, 6. 8. 1917

Meine liebste Mathilde!

Ihre beiden Briefe (v. 1. und v. 3.) habe ich heute, Montag, zusammen erhalten. Und damit Sie genau orientiert sind: vorher hatte ich am 1. eine Karte von Ihnen und am 2. wieder eine Karte sowie die gemeinsame von Martha erhalten. Ich wartete mit meinem Brief, bis ich von Ihnen eine Bestätigung meines ersten kriegte, was nunmehr geschehen. — Die Kisten aus Wronke sind hier am 2. angelangt, ich packte natürlich sofort aus und bin schon ganz „eingerichtet". Die beiden Räume sehen nunmehr halbwegs menschlich aus, allein ich fürchte, die Sache wird sich nicht durchführen lassen, und ich werde mich wieder auf eine Zelle einschränken müssen. Zwei Räume sind nämlich schön, wenn man zu ihnen Zutritt hat, ich bin aber immer fest eingesperrt, und bis ich in meine andere Zelle gelange, muß ich klopfen und die Aufseherin in Bewegung setzen. Abgesehen davon, daß es mir in der Seele widersteht, jemand öfters für mich zu beanspruchen, ist das auch praktisch nicht gut möglich, denn die Aufseherin hat natürlich verschiedentlich zu tun und ist häufig gar nicht auf der Station; außerdem aber ist sie von 1 bis 4 Uhr überhaupt nicht da (Mittagspause) und abends nach 6 ist sie fort, während ich bis 10 Licht haben darf. Mit alledem geht es also schwierig, und ich bin entweder getrennt von meinem Bett, wo ich mich zwischen der Arbeit oder wenn ich mich schlecht fühle, mal hinlegen kann, sowie von meinem Teekocher und meiner Apotheke, oder aber ich bin getrennt von meinem Schreibtisch und vom Licht abends. Das ist nämlich anders hier als in Wronke und auch in der Barnimstraße, wo die Schutzhaftgefangenen nur zur Nacht eingesperrt werden und bei Tag sich im Lazarett frei bewegen dürfen, und wie gesagt, ich zweifle, ob das mit den zwei Zellen unter diesen Umständen gehen wird, so sehr mir natürlich schwer wäre, mit allen Sachen in einer schmalen Zelle unterzukommen. Aber das wird sich bald herausstellen, beunruhigen Sie sich, bitte, deswegen nicht. Es wird eben so gehen müssen, wie es möglich ist. — Mir ging es mit meinem Magen seit Freitag miserabel, aber ich hoffe, jetzt wird's besser. Ich denke, das kommt vom hiesigen Brot, an das ich mich erst gewöhnen muß. Sonst ist das Essen, das mir die Frau besorgt, sehr gut. — Der Spezialarzt, Dr. Oppler, der mir bewilligt worden ist, schrieb mir, daß er bis Ende August verreist ist. Inzwischen sind ja die Herren Anstaltsärzte da; freilich kann mir einstweilen wenig geholfen werden, da mein Magen ja alle Medikamente ablehnt. Auch deswegen werden Sie, bitte, nicht unruhig; es geht mir ja schon besser.

Sie schreiben, daß Sonja sich freut, mich bald zu besuchen, sagen aber kein Wort, ob sie Erlaubnis gekriegt hat. Das ist doch die Hauptsache, und bis dahin hat alles Freuen wenig zu sagen.

Ihr adressiert immer noch nicht richtig. Merken Sie sich: zwei Couverts und Doppelporto sind überflüssig. Adressieren Sie einfach: Kommandantur Breslau für Frau Dr. R. Luxemburg. Das genügt vollkommen. Jemand hat hier, wie ich höre, eine Karte geschrieben und sowohl die Kommandantur wie das Strafgefängnis erwähnt; natürlich kam die Karte erst hierher, und an Zeit wurde nichts gewonnen. (Ich habe die Karte noch nicht zurückerhalten.) Auf der Kommandantur weiß man doch genau, wo ich mich befinde. Also belehren Sie, bitte, Sonja, Martha etc., wie sie zu adressieren haben. Von Mehring hatte ich einen lieben Brief und werde ihn nächstens beantworten.

Mir scheint, daß Sie zur Mimi kälter geworden sind! . . . Das tut mir weh. Sie empfindet das sicher, glauben Sie mir. Sie wird dann apathisch und unbeweglich. Seien Sie doch zu ihr lieb, wie früher!

Ich danke für die grüne Decke und auch ohne die 2 Bilder komme ich gut aus, lieber nicht zuviel mehr herschicken! Irgendein leichtes Büchlein zur Unterhaltung könnte ich brauchen. Schicken Sie's einfach im Couvert oder Kreuz-Band, ich erhielt eins von Mathilde Wurm sehr schnell, bloß taugt es nichts. — Ja, mein Glas mit Klebstoff ist mir kaputtgegangen, schicken Sie mir durch Sonja welchen. Ich umarme Sie tausendmal und Mimi!

Ihre R.

Ihrer lieben Frau Mutter meine herzlichsten Grüße!

9. 8. 1917

Liebste Mathilde! Ich schrieb einen Brief am 6. Heute nur ein kurzes Lebenszeichen. Ich mußte bis heute im Bett liegen, jetzt geht es mir aber schon besser, seien Sie ruhig um mich. Ich warte auf irgendein Buch zur Unterhaltung, um das ich Sie neulich bat. Auch auf Nachricht, ob und wann Sonja kommt. Irgendwelche Nachrichten habe ich seit Ihren 2 Briefen am 6. nicht erhalten. Was macht meine liebe kleine Mimi? Ich fürchte so, daß sie sich vernachlässigt fühlt! . . . Ich umarme Euch beide und grüße herzlichst Ihre Frau Mutter und Fräulein Gretchen.

Ihre R. L.

Ihre Karte vom 2. erhielt ich am 7.

11. 8. 1917

Meine liebste Mathilde!

Ich kann Ihnen gar nicht sagen, wie mich Ihr gestern erhaltener Brief v. 8. erschüttert hat. Also meine Mimi ist seit Monaten schwer krank, und ich erfahre das erst jetzt, zufällig, weil ich Sie sozusagen mit meinen Fragen an die Wand drückte! Und Sie brachten es fertig, mir etwas zu verheimlichen, was mir so sehr nahe geht! Ich frage, wo ist einfach der *Respekt* vor mir, um mich nicht wie ein unmündiges Kind, ein „Objekt" zu behandeln? Das ist ja dieselbe Geschichte wie mit der Eingabe über meinen Kopf hinweg! Das Militär steckt mich aus Grund des Belagerungszustands ins Loch für Jahre, und meine Freunde verhängen noch einen privaten Belagerungszustand über mich, indem sie mich als eine Unmündige behandeln, in meinem Namen verfügen oder mir wichtige Nachrichten vorenthalten. Sie waren noch die Einzige, deren Worten ich glaubte trauen zu können, jetzt traue ich Ihnen auch nicht mehr und bin nun völlig einsam. Meinetwegen.

Und nun schreiben Sie mir einfach, Mimi sei krank. Das soll mir genügen! Kein Wort darüber, wie und was! Und diese Redensarten vom „Alter" Mimis! Vor einem Jahr, als ich verhaftet wurde, war sie noch jung und schön und gesund und in glänzendem Zustand. Ja, noch zu Pfingsten wollten Sie sie mir doch nach Wronke bringen, da war auch alles gut. Und plötzlich muß ich von ihrem „Alter" hören! Nun bitte aber *umgehend* um *genaueste* Angaben: 1) seit wann Mimi krank ist, 2) worin äußert sich das, 3) ob und seit wann Verschlimmerung zu merken ist, 4) ob sie ißt und *was*, 5) welcher Tierarzt sie gesehen hat. — Den Schlüssel von Hans' Tasche habe ich nicht, er steckte oder lag in der Tasche, soviel ich mich erinnere. Über meine Gesundheit werde ich Ihnen soviel schreiben, wie Sie mir über Mimis schrieben.

Ich umarme Sie und grüße herzlichst Ihre Frau Mutter.

Ihre R.

Ich habe gar kein Briefpapier mehr. Für die grüne Decke danke ich nochmals. Auch meine Couverts sind bald alle.

17. 8. 1917

Meine liebste Mathilde,

anbei eine *eilige Sache:* Die Karte vom Spediteur aus Wronke! Die Kiste ist also noch nicht abgeliefert, die Adresse der Frau Sachtler war nicht sehr praktisch, wahrscheinlich ist dort den ganzen Tag über niemand zu Hause, wie soll denn da die Kiste abgeliefert werden?.. Ihren lieben Brief aus Südende habe ich erhalten und mich sehr gefreut, daß Sie wieder mal ins Feld hinauskamen. Ich erwarte nun ungeduldig näheres über Mimis Krankheit, die mir nicht aus dem Sinn kommt. Was ist nun aber aus Ihrer geplanten Reise nach Mecklenburg geworden? Ich höre nichts mehr davon, und die Hochzeit sollte doch, glaub ich, am 4. 8. stattfinden? Ich freute mich darauf, daß Sie eine Woche wirklich Ferien haben werden, und nun scheint doch nichts daraus geworden zu sein.

Ihre' Tradescantia (die grüne Schlingpflanze) gedeiht bei mir hier ausgezeichnet, ist schön gewachsen und schmückt die ganze Zelle. Ich pflege sie aber auch! Jeden Tag wird sie begossen und besprengt. Auch das kleine Schiefblatt hält sich gut. Nur die Nelke will natürlich nicht blühen trotz vieler Knospen. Nelken können, glaub ich, im Zimmer schlecht vorwärtskommen.

Wenn Sie mal die Kiste aus Wronke öffnen in Südende, dann sehen Sie, bitte, nach, ob ich dort vielleicht den 2. Band von „Rot und Schwarz" von Stendhal eingepackt habe. Ich finde hier leider nur den 1. Band und fürchte, der andere sei verlorengegangen.

Heute erhielt ich einen Brief von Sonja. Sie ist wohl wieder — oder immer noch — in sehr gedrückter Stimmung. Ich möchte schon so gern, daß sie herkommt! Ich würde mich dadurch erfrischt fühlen, und ihr, hoffe ich, würde ein Besuch hier auch wohltun. Und nun dauert die Sache schon so lange, bald ist August vorbei und ich habe keinen Besuch!

Bitte, schicken Sie mir gelegentlich so eine längliche flache Schale, um darin die Federhalter und Bleistifte auf dem Schreibtisch zu halten, ich habe hier nichts zu diesem Zweck. Auch Salicylmundwasser. Meinen Turner möchte ich auch wieder hier haben, aber nicht die 6 großen Hefte, sondern das eine Buch.

Ich umarme Sie und Mimi vielmals

Ihre R.

Ich schrieb am 13. einen Brief an Hänschen. Ich habe noch kein Lebenszeichen von ihm gekriegt.

Meine liebe, sehr verehrte Frau Jacob! Ich habe mich unendlich gefreut über Ihre paar Zeilen und auch, daß Sie in meiner Wohnung waren. Wie herzlich gern hätte ich Sie dort selbst bewirtet! Aber wenn ich herauskomme — einmal muß es doch soweit sein —, dann werde ich mir die Freude nicht nehmen lassen, Sie bei mir zusammen mit Fräulein Gretchen zu empfangen. Ich küsse Ihnen beide Hände 1. dafür, daß Sie Mathildes Mutter sind, 2. weil Sie zu meiner Mimi so gut sind und 3. überhaupt.
Ihre ergebene und dankbare

R. Luxemburg.

18. 8. 1917

Liebste Mathilde, soeben erhalte ich Ihren Brief vom 15. Sie wollen mich wohl extra auf die Folter spannen! Immerzu reden Sie, daß
Mimi krank ist und kein Wort, *was* ihr fehlt?!! Zum Teufel, ich muß
doch wissen, *was für Krankheit* sie hat. Oder lebt sie gar nicht mehr? Ist
vielleicht schon längst tot und Sie führen mich nur so an? Wenn das wäre, ich würde Ihnen nicht verzeihen. Ich will die *Wahrheit* wissen, *sofort,*
volle Wahrheit!!

Kuß und Gruß
Ihre R.

Was ist am 1. Mai mit Mimi passiert?!

Breslau 24. 8. 1917

Meine liebste Mathilde,

heute früh, Freitag, erhielt ich auf einmal 1) Ihr Paket mit dem weißen Kleid, Papier, Tee und Anakreon, 2) das Bücherpaket, 3) Ihre beiden Briefe vom 20. und 22., 4) einen Brief von Sonja. Ich war auch
schon voller Sehnsucht und sogar Unruhe, da ich von Ihnen seit Sonnabend den 18. gar kein Lebenszeichen hatte. Wollen Sie nicht so einführen, wie ich es mache: sich im Umschaltekalender immer aufnotieren,
wann man einen Brief absendet oder einen bekommt; das erleichtert sehr
die Kontrolle, ob kein Brief verloren geht.

Über Mimi will ich nun nichts mehr schreiben, lassen wir das traurige Kapitel ruhen. Aber Sie können wieder einmal sehen, daß es barm-
herziger ist, offen und ehrlich gleich die ganze Wahrheit zu sagen, als vor
falscher Rücksichtnahme jemanden monatelang im Irrtum zu lassen. Wieviel leichter wäre es mir doch, wenn ich die traurige Nachricht von Ihnen
mündlich noch in Wronke vernommen hätte, wo ich Sie so oft um mich
hatte und nach allen Einzelheiten, die mir teuer sind, ausfragen konnte!
Und so sitze ich hier mit dieser nackten Tatsache, weiß nichts Näheres
und komme mir so roh und herzlos vor, daß ich 4 Monate in völliger
Unkenntnis von ihrem traurigen Ende leben konnte . . . Nun, lassen wir
das; ich werde Sie doch nicht anders machen, und die meisten Menschen
handeln in solchen Fällen genau so wie Sie. Also Schluß damit.

Vielen Dank für die geschickten Sachen und Bücher. Aber es tut
mir so weh, daß Sie so gedrückt und mißmutig sind. Auch Sonja schreibt
ganz verzweifelt. Aber *Sie* hatten ja sonst immer Lebensmut und innere
Frische! Bitte, lassen Sie sich doch nicht von allerlei niederdrückenden
Einflüssen unterkriegen. Lesen Sie in jeder freien Minute was Gutes, und
gehen Sie vor allem viel ins Feld, ins Freie. Dort holt man sich immer
Trost und Lebensfreude. Sie waren sicher schon eine Ewigkeit nicht
mehr im Botanischen Garten. Bitte, raffen Sie sich zu einem Besuch in
Dahlem auf, nehmen Sie auch Sonja mit, und beschreibt mir dann genau,
wie es dort jetzt aussieht, was blüht, welche Vögel man hört etc. Beeilen
Sie sich damit, denn das sind die letzten Tage bei den meisten Singvö-
geln, die Ende August — Anfang September wieder nach Süden

abreisen. Und im Botanischen nistet eine Menge davon! Speziell in dem dichteren Teil gleich am Eingang von der Seite, wo Julek wohnt, dann rechts von der Eingangsallee. Dort habe ich mal Karl und Sonja im April die Nachtigall vorgeführt und viele andere. Jetzt möchte ich genauen Bericht kriegen, was dort alles lebt. Am besten gehen Sie natürlich *vormittag,* wenn Sie die Zeit dazu abknapsen können. Aber die paar Stunden würden Sie für mehrere Tage wieder frisch und arbeitsfähig machen. Und dann tun Sie's *für mich!*

Ich habe gestern auch einen „Ausflug" gemacht! Nämlich auf die Kommandantur (auf meinen Wunsch), wo ich einiges zu besprechen hatte. Ich freute mich sehr auf die kleine Fahrt, kam aber, wie immer, ziemlich zerschlagen zurück. Ich bin ja derart vom menschlichen Verkehr abgewöhnt, daß mich der Straßentrubel nach wenigen Minuten betäubt. Auch sah die Stadt verstaubt, erhitzt, die Bäume schon ziemlich verdorrt aus. Immerhin war es „mal was anderes", und ich kaufte mir ein wenig Blumen und Kuchen (o weh!) unterwegs.

Die Verzögerung mit Sonjas Besuch lag an der ungelösten Frage der Beaufsichtigung, die aber so oder so wohl schließlich gelöst sein dürfte. Ich hoffe deshalb sehr, Sonja noch im August zu sehen. Mit den anderen Besuchen wird es kaum noch Schwierigkeiten geben. Wenn Sonja Erlaubnis kriegt, bitte um ein Telegramm. Übrigens schreibe ich ihr nächstens.

Ich schickte Ihnen wieder 80 S. Manuskript. Ich eile jetzt sehr mit Korolenko. Hat Hänschen *alles* schon gehabt, was bei Ihnen war? Ich schreibe ihm natürlich nach Stuttgart.

Die Grüße Mathilde Wurms erwidere ich aufs beste, ich will ihr nächstens ausführlich schreiben.

Bitte schicken Sie mir den Liegestuhl *nicht* her. Ich wohne ja jetzt faktisch nur in einer Zelle und habe keinen Platz für dieses Möbel. Dafür aber möchte ich Sie doch gelegentlich um Gertruds Bild bitten, ferner um den Turner (das eine Buch, nicht die sechs Hefte), auch um Gabel und

Messer mit Horngriff, und auch noch um ein paar kleine schwarze Druckknöpfchen, die Sie ja im Brief schicken können.

Ich schreibe Ihnen bald wieder. Meine liebste Mathilde, lassen Sie doch den Mut nicht sinken und die Freude am Leben nicht ausgehen. Alles wird schon auch anders werden! Wenn wir beide erst wieder in Südende hausen und ins Feld gehen Blumen pflücken! . . . Also seien Sie frisch und fröhlich — trotz alledem, ja? Ich danke vielmals für die lieben Zeilen Ihrer Frau Mutter. Ich umarme Sie und grüße herzlichst die Ihrigen

Ihre immer R.

Anbei sind ein paar Federchen von Tauben, die ich im Hof fand. Eins schillert am Ende blau-rot.

Breslau 27. 8. 1917

Liebste Mathilde,

ich schrieb Ihnen am 24. ausführlich, heute will ich Ihnen nur einen kurzen Gruß senden und ein Büchlein zur Unterhaltung. Ich möchte nämlich schon hören, daß Sie Ihre gedrückte Stimmung überwunden haben. Das ist eine ganz nette Sache, und für dieses kleine Buch werden Sie doch noch eine freie Stunde finden.

Ich möchte Sie bitten, in Zukunft *Pakete* hierher, ins Gefängnis, zu adressieren, die sollen nur in zweifelhaften Fällen an die Kommandantur gehen, sonst gehören ja Kleider, Wäsche etc. nicht hin . . .

Bitte, schreiben Sie mir gelegentlich, ob Sie in der Kiste aus Wronke den 2. Band von „Rot und Schwarz" gefunden haben. Wenn ja, möchte ich ihn haben, ferner die „Karthause von Parma" und Ihren „Narr in Christo". Auch Galsworthys drei Romane (den „Reichen Mann" etc.) möchte ich gern nochmals kriegen.

Habe ich Ihnen schon mal die „Sonnentage" von Andersen Nexö zum Lesen gegeben? Wenn nicht, *müssen* Sie sie lesen, ich habe sie hier.

Schreiben Sie bald wieder eine Zeile.

· Ich umarme Sie Ihre R.

Warum kam Ihr Paket mit dem Stempel von *Hannover?!* Le Temps kommt nicht mehr.

Breslau 30. 8. 1917

Meine liebste Mathilde,

ich erwarte bestimmt eine Nachricht von Ihnen heute oder morgen, da ich seit Ihren beiden Briefen v. 20. und 22. nichts erhielt, will Ihnen aber jetzt schnell einen Gruß schicken, der Sie vielleicht am Sonntag erreicht, damit Sie nicht so lange ohne Lebenszeichen von mir bleiben. Ich schrieb Ihnen am 24. und am 27. — Ich will mir hier ein paar Holzsandalen kaufen, um die guten Schuhe im Hof unten nicht zu ruinieren, ich habe schon um Bezugsschein nachgesucht. — Hat Sonja immer noch keine Erlaubnis? Eine schöne Geschichte! So schwer ging's ja noch nie bis jetzt mit den Besuchen. Hat Ihnen die Schneiderin das ausgeschnittene Stück Stoff aus dem weißen Kleid zurückgegeben? Wir müssen es aufheben. Von wem sind die Orient-Bücher, die Sie mir schickten? Ich bin jetzt dabei. Ich möchte noch gelegentlich aus meiner Bibliothek den Simplicius Simplicissimus von Grimmelshausen. Wie fühlen Sie sich? Was treiben Sie? Ich umarme Sie vielmals

Ihre R.

Bitte sehr bei der nächsten Gelegenheit ein Fläschchen Mundwasser!

Hans ist schon in Lissa, er schrieb mir einen lieben Brief, den ich bereits beantwortet habe. Er leidet sehr um seinen Vater. Was ist eigentlich mit Luise Kautsky?! Ich schrieb ihr von hier, sie schweigt aber.

Nr. 1
Breslau 3. 9. 1917

Meine liebste Mathilde!

Ich erhielt vorgestern, den 1., Ihr Nr. 1. Mindestens ein Brief von
Ihnen ist also verlorengegangen. Die Numerierung akzeptiere ich, aber
sie hat nur dann Sinn und Zweck, wenn Sie sich Ihre Briefe pünktlich im
Kalender aufnotieren werden, ebenso den Empfang der meinigen. Denn
im Gedächtnis verwirrt sich das sehr bald.

Ich freue mich sehr, daß Sie wieder in frischer Stimmung sind, und
erwarte den ausführlichen Bericht vom Botanischen Garten. Hier ist es
heute (ich schreibe dies am Sonntag, habe aber das Datum von morgen
gestellt, weil der Brief erst morgen abgeht) ein trüber, regnerischer Tag,
das Wetter überhaupt unsicher, so daß ich schon ein paarmal meinen
„Spaziergang" unten im Hof aussetzen mußte. Apropos, schicken Sie
mir, bitte, bald mein dunkelblaues Cape, das ich von Wronke nach Berlin verpackt habe: ich kann es hier bei Regenwetter noch brauchen. (Es
war nur *eine* Kiste, die aus Wronke nach Südende ging.) Ich bin sehr gespannt darauf, ob mein 2. Band von „Rot und Schwarz" dort ist. Eine
der Kisten, die ich hierher kriegte, war nämlich aufgeplatzt und erst vom
Spediteur wieder vernagelt worden (wofür er 2.50 M. rechnete!); ich
fürchte, daß dabei einige Bücher verlorengegangen sein mochten. Die
„Sonnentage" von Nexö müssen Sie unbedingt lesen, wenn Sie hier sind;
das kann einem jedes Hotelzimmer erhellen und erheitern.

Daß Hans plötzlich versetzt ist, macht mich recht traurig; ich fühlte ihn einigermaßen in meiner Nähe. Aber möglicherweise geht er nach
Württemberg, und dann wäre sein eigener Wunsch damit erfüllt: er wollte nämlich in der Nähe seines schwerkranken Vaters sein und hatte eine
dahingehende Eingabe gemacht. Daß er Oberarzt ist, wußte ich nicht; er
stellt den Absender überhaupt nie auf den Brief. Schreiben Sie mir, ob
das auch stimmt.

Ich freue mich so über das geblümte Schälchen für meine Federhal-
ter! Es sieht überhaupt so nett auf dem Schreibtisch aus mit den vielen
Büchern und den Blumentöpfen. Nur bleibt mir zum Arbeiten wenig
Platz.

Ich möchte doch wieder einführen, wie wir's in Wronke hielten: daß wir einander regelmäßig 2mal in der Woche Nachricht geben, wenn auch nur ein paar Zeilen auf einer Postkarte. Wenn also nichts besonders Dringendes vorfällt, schreibe ich Ihnen jeden Montag und Donnerstag (am letzten Donnerstag 30. schrieb ich auch eine Karte). Halten Sie sich vielleicht an dieselben Tage, dann kommen nicht wieder zwei Briefe auf einmal und darauf eine Woche ohne Nachricht, sondern wir bleiben fortlaufend in Fühlung. — Außer dem Cape möchte ich Sie noch bitten um mein leichtes graues Kleid, das ich Ihnen als Maß geschickt habe. Nur müßte es ein wenig in Stand gebracht und unten um etwa 7 cm *gekürzt* werden. Ich wäre Ihnen auch dankbar für einen reparierten Gummibeutel oder die Aluminiumflasche, falls Sie sie noch haben und nicht brauchen. —

Was ist mit Luise Kautsky? Wo ist sie, warum gibt sie kein Lebenszeichen? Ich schrieb ihr von hier am 13. 8. Warum höre ich auch nichts von Martha? Sagen Sie ihr, daß ihre Ebereschen immer noch meinen Schreibtisch schmücken! . . .

Ich umarme Sie vielmals und grüße herzlich Ihre Mutter und Schwester

Ihre R.

Nr. 2

6. 9. 1917 Sonntagsgruß

Meine liebste Mathilde,

Ihre N 2 und 3 erhalten. Schreiben Sie mir immer lieber am Mittwoch, nicht am Donnerstag, dann brauchen Ihre Nachrichten nicht erst über den Sonntag hier zu lagern, und ich erhalte sie um 1-2 Tage früher. Hans ist momentan in Posen, ich bin mit ihm in Kontakt. Für den Korolenko ist seine Übersiedlung allerdings ein Pech. Jedenfalls können wir ihm ins Feld nur ein abgeschriebenes Exemplar schicken, denn das einzige Manuskript wäre doch zu riskant. Was wird mit meinen unglücklichen Kolibris in Posen! Die werde ich auch noch verlieren am Ende. Sonja schreibt mir, daß sie mit der Vera[1] schon im Botanischen war, was Sie natürlich nicht hindern soll, mit ihr nochmals hinzugehen. Es muß dort fabelhaft aussehen. Heute war hier nach der Kälte der letzten Tage wieder einmal schön, und ich bin eine Stunde in der Sonne gelaufen im Hof. Dazu noch ein Brief von Hans, einer von Sonja und eine Karte von Ihnen, also ein ganzer Feiertag! Bitte, gehen Sie viel spazieren! Ich umarme Sie

Ihre R.

Ich schrieb Ihnen am 3. einen Brief. Meinen Haftbefehl habe ich dem Rechtsanwalt geschickt.

Was gab's denn wieder mit der Luise? Es war doch alles gut!

---

1 Vera: gemeint ist *Vera Liebknecht*, die Tochter von Sonja u. Karl Liebknecht.

Meine liebste Mathilde,

ich erhielt am 6. Ihre Nr. 4 und 5 und heute, Sonntag, Nr. 6 und
7. Auch Drucksachen schicken Sie lieber direkt an die Kommandantur,
denn hier wird *nichts* nachgesehen, auch Pakete nicht, so daß es nur Zeitverlust ist, hierher zu adressieren. Ich habe mich über die 3 Bildchen sehr
gefreut. Am besten ist wohl das, wo Ihr drei Damen allein um den Tisch
sitzt. Schade nur, daß die Aufnahmen etwas blaß geraten sind. Auch für
das „Birkenbild" vielen Dank, es macht mir viel Freude. Ihren Bericht
von Marienfelde erwarte ich gern, aber das dispensiert Sie nicht von dem
Besuch im Botanischen, auf dem ich bestehen muß. Wenn es mit Sonja
nicht geht, vielleicht kriegen Sie Martha dazu herum? Sie gehen überhaupt viel zu selten in den Botanischen. Jedesmal wo man dort ist,
empfindet man erst, was man versäumt, wenn man längere Zeit nicht
hingeht.

Ich bin sehr froh, daß „Rot und Schwarz" nicht verlorengegangen
ist. Daß die Kiste 13 M. gekostet hat, ist unerhört: die beiden, die ich
hierher kriegte, haben zusammen mit dem Nagelgeld 7 M. gekostet, und
nach Berlin ist doch näher als nach Breslau. Meine Holzsandalen sind
durchaus nicht zum Lachen, ich glaube, ich werde sie sehr gut hier brauchen können. Zum Lachen ist nur, daß ich bis jetzt den Bezugsschein
nicht gekriegt habe, statt dessen aber die hochnotpeinliche Anfrage, wozu
ich denn die Sandalen brauche und ob der Gefängnis-Direktor bezeugen
könne, daß ich sie auch wirklich brauche! . . . Bitte, kaufen Sie mir welche in Berlin, Sie kriegen ja dafür Bezugsschein ohne jede Schwierigkeit;
nur eins: Sie müssen mir dazu Absätze anmachen lassen (natürlich aus
Holz, 4 cm hoch), denn sonst kann ich darauf nicht laufen. Aber ich freue
mich schon sehr auf diese neue Fußbekleidung.

Heute erhielt ich ein Paket von Mat. Wurm: Schokolade und
Zwieback aus der Schweiz, ein bißchen Tee und Zucker (ein paar Stückchen, was sehr rührend und amüsant ist). Wer hätte vor drei Jahren an
solche „Geschenke" gedacht!

Heute ist wieder der „Temps" von Paul gekommen. Ist es, weil
sein Urlaub zu Ende ist, oder waren die Zeitungen früher verlorengegan-

gen? Haben Sie mit ihm Fühlung? Mit dem Rechtsanwalt bin ich in reger Korrespondenz. Er hat mir einen Beschwerde-Entwurf gesandt, den ich nur ein bißchen anders fassen werde. Haben Sie denn mein Korolenko-Manuskript immer noch nicht erhalten? Und das ist jetzt so eilig! Ich habe mich verpflichtet, bis Ende dieses Monats alles fix und fertig zum Druck zu geben, und da ist noch so viel übrig! Jedenfalls müssen Sie dem Hans so bald wie möglich die Fortsetzung schicken und ihn sehr zur Eile antreiben. Ich will meinerseits nicht wieder durchsehen als erst in der Korrektur; diese muß ich ja doch lesen, also spare ich mir alles auf einmal auf.

Der Magen-Spezialist Dr. Oppler war bei mir vorgestern, bestätigte natürlich die Diagnose: Nerven. Im übrigen die alten Mittel.

Heute ist Sonntag, ich hoffe, Sie haben wenigstens meinen kurzen Kartengruß erhalten und sonst einen schönen Spaziergang gemacht. Ich lief fleißig im Hof eine Stunde, dann bin ich aber immer froh, wenn ich wieder in der Zelle sitze. Ich umarme Sie vielmals und grüße herzlich Ihre Mutter und Frl. Gretchen

Ihre R.

Nr. 4
12. 9. 1917

Liebste Mathilde,

ich habe heute Ihren Brief N 8 erhalten. Sie wissen wohl schon, daß Sonja inzwischen, wie mir mitgeteilt wurde, die Erlaubnis zum Besuch erhalten hat. Ich erwarte jeden Tag die Nachricht, wann sie kommt. Sie können ihr also die paar Bücher und Kleinigkeiten mitgeben. Wie ich mich schon auf Sonja freue! Vielen Dank für das Heidekraut und die Distel, die ich nun erwarte. Allerdings ist mit Paketen üble Sache: ein Buch von Klara v. 4. erhielt ich gestern am 11., weil sie nicht an die Kommand. adressiert hätte. Nach Birkenwerder müssen wir natürlich zusammen einen Ausflug machen. Auch nach Spreewald, das steht fest. Den 1. Band von Jean Christoph (vielmehr 3 Bändchen) habe ich nur französisch von Hans D. Ich werde sie Ihnen durch Sonja schicken, und Sie können dann dem Hans nach Stuttgart zurückschicken; oder haben Sie selbst die deutsche Ausgabe? Ich umarme Sie vielmals und sende viele Grüße an die Ihrigen und Martha

Ihre R.

Nr. 5
Breslau 13. 9. 1917

Liebste Mathilde!

Ich erhielt heute Ihr Paketchen mit dem Heidekraut und der Distel
und freute mich sehr. Zugleich kam das Telegramm von Sonja, daß sie
Anfang nächste(r) Woche kommt. Ich erwarte schon mit Ungeduld den
Tag. Auch Sie werden nun ruhiger um mich sein. Ich hatte heute solches
Unglück. Ich pflege hier so sorgfältig die paar Blumentöpfe von Ihnen,
am schönsten gedieh das große rote Schiefblatt, ich hatte viel Freude daran. Nun fiel es heute im Zugwind vom Fenster und zerbrach in Stücke:
die Hälfte der Äste ging kaputt. Das hat mich sehr verdrossen. Heute ist
so windig, daß ich nachmittag gar nicht ausging. Falls noch Zeit ist,
schicken Sie mir, bitte, auch mein Unterleibchen, das aus Wronke in der
Kiste kam. Ich umarme Sie vielmals

Ihre R.

Können Sie mir vielleicht etwas Kümmel schicken, hier ist in der
Apotheke nicht zu kriegen.

18. 9. 1917

LM.! Von der Kommandantur ist mir eröffnet worden, daß mein Briefwechsel zu umfangreich sei. Bitte, schreiben Sie mir nur einmal in der Woche und kürzer. Benachrichtigen Sie auch Hans, Klara und Luise, daß ich sie bitte, mir nicht mehr zu schreiben und keine Briefe von mir zu erwarten. Heute erhielt ich Ihren Brief N 9, Numerierung ist für die Zukunft überflüssig. Ich habe wieder 100 S. Manuskript an Sie aufgegeben. Bitte, die Frage meiner Briefeinschränkung *weder brieflich noch sonst weiter zu berühren.*

Gruß! Ihre R.

Breslau, den 20. 9. 1917
Donnerstag

Liebe Mathilde — verzeihen Sie, daß ich erst heute schreibe —
gestern war ich so faul. Also: Dienstag nachmittags war ich das erste
Mal bei Rosa — die Unterhaltung dauerte kaum ein paar Minuten mehr
als eine halbe Stunde — im Zimmer war ein kleiner Tisch — an einer
Seite saß Rosa — an der andern ich — an der dritten — ein Mann in
feldgrauer Uniform, der zwar liebenswürdig, aber jedenfalls was die Zeit
anbetrifft sehr formell war — ich gab den Kuchen, den Turner und noch
einiges. Der Kuchen mußte aufgeschnitten, d. h. da kein Messer vorhanden war, aufgebrochen werden — den Turner behielt er zur Durchsicht
bei sich — die kleinen Geschenke, die Sie mir noch zur Bahn brachten,
überreichte ich auch — ich bin so froh, daß ich das Buch über Zeppelin
nicht gab — ich las es noch einmal vorher — wirklich, es ist kein gutes
Buch — zu naiv geschrieben.

Rosa sah etwas aufgeregt aus — die Unterhaltung vor diesem
wildfremden Menschen geriet oft ins Stocken — Rosa bat mich, mehrere
Tage zu bleiben, damit es nicht so schnell vorbeigeht — gestern war ich
nicht da, aber heute gehe ich wieder hin. Bei Frau Schlisch war ich auch
— sie scheint sich mit dem Kochen große Mühe zu geben, daß alles
klappt — und das ist natürlich sehr wichtig.

Leider ist eine neue Beschränkung: es ist Rosa von der Kommand.
eröffnet worden, sie hätte einen zu ausgedehnten Briefwechsel — und sie
ist sehr nervös darüber — und will mit keinem mehr außer Ihnen korrespondieren. Sie sollen ihr wöchentlich schreiben, sollen aber, das hat sie
zweimal wiederholt, sich zu dieser neuen Heldentat der Kommandantur
nicht äußern — es wird ja auch nichts nützen — mir tut es entsetzlich
leid, nicht mehr mit Rosa korrespondieren zu können. Die Oberin sah ich
nicht. Mit dem Essen ist R. zufrieden — auch reicht das Geld, das sie
bekommt, vollständig.

Sonst — mein Gott, es ist eine Quälerei und Sinnlosigkeit und kein
Ende abzusehen — ich kaufte gestern eine hübsche Matinée aus dunkel-
blauer Waschseide (sie will etwas Waschbares haben), ob sie ihr gefällt,
will ich heute sehen.

Breslau ist ganz hübsch, wenn auch etwas zerfahren — ich liebe diese Mischung von Deutsch mit polnischen Reminiszenzen nicht besonders — aber es geht. Falls Sie mir etwas noch mitzuteilen haben — schreiben Sie schnell — ich bleibe wohl noch ein paar Tage — Das Hotel ist kolossal, die Stückchen Butter dagegen, die man kriegt — sind in keinem Verhältnis dazu.

Nun leben Sie wohl. Ich grüße Sie und die Ihrigen bestens.

Ihre S. L.

28. 9. 1917

Meine liebste Mathilde!

Alle Ihre Nachrichten bis Nr. 13 Karte am Montag habe ich erhalten. Doch scheinen Sie meine Karte *v. 18.* (worin ich Sie bat, mir nur 1 Mal wöchentlich zu schreiben und nicht zu numerieren) nicht erhalten zu haben. Ich schrieb seitdem nicht. Bei mir nichts Neues, ich arbeite fleißig, nur geht es leider so langsam damit vorwärts! Zur Erholung lese ich jetzt den „Anakreon", mit dem ich nächstens aber fertig bin, worauf ich ihn *Ihnen* schicke; bitte, lesen Sie ihn auch, er wird Sie sicher erfrischen. Sie wollten mir bald ein Paket schicken; darf ich dann um mein leichtes graues Wollkleid bitten, das um 7 cm gekürzt werden sollte? Wenn ich es kriege, dann kann ich das Winterkleid wieder schicken, damit es instand gebracht wird. Ich habe gestern einen neuen Blumentopf gekriegt: blühende Erika, hoffentlich hält sie sich gut. Die Tradescantia gedeiht und wächst, die Fuchsia blüht jetzt zum zweiten Mal! Was treiben Sie, was lesen Sie? Was macht Sonja? Sie war sicher sehr müde nach dieser Strapaze; aber ich war so glücklich, sie zu sehen, und so erfrischt! Grüßen Sie sie tausendmal von mir, ebenso Martha. Ich umarme Sie vielmals und grüße herzlichst Ihre Mutter

Ihre R.

Sonntag 7. 10. 1917

Meine liebste Mathilde,

in dieser ganzen Woche habe ich von Ihnen keine Nachricht gehabt, Ihren letzten kurzen Brief (N 14) erhielt ich vorigen Sonnabend am 29. Vielleicht kommt morgen ein Lebenszeichen von Ihnen. Gestern erhielt ich das Paket von Mat. Wurm, vielen Dank für *Ihre* Beilage. Sagen Sie auch Mat. W. meinen herzlichen Dank für das Brot, das sehr gut ist, und das Gelee, das ganz großartig ist, auch für das Buch und den Brief. Ich werde ihr bald mal schreiben, nur geht das leider nicht so schnell. Ich schrieb vorige Woche an Hänschen, meinen ersten Brief seit dem Tode seines Vaters. Wie mir aus Stuttgart ein gemeinsamer Freund berichtete, war Hans völlig in Schmerz aufgelöst. Nun, im Westen hat er wohl jetzt wenig Zeit, sich dem Schmerz hinzugeben.

Natürlich werde ich mich freuen, Martha zu sehen, ich hoffte aber zunächst in diesem Monat auf *Ihren* Besuch! Das heißt natürlich, wenn Ihre Dispositionen es erlauben und Sie Lust haben. Mir kommt es vor, daß wir uns ein Jahrhundert nicht gesehen haben. Die Drucksachen, die in meiner Wohnung ankommen, sehen Sie, bitte, erst durch und schicken Sie mir nur, was wirklich von Interesse für mich ist, Briefe hingegen lohnt sich meist nicht zu schicken. Ich kann ja jetzt doch nicht jedem antworten, und Zuschriften, die nach Südende adressiert werden, dürften wohl auch nichts Dringendes enthalten; Überflüssiges möchte ich hier nicht zugeschickt bekommen, da ich meine Korrespondenz ohnehin auf das Minimum reduzieren muß.

Waren Sie nun endlich im Botanischen oder nicht? Welche Sünde, daß Sie nicht hingehen!

Die Idee mit dem Anhänger von Sonja gefällt mir sehr gut. Es stimmt zwar nicht, daß mir der Anhänger mißfiel — ganz im Gegenteil! — Aber ich will ihn mit Freuden Sonja wiederschenken: ihr gefällt er jedenfalls noch mehr.

Was wird nun endlich mit meinen Kolibris?! Schreiben Sie doch, bitte, an die Frau Marchlewski, daß sie sie aus dem Geschäft abholt, wo Hans sie zum Reinigen gab.

Ich möchte Sie gelegentlich bitten um die grüne Satin-Decke, die

im Mädchenzimmer auf dem Bett lag, oder, falls Sie nicht finden, einen
roten Plüschstore aus dem Mädchenzimmer. Auch um Calodont und
Salicylmundwasser (hier nicht zu kriegen!). Ihre kleine Nichte hat doch
nächstens Geburtstag! Wenn ich wenigstens ein anständiges Büchlein für
sie hätte! Ich muß nachsehen.

Vorläufig viele Grüße und Küsse

Ihre R.

Ihrer Mutter und Schwester herzliche Grüße!
Den Anakreon schickte ich Ihnen am Dienstag. Haben Sie ihn erhalten? Hat man Ihnen die 100 Seiten Manuskript noch nicht ausgehändigt?

15. 10. 1917

Meine liebste Mathilde!

Ich habe Ihr Nr. 15 am 10. erhalten. Hoffentlich lassen Sie mich nicht wieder so ohne jede Nachricht zehn Tage lang. Jetzt wollte ich Sie nur um einige Kleinigkeiten bitten. Wenn Sie mir das graue Kleid schikken, möchte ich auch mein lila Jäckchen kriegen und auch das warme Leibchen, das ich in der Kiste aus Wronke zurückgeschickt habe. Auch das Buch von Kellermann „Ingeborg". — Für Selbstbeschäftigung während der 10tägigen Haftstrafe muß ich 3 Mark täglich = 30 Mark bezahlen; wenn möglich, schicken Sie's gleich her, sonst kann es auch bis 1. 11. warten. Was machen Sie? Wie geht es Ihnen? An Sonja vielen Dank für den Brief und herzl. Grüße.

Ich umarme Sie vielmals

Ihre R.

Die Drucksachen aus meiner Wohnung habe ich noch nicht erhalten. Haben Sie das Manuskript (100 S.) ausgehändigt bekommen?

Diefenbach, Oberarzt Feldartillerie Rgt. Nr. 166 3. Abteilung

16. 10. 1917

L. Frl. J.,

aus Stuttgart geht Ihnen ein Pack Bücher zu, die ihr Ziel in Breslau auf direktem Weg nicht erreicht haben, sie kamen nach Stuttgart zurück, da die Adressatin daselbst unbekannt sei! Ich weiß nicht, warum man in Breslau plötzlich so begriffsstutzig war. Nun werden Sie oder Frau Rosenbaum die Expedition bitte freundlichst übernehmen. Weiter eine Frage: Kennt und sieht R. die „*Kunst für alle*", die Bruckmann, München, herausgibt? 2) Kennt sie die „*Bürgerbauten* deutscher Vergangenheit"? und die „*Deutsche Plastik des Mittelalters*", die bei Langewiesche je für 1,80 Mark erschienen sind?

Herzlichen Dank für Ihren Brief, Grüße und freundliches Gedenken an Frau Martha R. Wie lang ist's her, daß ich im fliederblühenden Lissa solche geschätzten Damenbesuche empfing. Mir geht auch hier z. Z. recht ordentlich.

Herzlichste Grüße!
Ihr
H. D.

Breslau, d. 26. 10. 1917

Liebes Fräulein Jacob,

eben ½6 Uhr komme ich von meinem ersten Besuch: er ist glänzend verlaufen. Allerdings habe ich erst über 1 Stunde antichambrieren müssen, da der Herr Wachthabende nicht vorher benachrichtigt worden war, und diese Wartezeit fiel mir gerade heute, wie Sie denken können, nicht leicht. Aber dann *sah* ich unsere Freundin, munter, leichtfüßig, voller Humor wie einst, und wenn auch ein wenig blaß, so doch recht wohl aussehend, vor allem mit leuchtenden Augen. Schon im Flur begegneten wir uns und fielen uns in die Arme. Das Zusammensein war auch sehr nett; über alle mitgebrachten Sachen hat sie sich riesig gefreut, besonders über Seife und Kalodont. Seife hatte sie schon *sehr* nötig. Auch an Zukker und Saccharin fehlt es. Das muß gelegentlich besorgt werden, hat noch keine Eile. Diesen Eilbrief sende ich auf höheren Befehl: ich soll Ihnen bestellen, daß sie Ihren Brief Nr. 20 bekommen hat und mit *allen* Vorschlägen einverstanden ist. In den nächsten Tagen wird sie Ihnen schreiben. Sie möchten doch in ihrer Wohnung ab und zu heizen lassen! Der neue Haftbefehl ist wieder am 25. Oktober eingetroffen, übereinstimmend mit dem früheren lautend, und wieder auf 3 Monate, also bis Januar. Sie möchten das ihrem Rechtsanwalt mitteilen.

Sonst hat sie mir keinerlei Aufträge für heute gegeben, sondern hat sich nur nach allem und allen erkundigt und war scheinbar sehr freudig und froh. Morgen besorge ich Blumen hin, noch ein gewünschtes Buch, kaufe 2 Untertassen, da die alten wieder entzwei sind, und gehe auf die Kommandantur, um Erlaubnis zu einer Spazierfahrt zu dreien mir einzuholen. Zwar glaube ich nicht, daß es gelingt, aber ich versuch's halt. Sonntag um 10 Uhr sehe ich sie wieder. Unsere Befürchtungen waren zum Glück unbegründet: es scheint ihr hier besser zu gefallen wie in W., auch die Oberin war mir angenehm, sie vertrieb mir ein wenig die Wartezeit. Frau Sekretär besuchte ich auch schon, sie erledigt alles zufriedenstellend.

Nun recht herzliche Grüße und viel Liebes von Ihrer   MR.[1]

---

1 MR: gemeint ist *Martha Rosenbaum.*

Telefonieren Sie doch Frau Sonja, daß es Salz hier nicht gibt, nur auf Karten je 1/4 Pfund. Böse, nicht? Luise war auf dem Bahnhof. Was sagen Sie zu meinem Wetterglück?

Metz, den 28. 10. 1917

Sehr geehrtes Fräulein Jacob!

Länger als beabsichtigt blieben Ihre freundlichen Zeilen unbeant-
wortet. Diese waren mir angekündigt worden, und nun freute ich mich
sehr, über einen Menschen zu hören, dem ich ein sehr häufiges Gedenken
widme. Aus der Tatsache heraus, daß und wie Sie mir schrieben, ent-
nahm ich mit Freude, daß Sie und Fr. L. gefühlt haben, daß ich an dem
Ergehen und Geschick der letzteren warmen Anteil nehme. Längst hätte
ich das gerne mal durch einen direkten Gruß bewiesen, aber es gibt eben
Verhältnisse, die einem so wider den Strich sind, daß man lieber nicht
daran rührt. Fr. L. wird das gut begreifen und verstehen, daß ich ihr von
meinen Schicksalen, die gottlob alle freundlicher Natur sind, nicht berichtete, so sehr sie mich auch darum bat. Ich habe Fr. L. nicht vergessen und
werde es nie tun, das Starke, das von ihrer Persönlichkeit ausgeht, weck-
te immer den Wunsch in mir, mich auch in glücklicheren Tagen einmal
mit ihr zu unterhalten. Ich habe sie immer bewundert, wie sie ihr derzeiti-
ges Los trägt. Hoffentlich hält sie körperlich so gut durch, wie sie es mo-
ralisch immer tat. Leider hatten Sie nach der Richtung aber nicht viel
Gutes zu berichten. Von der Versetzung hatte ich auch schon gehört,
aber nichts Näheres. Ich verstehe das Für und Wider bei der Sache sehr
gut, aber man entbehrt leichter äußeren Komfort, wenn er auf Kosten äußeren und inneren Friedens geht. Daß dieser in W. zuletzt derartig ge-
stört war, war mir *sehr* leid zu hören. Ich kenne die mich vertretende Dame zu wenig, um irgendwelches Urteil mir bilden zu können, aber eine
andere Charakteristik wäre mir im Interesse Ihrer Schutzbefohlenen natürlich lieber gewesen. Hat denn da der stets freundliche Staatsanwalt
nicht ausgleichen können, oder kümmerte der sich zuletzt weniger? Hoffentlich hat Fr. L. sich in B. jetzt einigermaßen eingelebt, sie ist ja der
Mensch, sich in Unabänderliches zu schicken. Daß sie da eine ihr sympa-
thische Ob. gefunden, war mir *sehr* lieb zu hören. Hoffentlich gestalten
sich mit der Zeit auch die Sprechstunden günstiger! Denken Sie an Ihren
1. Besuch in Wr. — und dann die späteren! Man muß doch immer erst
ein wenig die Fühler ausstrecken, um Vertrauen gewinnen zu können.
Oder hatte die Art der Wr.er Sprechstunden Mißfallen erregt, so daß

nun ein strengerer Kurs einsetzte? Ich glaube, in diesen Tagen jährte es sich gerade, daß Fr. L. nach Wr. kam und ich einen so ganz anderen Menschen in ihr kennenlernte, als ich erwartet hatte. Wie sehr möchte man ihr eine baldige glückliche Wendung ihres Schicksals wünschen, aber — es scheint fast, daß diese Stunde nicht früher schlagen wird, als die Schicksalsstunde für uns alle. Furchtbare Zeiten!

Sie fragen freundlicherweise nach meinem persönlichen Ergehen. Ich habe alle Veranlassung, dankbar zu sein, daß mich das Geschick hierher verschlagen. Bei der Weltanschauung, die ich vertrete, muß es mich glücklich machen, mitdenken, mitarbeiten zu können für die *eine* Sache. Ich habe viel Gelegenheit, mich auswirken zu können bei sehr harmonischen Arbeitsverhältnissen. Ich war wirklich vr. Winter gerade überreif, um von dem toten Gleis Wr. fortzukommen, so sehr ich es auch bedauert habe, einzelnen Menschen nicht zur Seite haben bleiben zu können, die mir ihr Vertrauen und ihre Anhänglichkeit geschenkt. Wenn ich mich damals in meiner Haut so wenig wohl fühlte, wie ich es tat und wie Fr. L. mit scharfem Blick erkannt hatte, so lag das nicht an der Arbeit, sondern lediglich an den äußeren Verhältnissen. Ich habe allen Schwung und alle Spannkraft wiedererlangt und arbeite mit Freuden hier mit und für die arbeitende Frauenwelt, aber um den Preis des gedeihlichen Friedens würde ich gerne wieder nach Wr. an meine stille Arbeit zurückkehren. Übrigens lebt man hier natürlich in einer ernsten Welt, wo man den kriegerischen Ereignissen an der Front und von „oben" so stark ausgesetzt ist. Die Metzer können wirklich mitreden!

Daß Sie Frau Walther in Berlin sprachen, habe ich mit Interesse vernommen. Ich hatte Ihnen seinerzeit immer schon mal schreiben wollen und Ihnen danken, daß Sie sich Frau Walthers annehmen wollten, was mir ein so beruhigendes Bewußtsein war; nachher konnte es ja nicht praktisch werden, da anderweitig für sie gesorgt wurde. Leider muß sie jetzt, kaum begonnen, die Arbeit niederlegen und eine 3monatige Liegekur durchmachen, da ihre Gesundheit angegriffen ist. Die Versicherung schick sie fort. Hoffentlich läßt sich die Sache jetzt im Anfangsstadium noch ausheilen.

Hoffentlich geht es Ihnen erträglich, den Berlinern werden diese Zeiten ja nicht leicht gemacht, und wer obendrein um geliebte Menschen leidet, der trägt doppelte Last. Soll ich Ihnen Gutes wünschen? — Worte scheinen einem banal manchen Verhältnissen gegenüber!

Grüßen Sie Ihre Freundin bitte herzlich von mir, wenn Sie unauffällig Gelegenheit haben, die Klugheit gebietet weitgehende Vorsicht. Wenn Sie ihr von Grüßen „aus Metz" schreiben oder erzählen, wird sie vielleicht wissen, wer gemeint ist, da sie ja wohl keine Beziehungen hierher sonst hat. Meine Gedanken sind oft bei ihr, ich weiß, sie wird stolz und tapfer durchhalten, wie bisher. Für ihre Gesundheit die herzlichsten Wünsche.

Wenn Sie mir gelegentlich ein Wort von ihrem Ergehen mitteilen wollen, namentlich wenn es Gutes ist, werde ich mich stets freuen. —

Mit frdl. Gruß Ihre ergebene

E. Schrick.

Breslau, d. 28. 10. 1917

Liebes Fräulein Jacob,

ich bin so froh, denn ich komme eben von einer 2stündigen Spazierfahrt, die wir zu dreien machen durften. Das muß ich Ihnen doch sofort
mitteilen, denn ich weiß, daß Sie sich auch freuen werden. Den gestrigen
Tag benutzte ich, um mir die Erlaubnis einzuholen, dann nahm ich heute
einen Wagen, und wir fuhren in einen herrlichen Wald. Das Wetter ist
warm, die Sonne vergoldet alles, und sie war so heiter und glücklich, wie
ich sie lange nicht sah. Von Zeit zu Zeit verließen wir den Wagen und
wanderten durch das raschelnde Laub, pflückten Blumen und hoben
schön gefärbte Blätter auf. Morgen früh, wenn das Wetter wieder so
schön ist, wollen wir eine Exkursion in den Scheittniger Park unternehmen. Dann sind meine 3 Besuche zwar abgelaufen, aber ich werde versuchen, noch 2 mehr zu erbitten; denn ich bleibe ja bis Freitag früh hier. Sie
hat für alles Interesse, wir plauderten sehr fein. Tausend innige Grüße
soll ich bestellen und viel Küsse schicken.

Heute hat sie zu mittag Taubenbraten, ist überhaupt sehr zufrieden.
Geht es Ihnen auch so gut wie mir?

Ich grüße Sie herzlichst!

Ihre Martha R.

Breslau, d. 31. 10. 1917

Liebes Fräulein Jacob,

auch der heutige Besuch war fein; unser Zusammensein hatte dieses Mal eigene Reize, und ich glaube, auch Rosa hatte viel Freude. Besonders erfrischt haben sie natürlich die beiden Spazierfahrten, die sicher noch eine Weile nachwirken werden. Morgen habe ich noch einmal, zum letzten Mal, Erlaubnis, bei ihr zu sein. Und da keine Aussicht ist, noch ein sechstes Mal sie zu sehen, so fahre ich wahrscheinlich schon morgen abend ab. Auch ihr ist es lieb so. Sie bat mich heute, Ihnen sofort zu schreiben, daß sie Ihren Brief erhielt, und Sie möchten es mit der Feuerversicherung ganz so machen, wie Sie es für richtig halten.

Gelegentlich möchten Sie doch etwas Konzeptpapier ihr schicken, sie hat keins mehr.

Unsere Geschäftsfreundin würde gern Wurst und Fett und Äpfel zu Apfelmus haben. Mit Fleisch ist sie versehen. — Sobald ich zu Hause bin, melde ich mich bei Ihnen; ich komme frühestens morgen abend ½ 10 Uhr in Charlottenburg an. Also auf baldiges Wiedersehen mit herzlichstem Gruß

Ihre Martha R.

Schönen Dank für Ihre heutigen Zeilen!

Breslau 9. 11. 1917

Meine liebste Mathilde,

nun will ich Ihnen auch mal einen ordentlichen Brief schreiben. Vor allem vielen Dank für die Karte mit der hübschen Ansicht und für die Sendung durch Mat. Wurm. Ich freute mich sehr über die Bücher und auch über das graue Kleid. Auch das Brot von Mat. W. mundet ausgezeichnet, grüßen Sie sie vorläufig von mir herzlich, ich will ihr nächstens ausführlich schreiben. Ich habe schon solche Sehnsucht nach Ihnen; ich glaube, es ist höchste Zeit, daß wir uns wieder mal sehen. So lange wie diesmal — 4 Monate! — haben wir noch nie ausfallen lassen, und ich fühle mich ganz wehmütig, daß dies jetzt möglich war. Es will mir nicht aus dem Kopf, daß es zwischen uns jetzt anders ist als früher, und ich habe keine Ahnung, woran das liegt. Ich meine nicht bloß, daß wir uns so lange nicht gesehen haben, sondern daß ich auch so selten jetzt Nachricht von Ihnen kriege und daß Sie mir in Ihren Briefen so geistesabwesend scheinen. Ich möchte so gern wissen, wie es Ihnen innerlich geht, so wie ich mit Ihnen ständig Fühlung hatte, als ich in Wronke war. Daß ich Ihnen oft schreiben möchte, werden Sie doch nicht bezweifeln, ich *darf's* doch bloß nicht.

Ich habe nun bald alle meine Wintersachen nötig: den blauen Mantel, die Schneeschuhe und auch womöglich einen Winterhut. Ich möchte eine ganz gleiche Fasson, wie der schwarze Sommerhut war und ebenso garniert. Ob sich eine solche Fasson aus meinen alten Sammethüten machen läßt, zweifle ich; vielleicht kriegen Sie eine solche neue Sammetfasson nicht zu teuer, das ist immer praktischer als alte Hüte umarbeiten. Aber wir können das ja alles noch hier besprechen, und vielleicht können Sie mir sogar hier eine Fasson kaufen. Vor allem also möchte ich schon hören, wann ich Sie erwarten darf. Nur den Wintermantel, die Schuhe und möglichst auch das andere graue Kleid bringen Sie mir mit! Ich möchte noch gelegentlich um Flicken zu dem dünnen grauen Kleid bitten; ich glaube, ein Päckchen davon war in den Sachen aus Wronke.

Liebste, empfehlen Sie mir, bitte, eine Buchhandlung in Berlin, durch die ich im Bedarf ein wissenschaftliches Buch beziehen kann. Ich bestellte mir früher immer durch Wertheim, und er bediente sehr gut, aber seit einem Jahr schon ging es mit ihm nicht, und ich weiß nicht, wo ich bestellen soll, wenn ich was brauche.

Den beifolgenden Haftbefehl geben Sie, bitte, meinem Rechtsanwalt ab, er wollte ihn haben. Machen Sie ihn auch darauf aufmerksam, daß der Posener Haftbefehl nicht erneuert worden ist, also nicht mehr gilt.

Wie geht es Ihrer lieben Mutter und Frl. Gretchen? Ich habe schon so lange nichts von ihnen gehört. Von Berta T. hatte ich eine Karte aus Leipzig, die ich sogleich beantwortete. Sie schreibt sehr tapfer und munter. — Aber die Drucksachen, die Sie mir vor Wochen schickten, habe ich *nicht* erhalten! Wenn Sie hier sind, müssen Sie selbst nachforschen, woran das liegt. Fügen Sie auch, bitte, auf der Adresse immer hinzu: Kommandantur *Abt. II d.*

Was lesen Sie jetzt? Hänschen war von Hauptmanns „Narr" höchst begeistert. Lassen Sie sich doch von Martha die „Sonnentage" wiedergeben, die sie mir entführt hat; ich wollte sie für *Sie* hier aufheben als Hotellektüre. Liebste, ich möchte Ihnen noch viel schreiben und über vieles fragen, muß aber schließen. Wann kommen Sie?! Ich umarme Sie vielmals und küsse Sie herzlichst

Ihre R.

Ihrer lieben Mutter meine besten Grüße!
Es freut mich sehr, daß Paul heiratet!

13. 11. 1917

Liebste! Warum schicken Sie nicht die 36 x 3 M., die ich hier als Selbstbeschäftigung für die 6 Wochen einzahlen muß? Bringen Sie das Geld mit.

Kuß Ihre R.

Anbei als Gruß an Sie die „Musik der Welt".

(Poststempel: 19. 11. 1917)

Meine liebe, verehrte Frau Jacob!

Haben Sie herzlichen Dank für Ihre paar Zeilen, von denen es mir, wie jedesmal, wenn ich von Ihnen etwas sehe, warm ums Herz wurde. Möchte es Ihnen doch in diesen schweren Zeiten so gut gehen, wie ich es wünsche! Um mich können Sie unbesorgt sein, mir geht es — dank der Sorge solcher Freunde wie Ihre Mathilde — ganz gut u. ich harre geduldig des Weiteren. Wenn ich an die Zukunft denke u. mir was Schönes vorstellen will, denke ich mit Freuden an den ersten Besuch, den Sie mir in Südende machen müssen mit Frl. Gretchen. Inzwischen viele herzliche Grüße

Ihre R. Luxemburg

Mein liebes Fräulein Gretchen!

Ich kann Ihnen gar nicht sagen, wie sehr mir die unverhoffte Nachricht von Ihrem schrecklichen Verlust weh getan hat. Ich habe mir Ihr Bild so als lauter blühende Lebensfreude bewahrt u. verweile so gern bei diesem Bilde, u. nun soll ich Sie mir in tiefem Schmerz u. untröstlichem Kummer denken! Ich begreife gar nicht, wie das so plötzlich hat kommen können, aber der Tod der liebsten Menschen ist ja immer etwas Unbegreifliches. Ich möchte Ihnen nur herzlichst die Hand drücken u. Ihnen aus innigstem Herzen alles, alles Gute wünschen!

Ihre R. Luxemburg

2. 12. 1917

Meine liebste Mathilde,

Ihre liebe Postkarte v. 27. Nr. 24 habe ich am 30. erhalten, auch
das Paketchen Karten, wofür vielen Dank. Ich hatte schon sehnlich ein
Lebenszeichen von Ihnen erwartet. Auch vom Alten hatte ich einen
Brief, leider in äußerst gedrückter Stimmung geschrieben; man sollte den
alten Herrn nicht so allein sich selbst und seiner Trübsal überlassen. Ich
will ihm jedenfalls bald schreiben. Helmis Gekritzel erhielt ich glücklich
am 30. und wunderte mich, daß Sie so ein Unding von einem Brief überhaupt angenommen haben! In der Zukunft nehmen Sie, bitte, von ihm
nur ordentlich geschriebene Briefe an. An Mat. W. schreibe ich gleichzeitig, in dem von Ihnen gewünschten Sinne. Auch an meine Geschwister
nach Warschau habe ich um Tee und Seife geschrieben, wollen sehen,
ob's fruchtet. Klara schrieb mir eine Karte, sie droht wieder eine Sendung
an. Schreiben Sie bald wieder einige Zeilen, ich brauche jetzt so sehr ein
bißchen Fühlung! . . . Ich umarme Sie vielmals und küsse Sie

Ihre R.

Sie haben neulich auf der Adresse vergessen: Abt. II d, Karlstraße!

6. 12. 1917

Meine liebste Mathilde!

Gestern erhielt ich Ihren 1. Brief v. 2. und gleichzeitig einen von Sonja und einen von Martha (vom *27. 11.!*). Inzwischen haben Sie wohl meine Postkarte erhalten. Jetzt schreibe ich Ihnen mit ein paar sehr eiligen Bitten wegen Weihnachten.

Ich möchte der Klara etwas Schönes schicken, endlich kam ich, glaub ich, auf den richtigen Gedanken: *Die Plastik der Ägypter.* Bitte, besorgen Sie mir das sofort (Verlag Paul Cassirer) und senden Sie's mir sofort per Eilboten, oder, falls die Mathilde Wurm nicht später als am 15. kommt, durch Mathilde. Ich muß nämlich jetzt für die Post nach Stuttgart mindestens 8 Tage rechnen, sonst komme ich zu spät.

Ferner noch:

2) Pierre Broodcoorens, Rotes Flamenblut (Verlag weiß ich leider nicht), *gebunden,* und

3) Federigo Confalonieri, gleichfalls gebunden (Insel-Verlag, Leipzig)

Die beiden letzteren Bücher sind für Sonja und Lene bestimmt, Sie können sie also selbst erst mitbringen, damit ich nur die Widmung einschreiben kann.

Ich darf wohl darauf rechnen?

Ich habe mich sehr gefreut, daß Sie wieder in meiner Wohnung waren und daß sie voller Sonne war. Ich habe mir so gut vorstellen können, wie die lieben stillen Zimmer aussahen und der schöne Blick aus dem Balkon.

Die Drucksache (Eckstein) habe ich erhalten, vielen Dank.

Ich könnte wieder ein Brot von Mathilde Wurm brauchen; sie kann es auch ev. mitbringen.

In 3 Wochen sehen wir uns! Wie ich mich schon darauf freue!..

Ich umarme Sie vielmals   Ihre R. L.

Heute las ich „Lola, aus dem Seelenleben einer deutschen Frau". Hat mir ganz gut gefallen. Noch eins! Am 4. gab ich Manuskript (50 Seiten) für Sie auf.

13. 12. 1917

Meine liebste Mathilde,

Ihre beiden Briefe v. 9. (N 26 und 27) habe ich gestern erhalten.
Die Frage über Mat. Wurms Besuch ist gelöst: sie schreibt mir eben, daß
sie jetzt überhaupt nicht kommen kann. Sie hatte einen Todesfall in der
Familie, und jetzt ist ihr Mann vom Tode Stadthagens sehr mitgenommen, so kann sie ihn nicht allein lassen. Mich hat Stadthagens Tod auch
sehr erschüttert. Ich hoffte ihn doch noch mal zu sehen. Immer wieder
verschwindet jemand von den Freunden, während ich hier sitze . . .
        Auf Weihnachten freue ich mich unbändig. Sie müssen mir für
Martha natürlich auch was besorgen, vielen Dank, daß Sie mich daran
erinnert haben. Besorgen Sie mir also *sofort* (daher sende ich per Eilboten): H. Pontoppidan, Das gelobte Land, Verlag Diederichs, Jena,
(wenn möglich) gebunden. Auf das Buch für Klara warte ich sehnlich, es
ist höchste Zeit.
        Und Ihnen, Sie vorwitziges Wesen, wollte ich natürlich — über-
haupt nichts schenken. Was fällt Ihnen denn ein? . . .
        Von morgen in 10 Tagen sehe ich Sie hoffentlich!
        Jetzt noch eine Bitte: für das Weihnachtsgeschenk, das ich mir
selbst machen will, bestellen Sie mir folgendes:
        W. R. Eckhardt; Das Klimaproblem, Braunschweig 1909.
        Für Martha und Sonja vorläufig viele herzliche Grüße; nächstens
will ich an Sonja schreiben. Warum Luise schweigt, weiß ich nicht. Sie
haben ihr wohl meine Grüße ausgerichtet.
        Ich umarme Sie vielmals und grüße herzlichst Ihre Mutter und
Fräulein Gretchen

                                                        Ihre R.

17. 12. 1917

Meine liebste Mathilde,

nun ist es nur 1 Woche, bis ich Sie sehe; ich spare mir deshalb alles, was ich Ihnen sagen will, auf Feiertage. Nur einige kleine Bitten in
Eile! Falls Ihre Zeit erlaubt, ehe Sie zu mir reisen, in meine Wohnung zu
gehen, dann möchte ich Sie bitten, mir meine Küchengardine (die kurze
obere) mitzubringen (natürlich *ohne* Stange). Dann vergessen Sie nicht,
eine Kleinigkeit für den Jungen von Frau Schlisch zu besorgen! Das
Buch für Klara habe ich noch nicht erhalten.
Alles andere mündlich!

Ich umarme Sie

Ihre R.

Gestern, also am Sonntag, las ich La Rochefoucaulds „Maximen",
gar nicht schlecht.

7. 1. 1918

Meine liebste Mathilde,

verzeihen Sie, daß ich erst heute schreibe! Ich war die ganze Woche nicht in Schreibstimmung und muß jetzt meine vielfachen Unterlas-
sungen nachholen: an Klara, an den alten Herrn etc. Vor allem natürlich
an Sie! Ich habe alles erhalten: pünktlich am Neujahrstage brachte der
Gärtner die Blumen (Maiglöckchen und einen Topf Tradescantia), Sie
sind unverbesserlich! Dann kamen die Kuchen, die Drucksachen und die
Postkarte Nr. 1. Tausend Dank für alles! Auch eine Buttersendung traf
schon ein, aber bitte, lassen Sie diese für die Zukunft wegfallen, denn bei
meinem spärlichen Gebrauch liegt die Butter hier so lange, daß sie ganz
ungenießbar wird; es hat wirklich keinen Zweck. Der Gruß von Frau
Reis[1] und Caro hat mich herzlich erfreut, erwidern Sie ihn, bitte, in meinem Namen auf's beste. Die weißen Alpenveilchen, die ich am 30. hier
bekam, waren, wie es sich herausstellt, von Fräulein Fanny J. Der Brief
der Überbringerin, einer hiesigen Dame, ging erst an die Kommandantur
und wurde mir am 4. ausgehändigt, inzwischen nahm ich ohne weiteres
an, das sei *Ihre* Gabe (so haben Sie mich schon verwöhnt! . . .) Bitte,
richten Sie von mir an Frl. J. den schönsten Dank und Gruß aus und erklären Sie ihr, weshalb ich dieser angenehmen Pflicht so spät nachkom-
me.

Jetzt auch noch ein Blumenauftrag von mir — deshalb der Eilbrief!
— Für Sonja zum Geburtstag besorgen Sie, bitte, von mir für 10 Mark
Orchideen, und zwar, wenn irgend möglich, dasselbe grüne Cypripe-
dium, wie Sie mir hier brachten. Das hält sich nämlich fabelhaft: denken
Sie, heute noch sieht der Strauß genau so aus, wie am ersten Tag! Ich habe unglaubliche Freude daran. Die 10 Mark werden wir verrechnen,
wenn Sie wieder hier sind.

---

1 Frau Reis: gemeint ist *Rose Wolfstein-Frölich* (geb. 1888), arbeitete während des Ersten
   Weltkriegs aktiv in der Spartakusgruppe mit. (Später KPD, KPO und SAP). Lebt heute in
   Frankfurt/Main.

Auch Ihre Maiglöckchen sind hier in meiner Pflege richtig aufge-
blüht und duften herrlich, alle Knospen sind aufgegangen.

An Onkel Eduard haben Sie hoffentlich für sein fürstliches Weih-
nachtsgeschenk meinen tiefgefühlten Dank ausgerichtet. Die von Klara
in Aussicht gestellte Sendung mit allerlei Herrlichkeiten ist noch nicht
am Horizont erschienen; ich warte darauf bescheiden.

Was ist mit dem von mir bestellten Buch über das „Klimaproblem"? Ich möchte mir auch noch ein Exemplar von „Rotes Flamenblut"
Pierre Broodcoorens bestellen, für mich selbst. Es ist ein so ausgezeichne-
tes Buch, daß ich es noch hin und wieder lesen will.

Habe ich nun alle Bücher, die Hänschen für mich geschickt hatte?
Ich frage, weil Sie mir doch wieder eins (über Shakespeare) diesmal mit-
brachten. Von Jenssen nehmen Sie keine Bücher mehr für mich an.

Und nun, wie geht es Ihnen, was treiben Sie? Ich hoffe auf eine
baldige Zeile von Ihnen.

Herzlichste Grüße für Ihre Mutter und Fräulein Gretchen.

Ich umarme Sie vielmals

Ihre R.

Bitte, schicken Sie mir keinen Kakao.
Haben Sie die Schuhe für Ihre Cousine besorgen können?

Telegramm an Fräulein Jacob, Sankt Hedwig Krankenhaus Zimmer 227

12. Jan. 1918

Eben Mutters Brief erhalten bin sehr besorgt tausend herzliche Grüße Brief folgt —

Rosa

Breslau 12. 1. 1918

Meine liebste Mathilde,

mir ist ganz heiß vor Schreck geworden, als ich vor 5 Minuten das Kuvert mit der Handschrift Ihrer Mutter erhielt. Diese plötzliche Hiobsnachricht habe ich wirklich nicht erwartet, obwohl ich schon seit Tagen auf ein Lebenszeichen von Ihnen lauere. Sagen Sie nun jetzt: brauchte das so zu kommen, wenn Sie etwas vernünftiger gewesen und rechtzeitig, vor Wochen, zum Arzt gegangen wären? Freilich, jetzt hat es keinen Sinn mehr zu schelten, aber ein bißchen Grimm über Sie regt sich doch noch in meinem Herzen neben dem Schreck, daß es doch recht bös hätte werden können. Nun Ihr Gretchen schreibt, alles sei glatt abgelaufen und Sie seien ohne Fieber; wollen wir hoffen, daß es so weiter geht. Daß Sie sich nunmehr schonen und pflegen, brauche ich Ihnen wohl nicht mehr zu predigen, ich verlasse mich da fürs erste auf die Autorität des Krankenhauses. Sie Ärmste haben sicher nicht übel Schmerzen ausgestanden! Und ich kann leider nicht einen Finger für Sie rühren . . . Ich hoffe bald wieder auf eine gute Nachricht von Fräulein Gretchen. Sie selbst sollen sich ganz still verhalten. Ich will mich auch für heute kurz fassen. Sie können um mich ganz ruhig sein, ich bin all right. Von Hannes' Schwester habe ich einen lieben Brief mit verschiedenen interessanten Dokumenten von ihm und auch mit einigen Amateurbildern erhalten. Die Dokumente zeige ich Ihnen mal, wenn Sie wieder hier bei mir sind, ein Bildchen aber lege ich Ihnen hier gleich als Trost und Gruß bei; es bringt Ihnen wohl ein bißchen Freude.

An Ihr liebes Mütterchen und an Fräulein Gretchen richten Sie von mir tausend Dank für die Benachrichtigung aus; ich würde ihnen gern selbst schreiben, muß aber, wie Sie wissen, mit Briefen sparsam sein.

Also für heute nur noch viele Umarmungen für Sie und herzliche Grüße für die Ihrigen!

Ihre R.

14. 1. 1918

Meine liebste Mathilde,

nur ein kurzer Gruß, denn Sie sollen Ruhe haben und sich nicht anstrengen. Wie freute ich mich heute über den 2. Brief Ihres lieben Mütterchens! Er war mir eine große Beruhigung. Möge es Ihnen nur weiter gut gehen. Bitte fangen Sie nicht zu früh zu lesen an, schonen Sie sich. Ich schreibe gleichzeitig einen Geburtstagsbrief an Sonja, per Eilboten; ob sie ihn rechtzeitig kriegt, weiß ich nicht. Bei mir alles in Ordnung, ich bin wieder ziemlich arbeitslustig, werde aber wieder froh sein erst wenn Sie das Krankenhaus verlassen. Ich grüße Sie tausendmal und umarme Sie herzlichst. Vielen Dank Ihrem lieben Mütterchen und besten Gruß für Fräulein Gretchen

Ihre R.

17. 1. 1918

Meine liebste Mathilde!

Gestern erhielt ich Ihren ersten selbstgeschriebenen Gruß. Ich habe mich unendlich gefreut, obwohl mir Ihr Bericht sehr weh tat. Sie Ärmste, was müssen Sie für Schmerzen ausgestanden haben und noch ausstehen! Bitte, verhalten Sie sich doch ganz ruhig, das ist nach der Operation unbedingt notwendig! Und schreiben Sie nicht selbst, Sie sollen jede Anstrengung vermeiden. Ich bin schon höchst zufrieden, wenn ich von Ihrem Mütterchen oder von Fräulein Gretchen eine Zeile erhalte. Warum sind Ihre Nerven so aufgeregt? Seien Sie doch ruhig um alles und auch um mich; alles wird schon gut werden, sehen Sie nur zu, daß Sie bald gesund und munter sind! Ich umarme Sie tausendmal!

Ihre R.

17. 1. 1918

Liebe verehrte Frau Jacob!

Haben Sie vielen, vielen Dank für Ihre beiden Briefe! Ich schreibe an Mathilde auch einige Zeilen. Bitte, bringen Sie ihr für die beiliegenden M. 5 Maiglöckchen (geschnittene: sie halten sich jetzt besser im Zimmer, als ein Topf). Hoffentlich ist die Unpäßlichkeit Frl. Gretchens nicht ernst. Ich wünsche ihr von Herzen gute Besserung und grüße Sie beide vielmals!

Ihre ergebene und dankbare
R. Luxemburg

20. 1. 1918

Liebste Mathilde!

Mat. W. hat mir Ihre Grüße ausgerichtet, ich war heilfroh zu hören, daß es Ihnen einigermaßen gut geht, d. h. daß die Besserung andauert. Ich fürchte bloß, daß Sie durch Ihre Unruhe diesem Fortschritt wieder Abbruch tun könnten. Ich habe mich auch über Ihren Zettel, der der Welt am Montag beilag, sehr gefreut, weil er schon viel schöner geschrieben war. Daß Ihre Cousine sich um Sie gar nicht kümmert, ist schändlich; ich werde mich dann um sie auch nicht kümmern. Ich erwarte nun eine weitere tröstliche Zeile von Ihnen oder über Sie. Tausend Grüße und Umarmungen

Ihre R.

Herzliche Grüße an Ihre liebe Frau Mutter und an Fräulein Gretchen.

26. 1. 1918

Meine liebste Mathilde,

ich hatte Ihnen soeben einen Brief geschrieben, als mir der Ihrige v. 22. ausgehändigt wurde, aus dem ich ersehe, daß Sie schon heute nach Hause übersiedeln! Meine Freude darüber ist so groß, daß ich Sie durch einen Eilboten nach Ihrer glücklichen Heimkehr aus dem Krankenhaus begrüßen will. Das ging doch aber wunderbar schnell und schön! Sie sind eine in jeder Hinsicht tüchtige Person und wissen ebenso plötzlich zu genesen, wie Sie sonst alles Gute rasch und entschlossen ausführen. Mat. W. schreibt mir sogar, daß Sie geradezu blühend aussehen. Das ist ja famos! Die drei Wochen erzwungene Muße haben Ihnen offenbar gut getan, nun hoffe ich aber und bitte dringend, daß Sie sich auch noch zu Hause schonen und nicht gleich kopfüber in den Strudel stürzen.

Mit Mat. W. war es wirklich sehr nett. Wir hatten ein förmliches Frühlingswetter, das übrigens noch andauert, so daß Sie ganz beruhigt sein können: ich friere nicht.

Wie freut es mich, daß Ihnen Galsworthy so gut gefallen hat! Darf ich ihn dann wieder bekommen? Sie müssen aber auch die zwei anderen Werke von ihm lesen, sie sind nicht ganz auf der Höhe des „Reichen Mannes", aber doch echte Kunstwerke und sehr originell. Ihren Gorki gab ich für Sie der Mathilde W. mit.

Sonja schrieb mir, sie wisse noch nichts von dem Broodcoorens, den ich ihr doch zu Weihnachten dediziert habe. Darf ich hoffen, daß er schon in ihrem Besitz ist? Ich wollte aber gern, daß auch _Sie_ ihn mal lesen.

Die „Welt am Montag" brauchen Sie mir nicht zu schicken, ich erhalte sie, dank Ihrer Güte, direkt. Freilich wäre mir lieber gewesen, wenn ich sie nicht von der Post, sondern jedesmal aus Ihrer Hand erhielte.

Heute kam auch das Paket von Martha, in dem ich zu meiner großen Freude das „Klimaproblem" fand, nebst Schuhen, einer Flasche Mundwasser und einer Tube Kalod., auch zwei neuen Taschentüchlein, wofür schönsten Dank. Ich schreibe an Martha natürlich bald. Das Gardinchen ist aber nicht vom Küchenfenster, wie ich bat, sondern aus dem Schlafzimmer, ich kann es hier nicht brauchen; doch das Malheur ist nicht groß, lassen wir die ganze Chose sein. Von einer „Wurst aus dem 4. Kreise" fand ich nichts (es empfiehlt sich überhaupt, ins Paket immer ein kleines Verzeichnis des Inhalts hineinzulegen), entbehre sie aber frohen Herzens. Ich muß auch nochmals die Bitte wiederholen: keine Butter hierher an mich schicken! Ich brauche sie absolut nicht.

Nun seien Sie mir nochmals herzlichst gegrüßt in Ihrem alten Heim, und werden Sie bald ganz frisch und munter. Ich bin so froh, Sie wieder in der Altonaer Straße zu wissen! Ich umarme Sie vielmals und bin

Ihre R.

Ihrem Mütterchen und Fräulein Gretchen herzliche Grüße.

Mein „eiserner Fonds" hier ist aufgebraucht. Könnten Sie mir noch etwa 25 M schicken lassen, wenn's keine Mühe macht?

Der ukrainische Vetter Woldemar, von dessen Existenz ich nichts wußte, hat mir Spaß gemacht. Er macht wenigstens dem Namen keine Unehre.

Ich vergaß, Ihnen für den vorigen Brief und die Karte vom Sonnabend zu danken, ich hatte es nämlich in dem früher abgefaßten Brief getan, den ich noch ins Krankenhaus adressieren wollte.

1. 2. 1918

Meine liebste Mathilde! Ich habe mich gestern über Ihren Brief v. 28. herzlich gefreut. Ich sehe, Sie sind wieder frisch und munter, und auch Luise hat mir inzwischen bestätigt, daß Sie blühend aussehen. Ob ich noch etwas davon zu sehen bekomme? Ich bitte Sie jedenfalls dringend, sich weiter ein wenig zu schonen und zu pflegen! Über Korolenko ist einiges klarzustellen. Sie schreiben, ein Exemplar sei jetzt bei Luise, gleichzeitig schreibt mir aber Luise, sie hätte keines bekommen können, weil es bei — Martha sei! Dies ist doch wohl ein Irrtum, denn Martha hat mir ja nicht ein Wort von diesem Wunsch geschrieben, und ich weiß auch nicht, zu welchem Zweck sie's brauchen könnte. Ferner schreibt Luise, daß „der Rest des Manuskripts Schweigen sei, in das sich das Oberkommando hülle". Ich verstehe kein Wort: Sie haben mir doch gesagt, Sie hätten den Schluß längst erhalten und sogar schon abgeschrieben! Was ist's also damit? Endlich schreibt Luise, Sie „verlangten" ein russisches Exemplar Korolenkos, ob ich's unbedingt brauche. Natürlich brauche ich keins und halte es für völlig aussichtslos, sich darum zu bemühen, wie ich Ihnen auch gesagt habe. Woher sollte Luise ein solches auftreiben? Ich möchte Sie noch sehr bitten, sich im Verlag zu erkundigen und mir mitzuteilen, für wie lange Kestenberg verreist ist. Sollte Luise ein Exemplar des Manuskripts schon bekommen haben, dann geben Sie, bitte, acht, daß sie Ihnen, nachdem sie's gelesen, zurückgibt und es nicht etwa ohne mein Wissen weitergeht. — Um Kestenberg zu befriedigen, habe ich mich übrigens entschlossen, auch noch die letzten 7 Bogen zu übersetzen, und schicke Ihnen bald einen Teil. — Gestern erhielt ich keine Zeitungen aus Berlin, trage es aber mit Fassung . . .

Ich umarme Sie nochmals

Ihre R.

Für Ihr liebes Mütterchen und Fräulein Gretchen herzliche Grüße.

Nr. 1
7. 2. 1918

Meine liebste Mathilde,

ich freute mich sehr über Ihren Brief Nr. 1, den ich am 4. erhielt. Daß im letzten Paket weder eine Wurst noch ein Kuchen, noch auch der Zettel mit Inhaltsangabe zu finden war, habe ich Ihnen schon geschrieben; reklamieren hat keinen Zweck; die Sachen bekomme ich doch nicht wieder, und an der „Bestrafung des Schuldigen" liegt mir nichts. Die Moral von der Geschichte ist nur die: schickt mir keine Eßwaren im Paket, sondern nur durch Gelegenheit, die sich ja jeden Monat beim Besuch ergibt ... Sonja kommt also etwa in einer Woche, so schrieb sie wenigstens; auch hat sie mir schon den Empfang des Weihnachtsbuches bestätigt. Ich möchte Sie bei dieser Gelegenheit nochmals bitten, auch für mich selbst noch ein Exemplar von Pierre Broodcoorens Rotes Flamenblut zu bestellen. Weshalb ich jetzt Eilbrief schreibe, ist, um Sie zu bitten, mir, wenn möglich, durch Sonja die Bücher über die Ukrainische Poesie zu schicken, die ich vor einigen Tagen *bei Luise* erbat. Man wird sie wohl in der Königlichen oder in der Stadtbibliothek kriegen, da aber die Pakete sehr lange gehen und auch nicht absolut sicher sind, so möchte ich Bücher aus einer öffentlichen Bibliothek nicht riskieren und lieber durch Gelegenheit in Empfang nehmen. Läßt sich das aber nicht gleich machen, dann braucht Sonja natürlich nicht etwa zu warten; die Sache ist nicht sehr dringend, und dann schickt man mir die Bücher schließlich als Wertpaket.

Heute ist wieder ein so schöner Frühlingstag, 6 Grad Wärme am Mittag im Schatten. Ob Sie wenigstens jetzt in Ihrer Rekonvaleszenz jeden Tag ein wenig spazierengehen? Bald wird es nötig sein, daß Sie in dem Botanischen nachsehen, ob sich schon was da regt. Und mein liebes Südender Feld! ... Ich suchte mir heute beim Spazieren auf dem gepflasterten Hof krampfhaft vorzustellen, daß ich dort im Feld bin und nach den ersten roten Taubnesseln suche, die oft schon im Februar hervorgukken.

Schreiben Sie mir ehrlich, wie Sie sich jetzt fühlen; Kräfte haben Sie wohl noch wenig. Sie sollen nur nicht zu früh übermütig werden und keine großen Sprünge machen.

Ich schrieb neulich an den alten Herrn; er war so nett und hat mir
das Stenogramm seiner Rede im Landtag geschickt. Ob man auch seiner
Jungfernrede genügend Aufmerksamkeit im Freundeskreise erwiesen hat?
Er ist empfindlich . . .

Ich umarme Sie herzlichst und grüße bestens Ihr Mütterlein und
Fräulein Gretchen

Ihre R.

NB. Ich erhielt soeben Ihr Nr. 2 und bin ganz glücklich! Vielen Dank!
In Sachen Korolenko schreibe ich an Kestenberg. Es ist wohl das Beste,
wenn *Sie* bei Mehring fragen, ob er schon das Manuskript für den Verleger geben kann. Sonst alles gut. Nochmals viele Küsse   ·

Ihre R.

11. 2. 1918

Meine liebste Mathilde,

anbei nur das schöne Dokument zur freundlichen Erledigung. Ich warte auf weitere Nachrichten von Ihnen, den Empfang Ihrer N 2 habe ich Ihnen schon bestätigt. Auch erwarte ich definitive Nachricht, wann Sonja kommt. Wie geht es Ihnen?

Kuß und Gruß Ihre R. L.

Noch eine Bitte! Das Exemplar von Korolenko, das bei Dr. M. ist, müßte vor der Aushändigung an den Verleger durchgesehen werden, um eventuelle Korrekturen in Maschinenschrift einzufügen und alle Bleistiftvermerke und Fragezeichen etc. auszuradieren.

(Stempel: 19. 2. 1918)

Liebste Mathilde! Ich schreibe diese Karte in der Droschke auf der Heimfahrt von einem schönen Spaziergang. Ich schreibe morgen.

Tausend Grüße! Rosa

Liebes Fräulein Jacob,

hoffentlich haben Sie sich weiter erholt und sind bald im Stande, mit unserem Röschen eine so schöne Ausfahrt zu machen wie wir heute. Sobald ich zurück bin, telefoniere ich.

Mit bestem Gruß
Ihre
Mathilde Wurm

(Poststempel: 24. 2. 1918)

Meine liebste Mathilde!

Ihr N. 4 (unfrankiert) habe ich erhalten, desgleichen die Karte. Es versteht sich von selbst, daß Sie noch im März keine Reisen unternehmen können, Sie sollen sich noch hübsch zu Hause pflegen und schonen. Luise ist auch schon angemeldet, ich lasse sie aber bitten, nicht *anfangs*, sondern frühestens *Mitte* März zu kommen, das ist mir aus bestimmten Gründen lieber. — Die Kolibris habe ich erhalten: im kleinen Karton zusammengedrückt, in Stücke zerbrochen und ruiniert. Ich kann sie gleich rausschmeißen. Sie wären also auch den Weg der Mimi gegangen. — Bitte, teilen Sie Kestenberg mit, daß ich ihn ersuche, zur Vermeidung eines Kuddelmuddels mit Korolenko, sich in allem, was die Sache betrifft, nur *direkt mit mir* zu verständigen. Die weiteren Bogen Manuskript müssen *Sie* ihm nach Bedarf liefern, teilen Sie das Luise mit. Ich hoffe, Sie haben die Korrekturen von Hans in Maschinenschrift eingefügt. — Vergessen Sie (und auch Ihre Cousine) ja nicht den Geburtstag des alten Herrn am 27.!!

Ich umarme Sie und grüße herzlich Ihr Mütterchen und Fräulein Gretchen

Ihre R. L.

Nr. 3
28. 2. 1918

Liebste Mathilde, Ihre Nr. 5 erhalten. gestern schrieb Luise, daß sie sich schon auf den Anfang März eingerichtet hat. Ich bat Sie doch dringend, in diesem Jahr meinen Geburtstag *nicht* zu feiern, und Sie versprachen es mir auch, und nun schicken Sie mir doch die Luise zum 5.! Nun, jetzt ist nichts mehr zu machen, sagen Sie also, bitte, der Luise sofort, daß ich nun auf Sie warte, wann es ihr paßt, meinetwegen also zu Anfang März. Sie soll mir aber noch den Tag definitiv telegrafieren (Briefe gehen zu mir 5 Tage!). Auch *nach* dem Visum auf der Kommandantur erhalte ich sie erst am dritten Tag, der Himmel weiß warum.

Kestenberg hat mir schon geschrieben, ich werde ihm über alles direkt Bescheid geben. Ich habe vor einer Woche oder noch länger 96 Manuskriptseiten an Sie gerichtet, lassen Sie mich, bitte, wissen, wann Sie sie erhalten.

Durch Luise brauchen Sie mir nichts zu schicken als die paar Kleinigkeiten, um die ich Sonja bat. Seife habe ich von nirgends geschickt bekommen; natürlich muß man solche Sendungen jetzt als Wertpaket aufgeben.

Den Nachruf für Frau Adams Lehmann kenne ich, auch die Frau kannte ich, sie ist sehr gut geschildert.

Sonjas Brief hat mich sehr gefreut, ich schicke ihr einstweilen herzliche Grüße, werde ihr bei der nächsten Möglichkeit schreiben.

Ich umarme Sie vielmals und grüße Ihr liebes Mütterchen und Fräulein Gretchen

Ihre R.

Sagen Sie Sonja nur vorläufig, daß ich die „Germinie Lacerteux" kenne. Um „Candide" bitte ich. Broodcoorens genügt mir auch ungebunden.

Breslau 7. 3. 1918

Liebes Fräulein Jacob,

ich habe Rosa heute eine Stunde lang im Beisein des Herrn Ref. Abramowicz gesprochen. Sie war ungemein heiter und vergnügt und sieht auch im Augenblick recht gut aus, nachdem sie eine ziemlich starke Influenza eben glücklich überwunden. Ich bin sehr froh, sie so gefunden zu haben. Wir plauderten so angeregt wie in ihren besten Zeiten. Sie sendet allen Berliner Freunden innigen Dank und viele Grüße. Morgen hoffe ich mit ihr ausfahren zu können. Wenn es nur warm und sonnig wäre! Herzlich grüßt

Ihre L. K.

19. 3. 1918

Meine liebste Mathilde! Gestern erhielt ich Ihre N. 7 und freute mich herzlich. Ich habe Ihnen auch schon unerhört lange nicht geschrieben — 3 Wochen wohl! Heute nur schnell einen Gruß und das Wichtigste. Auf Ihren Besuch zu Ostern warte ich voller Sehnsucht; lassen Sie mich *sofort* wissen per Postkarte, ob Sie die Erlaubnis bekommen! Mein Urlaubsgesuch ist bereits abschlägig beschieden; bitte, lassen Sie Luise davon wissen. Auch meine Beschwerde ist vom Senat abgewiesen (ich habe das lange Schriftstück hier erhalten). — Hat man Ihnen schon mein Manuskript (Korolenko) ausgehändigt? (Ich habe es, da ich die laufende Seitenzahl vergessen hatte, mit 500 wieder numeriert.) — Vom 1. 4. abonniere ich das „Mitteilungsblatt" direkt, Sie brauchen es mir also nicht im April zu schicken; teilen Sie das, bitte, auch Mathilde W. mit, die es mir gleichfalls schickt. Eine Sendung mit Seife habe ich von keiner Seite erhalten, man sollte doch jetzt nur Wertpakete schicken, dann kommen sie an. — Auf „Candide" freue ich mich; hoffentlich kommt auch der „Reiche Mann" mit. — Die Bücher über türkische Agrarverhältnisse schicke ich entweder per Post oder warte damit, bis Sie kommen. Die „Aktion"[1] würde ich Ihnen herzlich gern schicken, ich erhalte sie aber nicht! Man muß wohl abonnieren. — Bringen Sie mir zu Ostern meinen Sommerhut (nur frisch auflackieren und einen Bügel einsetzen; ich garniere ihn selbst!). Viele herzliche Grüße an Ihr Mütterchen und Frl. Gretchen.

Ich umarme Sie innigst

R.

Für Sonja tausend Grüße und Dank für alles! Ich schreibe ihr nächstens. Ihre Bilder machen mir große Freude.

1 „Aktion": gemeint ist die von Franz Pfemfer herausgegebene Zeitschrift „*Die Aktion*".

6. 4. 1918

Liebste Mathilde! Nur ein eiliges Postscriptum zum letzten Brief: sehen Sie sich auf jeden Fall in Berlin nach Stoffen in der Art der beigefügten Pröbchen um. Aber *kaufen Sie noch nichts,* bis wir evtl. alles besprochen haben; nur Preise merken Sie sich.

Kuß!

Ihre R. L.

13. 4. 1918

Liebste Mathilde! Vielen Dank für Brief v. 7. und Karte v. 11.! Ich habe auch meinerseits ein Gesuch eingereicht, hoffentlich fruchtet es was! Den weißen Hut lassen Sie vielleicht ein bißchen garnieren (mit denselben Rosen); bringen Sie, bitte, den Galsworthy mit, alle drei Bände, wenn möglich, ja? Sonja hat mir geschrieben, aber ganz verzweifelt. Heute erhielt ich auch wieder eine „Aktion", besten Dank! Alles andere hoffentlich bald mündlich. Ich umarme Sie und grüße herzlichst Ihr Mütterchen und Fräulein Gretchen.

Ihre R.

(Poststempel: 27. 4. 1918)

Liebe Frau Jacob!

Ich sende Ihnen u. Frl. Gretchen meine herzlichsten Grüße!

Ihre R. L.

28. 4. 1918

Meine liebste Mathilde,

es ist sehr leer und einsam, nachdem Sie plötzlich verschwanden.
Ich warte ungeduldig auf Nachricht. Sie Unverbesserliche: die prachtvol-
len Geranien!... Das war eine große Überraschung. Die botanischen
Büchlein (Schuhmacher) brauchen Sie *nicht* zu schicken. Kuß und Gruß

Ihre R.

6. 5. 1918

Liebste Mathilde, endlich kam heute eine Nachricht von Ihnen! Ich hatte schon so sehr darauf gewartet. Es war nichts Bestimmtes, worauf ich wartete, nur die allgemeine Unruhe, die sich meiner namentlich um diese Zeit zu bemächtigen pflegt. Es ist überhaupt im Sommer bei den langen Tagen viel schwerer im Gefängnis als im Winter. Auch von Klara habe ich auffallend lange kein Lebenszeichen, ich befürchte immer was Schreckliches für sie: ihr älterer Junge ist ja an der Front . . .

Jetzt möchte ich Sie eilig um eine kleine Buchbestellung bitten: Prof. Dr. Adolf Wagner, Die Lebensgeheimnisse der Pflanze, Leipzig, Verlag Theod. Thomas. Vielleicht können Sie mir das noch vor Ihrer Pfingstreise besorgen.

Wenn das Wetter so weiter dauert, werden Sie herrliche Feiertage haben, vergessen Sie nicht, mir gelegentlich ein paar selbstgesammelte Pflänzlein zu schicken; allerdings kommt hier alles bei dem langen Umweg welk an. Merkwürdig: ich bekomme die Briefe *nie* am anderen Tag nach der Visierung, sondern erst nach 2 oder 3 Tagen.

Ich umarme Sie und grüße herzlichst Ihr Mütterlein und Fräulein Gretchen

Ihre R.

10. 5. 1918

Meine liebste Mathilde,

ich erwarte Ihren versprochenen ausführlichen Brief. Hier möchte ich Ihnen nur viel Vergnügen zu Ihrer Reise wünschen. Wenn Sie mir von unterwegs mal Blumen zum Botanisieren schicken wollen, dann adressieren Sie direkt hierher ins Gefängnis und schreiben obenauf deutlich: „Blumen", dann wird man mir vielleicht gleich aushändigen. Ich umarme Sie vielmals und grüße herzlichst die Ihrigen Ihre

R. L.

Vielen Dank für Hammanns Buch, das ich mit Interesse lese.

11. 5. 1918

Liebste Mathilde!

Hoffentlich erhalten Sie diese Zeilen noch vor der Abreise oder sie werden Ihnen nachgesandt werden. Ich bin so unruhig, da Sie mir so lange nicht schreiben und das Buch, um das ich bat, nicht schicken! Hoffentlich sind Sie wohl und munter und auch die Ihrigen. Denken Sie, eine Geburtstagskarte an meine Schwester in Warschau ist zurückgekommen mit dem Vermerk: „Unzulässig!" Ich bin so unruhig, was das bedeutet!

Grüßen Sie von mir herzlichst Ihren alten Onkel, ebenso Ihr Mütterchen und Fräulein Gretchen.

Schicken Sie mir eine Zeile recht bald!

Ich umarme Sie vielmals

Ihre R.

14. 5. 1918

Meine liebste Mathilde,

endlich habe ich also Nachrichten von Ihnen! Vielen Dank dafür, denn nun bin ich ein wenig beruhigt. Heute will ich Ihnen hauptsächlich zum Pfingstfest einige Zeilen mit einem warmen Gruß und vielen Wünschen senden. Ich bin ganz glücklich, daß Sie bald wieder zu mir kommen wollen. Wenn es also bei Ihnen geht, hoffe ich auf die erste Hälfte des Juni. Da ich im Mai keinen Besuch habe, werden Sie mich wohl im Juni mindestens 4 mal sehen dürfen, aber, bitte, ersuchen Sie um entsprechende Erlaubnis (sowohl wie für einen eventuellen Ausgang) gleich von Berlin aus schriftlich, damit Sie hier nicht mehr auf der Kommandantur vorzusprechen brauchen, denn das ist mir peinlich. Alles soll lieber glatt erledigt sein, bevor Sie herkommen, dann bin ich ruhig, und wir wissen, woran wir sind.

Sie werden heuer vom Pfingstfest ungefähr soviel haben wie ich, Sie Ärmste, so überarbeitet und abgehetzt! Und doch möchte ich, daß Sie mir zum Fest das Geschenk machen und wenigstens einmal für 2 Stunden ins Feld gehen, spazieren und Blumen pflücken! Eine solche kleine Pause wäre Ihnen so nötig, um Gedanken und Sinne zu sammeln! Ich würde mich so freuen. Könnten Sie nicht mit irgend jemand, z. B. mit Sonja, mal nach Lichtenrade fahren? Überlegen Sie, ob sich das nicht doch mal zu Pfingsten machen ließe!

Meine Nerven sind in letzter Zeit ein wenig kaputt, ich schlafe miserabel, lasse mir aber äußerlich nichts anmerken. Dieser Zustand wird sich wohl auch mit der Zeit geben.

Ich sandte Ihnen meinen Guizot. Bitte, besorgen Sie aber auch einen geografischen Atlas dazu, denn Geschichte ohne Atlanten lesen Unding. Marie borgte immer bei mir den Diercke, ich wollte ihn Ihnen gleich mitschicken, aber er ist so riesig schwer. Wenn Sie keinen sonst beschaffen, gebe ich ihn Ihnen mit, wenn Sie hier sind.

Haben Sie den Schluß meines Manuskripts noch nicht erhalten?

Fräulein Fanny J. hat mir Seife und Bonbons geschickt (!) Ich müßte mich durch eine Zeile bedanken.

Nun, meine liebste Mathilde, fröhliches Pfingstfest und tausend Grüße, auch für Ihr Mütterchen und Fräulein Gretchen.

Ich umarme Sie

Ihre R. L.

Grüßen Sie Martha von mir herzlich zu Pfingsten.

Bitte, sagen Sie der Paula, sie soll, wenn sie mir Blümchen schickt, direkt ins Gefäng. adressieren und drauf schreiben „Blumen". Über die Kommandantur kommen sie ganz welk an.

21. 5. 1918

Liebste Mathilde,

haben Sie tausend Dank für den herrlichen Maréchal de Niel-
Strauß, der mir pünktlich mit Ihrem Pfingstgruß zum 1. Feiertag über-
bracht wurde. Ich bat so viel Mal, nicht so schreckliche Verschwendung
zu treiben, aber Sie sind unverbesserlich! Natürlich freute ich mich herzlich, aber ein kleines Sträußchen Vergißmeinnicht, das nicht so viel gekostet hätte, wäre mir auch lieb gewesen.

Heute kam Ihr Brief vom 18. Ich freue mich auch schon unaussprechlich auf Ihr Kommen! Den Tag bestimmen Sie natürlich ganz nach
Belieben. Ich mache mir solche Vorwürfe, daß ich Ihnen zu Pfingsten
auch nicht das Geringste zum Gruß gesandt habe. Aber mir kam erst
heute in den Sinn, daß ich wenigstens ein Büchlein schicken konnte; ich
schicke es noch heute per Eilboten, nehmen Sie damit fürlieb. Es ist eine
Übersetzung eines alten französischen Sonettbüchleins durch Rainer Maria Rilke; die Übersetzung ist meisterhaft, der Text beigegeben, hoffentlich haben Sie ein wenig Freude daran.

Weshalb ich diesen Brief eilig schicke, ist eine kleine Bitte: könnten
Sie mir nicht rasch den Panamahut zukommen lassen? Hier brennt die
Sonne im Hof so unbarmherzig den ganzen Tag, daß ich bei meinem
Spaziergang ganz geblendet bin.

Ich warte nun auf Ihren Bericht vom Pfingstausflug. Ihre Pelargo-
nien blühen in meinem Zellenfenster herrlich, und alle bewundern sie; ich
pflege sie auch wie meinen Augapfel.

Ich umarme Sie und grüße herzlich die Ihrigen

Ihre R. L.

Könnten Sie mir vielleicht ein Paar graue Sommerhandschuhe
(Zwirn) mitbringen?

28. 5. 1918

Meine liebste Mathilde,

ich erhielt gestern Ihren Brief, der mich nach so langem Warten sehr erfreut hat, dann kam nachmittags auch gleich die süße Sendung wohlbehalten an. Daß ich auch früher die Schachtel mit den kleinen Kuchen pünktlich erhalten habe, erwähnte ich schon mal in einem Briefe, Sie haben es wohl nicht beachtet. Aber bitte nochmals *dringend:* keine Eßsachen mehr schicken oder bringen! Sie müssen meine Bitte respektieren. *Ich brauche gar nichts,* geben Sie alles anderen, die es eher brauchen, oder Ihrem Mütterchen von mir, das wird mir wirkliche Freude sein. — Handschuhe werden wir schon hier besorgen. — Ich höre es gern, daß Sie wieder ein wenig zur Besinnung und zum Lesen kommen; beschaffen Sie sich doch für diesen Zweck endlich mal die „Sonnentage" von Nexö, die ich vor einer Ewigkeit Martha für Sie gegeben habe! Ich schreibe Ihnen bald ausführlicher. Für heute nur noch viele herzliche Grüße, auch an die Ihrigen

Ihre R. L.

3. 6. 1918

Meine liebste Mathilde,

ich habe jetzt ein solches Bedürfnis, Ihre Nähe zu fühlen, Sie we-
nigstens brieflich zu sprechen. Wie wenn sich alle verschworen hätten, flogen mir in der vergangenen Woche nahrhafte Sendungen zu: von Ihnen, von Mathilde Wurm
und auch noch eine Bonbonschachtel vom Rhein. Bitte, schaffen Sie das
für die Zukunft ab, ich habe ja ein Dutzendmal erklärt, daß ich nichts
brauche. Danken Sie Rosi in meinem Namen, und sie soll's für die Folge
lassen. Das Häslein von Albrecht Dürer, das sie mitschickte, hat mich als
alte Bekanntschaft erfreut.

Was treiben Sie nun, wie geht es Ihnen? Mich peinigt so der Gedanke, daß Sie sich immer noch abhetzen und eigentlich noch nicht aus
dem Nachholen der Lücke herausgekommen sind, die Ihr Aprilbesuch bei
mir in Ihren Pflichtenkreis gerissen hat! Denken Sie diesmal ja nicht an
ein Kommen, ehe Sie mit *allem,* was Sie zu erledigen haben, hübsch in
Ordnung sind, sonst haben wir keine innere Ruhe, um die Freude des
Wiedersehens und des Ausgangs zu genießen. Wenigstens bin ich's bei
meinem jetzigen Nervenzustand nicht fähig. Ich muß erst hören, daß Sie
wieder in ein menschliches Tempo des Lebens gekommen sind, daß Sie
für einen Spaziergang im Freien, für ein vernünftiges Buch eine Stunde
finden, dann verabreden wir, wann Sie herkommen.

Haben Sie auch diese Kälte seit einigen Tagen? Es ist so unfreund-
lich! Trotz der Kälte ruft jeden Abend um ½ 9 Uhr aus der Ferne der
Kuckuck, so auch jetzt wieder während ich schreibe.

Die braune Taube, die ich hier im Winter in meiner Zelle pflegte,
als sie krank war, erinnert sich doch wohl meiner „Wohltaten": sie hat
mich einmal in dem Hof, wo ich nachmittags spazierengehe, entdeckt,
und wartet nun jeden Tag pünktlich auf mich, sitzt neben mir aufgeplu-
stert auf dem Kies oder läuft mir nach, wenn ich eine Runde mache. Das
ist drollig zu sehen, diese schweigsame Freundschaft.

Meine liebste Mathilde, ich umarme Sie vielmals, und grüße herzlichst Ihr Mütterchen und Frl. Gretchen

Ihre R.

Könnten Sie mir nicht etwas Mundwasser schicken?

Breslau, 11. 7. 1918

Meine liebste Mathilde,

ich habe schon so lange kein Lebenszeichen von Ihnen, daß ich unruhig werde. Wie geben Sie sich bloß Rat ohne Mädchen?! Ich begreife, daß Sie jetzt nicht viel schreiben können, aber bitte zu meiner Beruhigung nur eine Zeile!

Noch eins, wenn es Ihnen irgend möglich sein wird, schicken Sie mir baldigst per Post (in einem Karton) mein gelbes Seidenkleid. Ich habe zum Ausgehen jetzt wirklich nichts als das weiße, und das kann man doch nicht immer tragen.

Bei mir nichts Neues. Medi Urban hat sich noch nicht angemeldet hier.

Tausend Grüße in Eile
Ihre R.

19. 7. 1918

Meine liebste Mathilde,

vielen Dank für Ihren Brief v. Sonntag. Ihnen „zum Trotz" habe ich für Medi noch *im Juli* einen Besuch, und zwar — mit Ausfahrt! Hurra! — bewilligt bekommen. Es bleibt also schon dabei, wie wir abgemacht haben: Medi kann mich noch in diesem Monat auf der Rückfahrt sehen, im *August* aber — *Sie,* verehrtes Fräulein, wenn Sie zu Ihrer Sommerfrische fahren. Bitte, also, keine Umsturzpläne mehr, Sie wissen, wie viel wir jedes Mal an praktischen Nöten zu besprechen haben und wie unentbehrlich es für mich ist, daß ich Sie wenigstens einmal in 2 Monaten sehe. An Medi und Sonja schreibe ich noch. Ich bin so froh, daß Medi mit Ihnen und Sonja gleich so gut harmoniert. Lassen Sie sich gut gehen und seien Sie mir herzlich umarmt!

Ihre R.

Ihrem Mütterchen und Fräulein Gretchen besten Gruß.

22. 7. 1918

Meine liebe Mathilde,

nur in Eile ein Wort wegen Medi. Ich habe nachträglich erfahren, daß man uns sogar noch 1 Stunde Besuch und *außerdem* einen Ausgang bewilligt hat! Immerhin, wenn Medi, wie ich sehe, sich so wohl in Berlin fühlt, möchte ich sie nicht drängen, daß sie noch im Juli kommt. Allein nur unter einer Bedingung: falls Sie aus irgendeinem Grunde mit aller Bestimmtheit annehmen, daß Sie im August *nicht* in Urlaub gehen, somit mich unterwegs nicht besuchen können. Sie wissen ja, wie mir diese Sache am Herzen liegt und wie dringend ich wünsche, Sie im August hier, auf dem Wege nach der Sommerfrische, zu sehen. Sollte dies jedoch leider Gottes *absolut* nicht gehen, dann, *nur* in diesem Falle, bin ich damit einverstanden, daß Medi den August-Besuch in Anspruch nimmt. Ich hoffe jedoch, Sie werden Wort halten und selbst im August kommen. Medi kann ja in den letzten Tagen des Monats kommen, dann hat sie ja Berlin reichlich genossen.

Kuß in Eile
Ihre R.

Bitte, sagen Sie Sonja tausend Dank für das Buch, es ist gekommen, nachdem mein Brief an Sie bereits fort war.

9. 8. 1918

Meine liebe Mathilde, Medi ist also am Mittwoch früh fort; wir hatten noch vorher zwei wunderschöne Spaziergänge gemacht, eine Menge Blumen gepflückt, die jetzt noch bei mir im Wasser stehen, unterwegs ein winziges schwarzes Kaninchen gesehen, das direkt auf mich zugelaufen kam und sich abküssen ließ, im Bot. Garten zwei Kröten gesehen, die Ziege gefüttert, kurz, es war großartig. Wenn Sie hier sind, müssen wir wieder in den Botanischen gehen. Wann wird das sein? Nach Ullersdorf sollen Sie nicht gehen, ich habe gehört, dort kriegt man nicht gut zu essen; es soll nicht knapp sein, aber qualitativ sehr mäßig. — Sie haben mir noch den Empfang der Bücher aus der Kgl. Bibliothek nicht bestätigt; ich schickte sie eingeschrieben. Jetzt sende ich wieder die Korolenko-Bücher eingeschr. mit Dank zurück. Schreiben Sie bald wieder einen ordentlichen Brief! Ich habe Sehnsucht.
Viele herzl. Grüße an Ihr Mütterchen und Fräulein Gretchen.

Ich umarme Sie vielmals

Ihre R. L.

Vielen Dank für die Handschuhe, den Kuchen, Seife und alles was Medi mitbrachte!

14. 8. Mittwoch

Liebste Mathilde,

ich bin schon so lange ohne jede Nachricht von Ihnen, daß ich viel Sehnsucht und ein bißchen Unruhe habe. Wie geht es Ihnen? Sind Sie immer noch so furchtbar beschäftigt? Ich schrieb freilich auch selbst seit langem nicht, aber ich war wirklich nicht in Stimmung. Jetzt bin ich wieder frischer und hoffe, arbeiten zu können, dann ist alles gut.

Von Medi habe ich heute wieder die erste kurze Nachricht, ihre Schwester hat einen Gruß beigefügt. Um die Wahrheit zu sagen, war ich Ihnen nicht sehr dankbar für die Idee, Medi zu raten, sie soll sich bei mir in Berlin mit ihrer Schwester einrichten. Ich wollte ja gerade Medi aus der Wiener Umgebung herausbringen, das war der ganze Zweck der geplanten Übersiedlung. Nun, vielleicht wird auch noch nichts daraus. Es hat ja Zeit damit. Ich kenne übrigens die Schwester Medis gar nicht.

Meine liebe Mathilde, Sie haben noch ein Buch von mir: Rümelin über Shakespeare; ich gab es Ihnen einmal hier zum Lesen. Bitte, schicken oder bringen Sie's mir gelegentlich mit.

Kommen Sie überhaupt zum Lesen oder zum Spazieren in der letzten Zeit? Bitte *bald* um einen guten Brief!

Ich umarme Sie vielmals

Ihre R. L.

Anbei ein Federchen von einer meiner Tauben, die in meiner Zelle herumspazieren.

20. 8. 1918

Meine liebste Mathilde!

Vielen Dank für Ihren lieben Brief, der mich sehr beruhigt hat. Ich füge mich nun Ihren Ferienplänen, freue mich unglaublich auf Ihren Besuch, möchte Sie aber hiermit dringend bitten, sich auf jeden Fall noch nicht *definitiv* auf Ullersdorf festzulegen; ich hoffe, daß Sie noch bei Ihrem Hiersein vielleicht Adressen anderer Pensionen in der Nähe bekommen und sich dann endgültig entschließen können. Es liegt mir doch sehr daran, daß Sie eine anständige Verpflegung haben. Dann noch eins: in Ullersdorf soll man zum ersten Frühstück nicht Kaffee, sondern Mehlsuppe kriegen. Sie sind das doch nicht gewöhnt, Sie müßten sich also jeden Tag selbst Tee machen. Zu diesem Behufe werde ich Ihnen eine Spiritusmaschine (ich habe ja 2!) und eins von meinen vielen Päckchen Tee mitgeben. Aber Spiritus und Zucker müßten Sie sonst besorgen. Ich hoffe stark, daß Sie beides *hier* bekommen. An Spiritus reicht ja 1 Liter für die kurze Zeit.

Nun warte ich ungeduldig auf definitive Nachricht von Ihrem Kommen. Ich werde Ihnen, da Sie jetzt im Büro freier sind, ein oder zwei kleine Büchlein als Erholungs-Lektüre schicken; vielleicht heute noch. Eventuell können Sie's als Reiselektüre gebrauchen! Ich will was Nettes aussuchen, was Sie gern haben.

Tausend Grüße in Eile
Ihre R. L.

12. 9. 1918

Meine liebste Mathilde,

heute erhielt ich Ihr zweites Brieflein und freute mich herzlich, ebenso wie über das Schächtelchen Blumen, das heute hier eingetroffen ist. Ich sehe, daß Sie wohlauf und guter Laune sind, und da hoffe ich stark, daß Sie sich dort schön erholen werden. Es ist famos, daß die Gegend Ihnen so gut gefällt, ich erwartete, um die Wahrheit zu sagen, nichts besonderes, da der Ort gar nicht hoch liegt (etwas über 300 m) und nicht „berühmt" ist. Aber hier wie sonst liegt es doch in der Hauptsache an dem Menschen selbst, ob er das Schöne herausfindet oder nicht. Wenn Sie nur mehr Sonne hätten! Ich blicke jetzt jeden Morgen beim Aufstehen mit Sorgen hinaus, beim Gedanken an Sie; sonst ist mir ja das Wetter hier ziemlich gleichgültig, aber jetzt kränkt mich das ausgiebige Regenwetter persönlich. Hoffentlich sind Sie tapfer und gehen bei jedem Wetter — außer bei strömendem Regen — aus. So mache ich nämlich stets, wenn ich „auf freiem Fuß" bin. Die Entdeckung des „Privatfrühstücks" mit Milch und Butterstullen ist famos. Essen Sie nur, soviel irgend zu „erfassen" ist. Ich will Sie anders sehen, wenn Sie zurückkommen, als dies beim letzten Abschied der Fall war.

Unter den heute eingetroffenen Blümchen waren weder Skabiosen noch Pechnelken, ich denke, Sie haben sich vielleicht geirrt und die violetten *Flockenblumen* für Skabiosen gehalten. Dann ist noch eine Menge wunderhübscher *Wiesenknöpfe* dabei, die so tief blutrot sind (auf Latein heißen sie auch Sanguisorba); die weißen Blümchen sind *Augentrost* (Euphrasia); die goldgelben mit rotem Anhauch sind *Hornklee;* die zwei Fruchtdolden könnten Pastinak oder etwas Verwandtes sein; vergessen Sie nie, das *Blatt* mitzuschicken, das erleichtert sehr die Bestimmung. Die rötliche Schafgarbe ist doch sehr hübsch und die Hagebutten reizend (eine Blüte war natürlich nicht dabei). Ein Pomeranzen-Habichtskraut (so lebhaft safranrot) finde ich auch und — bitte sehr um Verzeihung — auch eine Skabiose, aber schon so zerfallen, daß ich sie erst nicht bemerkt hatte. Einige Wegeriche, Knäuelgräser und winzige Vergißmeinnicht, das ist, glaub' ich, das genaue Inventar.

Ob Sie sich mit den Pechnelken nicht geirrt haben? . . .

Jedenfalls nochmals vielen Dank für alles. Ich warte auf weitere Gaben und Nachrichten, sie machen mich jedesmal für einige Tage froh.

Ich umarme Sie vielmals

Ihre R. L.

Ich war jetzt ein paar Tage bettlägerig, da kamen die Tauben zu mir aufs Bett! Ist das nicht unerhört?

Breslau 16. 9. 1918

Meine liebste Mathilde,

heute ist ein so prächtiger Tag, ich denke daran, wie Sie heute in der Sonne braten und in der schönen Gegend herumstreifen, und das macht mich froh. Eben sind Ihre Blümchen angekommen: alles ganz frisch! Flockenblumen, Kornblumen, ein violetter Beinwell, eine prachtvolle Königskerze (die gelben Sternchen am dicken Stock), ein Weidenröschen, viele schöne Gräslein, weißer Klee, zwei rosa Knöteriche. Ich habe sie gleich in gewärmtes Wasser gestellt, da werden sie schön aufgehen. Auch von der Frau Schlisch habe ich einen schönen Strauß roter und blauer Astern bekommen. Falls Sie den Shaw nicht mehr brauchen, schikken Sie ihn mir vielleicht. Oder lohnt das nicht mehr? Ich möchte nämlich der Frau Müller ihre Bücher endlich zurückschicken. Können Sie immer noch nicht schlafen? Ich hoffe, daß Sie sich jetzt bei der schönen Sonne einmal müde laufen und darauf gut schlafen. Essen Sie so viel wie möglich!!

Tausend Grüße! Ich umarme Sie

Ihre R.

Breslau, 18. 9. 1918

Meine liebe Mathilde,

heute erhielt ich Ihr Brieflein vom Sonntag, auch die Blümchen schon vorgestern, wofür vielen Dank! Die eine violette Blume, die Sie nicht kannten, heißt — wie ich schon in der Karte schrieb — *Beinwell,* das weiße Blümchen mit grünlichem Streifchen, nach dem Sie fragen, ist das *Sumpfherzblatt,* in Österreich Studentenröschen genannt, auf Latein Parnassia palustris. Ich habe mich über diese Sendung sehr gefreut, denn das Sumpfherzblatt ist kein alltäglicher Fund, in Deutschland habe ich es eigentlich noch nie gepflückt, dafür in der Schweiz am Genfer See, auf feuchten Wiesen des öfteren. Wenn Sie es wieder finden, dann bitte darum; aber, aber! Ich muß Sie wieder ermahnen, beim Pflücken nie die *Blätter* zu vergessen, namentlich die Grundblätter; in diesem Fall hätte Ihnen deren Form auch schon den Namen des Pflänzchens verraten. Die gelbe Blutwurz prangt schon längst in meinem Herbarium, schönsten Dank! Ich stimme mit aller Energie dafür, daß Sie dort volle 3 Wochen bleiben, ja, wenn irgend möglich, 3 1/2! Und weshalb sollte dies nicht möglich sein? Frl. J. vertritt Sie doch, wie Sie selbst schreiben, in allen schwierigen Fällen, sie wird es sicher noch eine halbe oder ganze Woche länger tun. Ich habe das deutliche Gefühl, daß Ihre ernstliche Erholung noch weit im Felde ist; zu früh abgebrochen, wird sie in kürzester Zeit jede Wirkung versagen. Bitte, seien Sie mal (!) vernünftig, geben Sie Ihrem Herzen einen Stoß und legen Sie noch einige Tage zu! Ich würde mich unendlich freuen! Schreiben Sie mir auf jeden Fall bald, wie Sie sich entschlossen haben und bis wann Sie von Nachrichten in Schreckendorf zu erreichen sind.

Hier herrscht seit Montag Hochsommertemperatur. Heute abend war es sogar so schwül, daß ich ein kleines Gewitter erwartete. Obwohl ich die Hitze sonst verwünsche, da sie die scheußlichen Übelgerüche um das Gefängnis herum noch verstärkt, segne ich sie diesmal jeden Tag im Gedanken an Sie und Ihr geliebtes Faulenzen in der Sonne. Ich wünsche mir auch noch ein Restchen dieses Wetters für die Tage, die Sie mir hier auf dem Rückweg schenken wollen.

Auf ein baldiges neues Brieflein!

Ich umarme Sie vielmals

Ihre R.

10. 10. 1918

Meine liebe Mathilde,

verzeihen Sie, daß ich Ihre liebe Karte erst heute beantworte. Die Spannung, die jetzt in der Luft liegt, die Erwartung, bald herauskommen zu können, läßt mir kaum noch die Geduld, Briefe zu schreiben. Dank auch für die Schächtelchen und die winzige Spreewälderin, sie hat mir viel Spaß gemacht. Von Medi erhielt ich endlich Nachricht, daß sie in dieser Woche nach Berlin fährt und daß ihre Schwester wohlbehalten noch in Berlin ist. Ich schicke für Medi hier bei einen ersten Gruß, den Sie ihr übergeben wollen. Ich denke, daß ich bald Medis Einsamkeit in Südende teilen werde. Wie wir dort beide wirtschaften werden, habe ich noch keine Vorstellung, denke es mir aber sehr schön. Ich fühle mich in diesem Monat viel frischer und arbeitsfähiger als im vorigen. Wenn dies nur ein wenig andauern wollte! Von Luise hatte ich eine Karte, sie ist wieder in Prag, will aber von dort heimkehren. Sonja schreibt nichts, aber ich begreife: sie ist wohl so voller Erwartung auf Karls Freilassung, daß sie nicht viel anderes jetzt denken mag.

Was ich für eine praktische Person bin! Das weiße Frotté-Morgenkleid, das Sie mir neulich geschickt oder gebracht haben und das schon ganz „salonunfähig" war, hatte ich zertrennt, in schönes Kornblumenblau färben lassen, jetzt bin ich dabei, es wieder instand zu bringen und habe plötzlich ein ordentliches neues Kleid, das sich wirklich sehen lassen kann! Das macht mir eine Mordsfreude. Von der Frau Schlisch habe ich wieder eine Menge Blumen bekommen — Gott weiß, aus welchem Anlaß —, einen prachtvollen Topf Erika, dann duftende Veilchen, eine Rose, Zweige Schneebeeren, und dazu sind noch Ihre Abschiedsnelken schön und frisch! Meine Tauben besuchen mich nach wie vor fleißig, ich wage nicht daran zu denken, was aus ihnen wird, wenn ich von hier fortgehe . . .

Ich umarme Sie vielmals und grüße herzl. Ihr Mütterlein und Fräulein Gretchen

Ihre R.

Breslau 4. 11. 1918

Meine liebe Mathilde,

erst dachte ich, ich würde jeden Augenblick herauskommen, und hatte deshalb gar keine Geduld mehr, Briefe zu schreiben. Deshalb ließ ich Sie so lange ohne Nachricht. Jetzt sehe ich, daß die Sache sich sehr in die Länge zieht, und beeile mich nun wieder, mit Ihnen Fühlung zu bekommen — wenigstens brieflich.

Ihr letzter Brief und die kleine Sendung haben mir unglaublich Freude gemacht, weil ich ja schon so lange ohne Lebenszeichen von Ihnen war. Die Erbsen kamen äußerst apropos; meine Tauben mausern jetzt und brauchen kräftigere Nahrung, als ich ihnen sonst bieten kann. Sie belagern mich jetzt den ganzen Tag alle vier in meiner Zelle, sitzen vor mir auf dem Schreibtisch, auf der Lehne meines Stuhls und auf meinem Teller, wenn ich zu Mittag essen will. Ich kann nicht ausdenken, was sie dazu sagen werden, wenn ich eines Tages plötzlich spurlos verschwinden werde. Die Schokolade, auch die von der früheren Sendung, hob ich mir erst klug und praktisch, wie ich bin, zu der künftigen Wirtschaft in Südende auf und gelobte, sie hier nicht anzurühren. Nun sich aber die Aussichten geändert haben, hält auch mein Charakter nicht mehr stand, und ich habe die Schokolade doch „angerührt".

Bitte, hetzen Sie sich mit der Putzerei in meiner Wohnung nicht ab. Sie sehen, es hat keine Eile. Die schweren Bücherkisten würde ich immerhin gern schon allmählich absenden, aber in der Wohnung ist ja niemand da, um sie in Empfang zu nehmen (mit Frau Sachtler möchte ich keine Anknüpfung mehr suchen). Die arme Medi vergeht dort wohl in Wien vor Ungeduld. Ich schreibe ihr heute einige Zeilen, weiß aber nicht, ob die Post nach Wien funktioniert. Frau Schlisch hat mir vorige Woche 3 wundervolle große gelbe Chrysanthemen verehrt und heute Veilchen mit Maiglöckchen, die herrlich duften! Das ist eine unverbesserliche Verschwenderin. — Wie geht es Ihrem lieben Mütterchen? An Fräulein Gretchen schreibe ich gleichzeitig eine Karte. Lassen Sie bald von Ihnen hören! Ich umarme Sie vielmals

Ihre R.

Verzeihen Sie das ramponierte Kuvert, ich brauche die letzten Reste auf.

7. 11. 1918

Meine liebe Mathilde,

eben erhalte ich Ihren Eilbrief. Sie Ärmste, was haben Sie für
Scherereien mit meiner Bude! Es ist mir schrecklich, daß all dies kleine
ärgerliche Zeug Ihnen zugefallen ist. Natürlich werde ich nun nichts ohne
Sie in dieser Sache tun. Daß die Mietsteigerung irgendwie abgewehrt
werden könnte, hatte ich keine Ahnung; mir graute nur vor dem Gedanken, daß Sie nun auf die Suche nach einer neuen Wohnung gehen müßten und daß wir unser liebes Nest in Südende verlieren könnten. Deshalb
dachte ich, es gebe keine Wahl, und stimmte zu. Jetzt ärgert mich das natürlich mächtig. Kann ich jetzt durch Kündigung nichts erreichen? —
Die 10 M. hätte ich nicht übel Lust von der Militärbehörde einzufordern
— aus purer Bosheit. Sie ist doch verantwortlich für solchen Schaden,
der aus meiner Haft entsteht. — Ich umarme Sie in Eile

Ihre R.

Gestern schrieb ich Ihnen ausführlich.

Dresden A, den 18. 1. 1919
Portikusstr. 12 II

Sehr geehrtes Frl. Jacob!

Wenn ein Mensch wie Rosa Luxemburg dahingegangen ist — den Zeitungsnachrichten nach ist wohl nicht mehr daran zu zweifeln —, so vermag man nicht mit den Ausdrücken üblicher Form denen Beileid zu zollen, die sie lieb gehabt haben. Ohne ihre politische Überzeugung geteilt zu haben, gedenke ich ihrer so, wie ich sie zuletzt sah und wie ich sie vor nunmehr länger als 2 Jahren kennen lernte. Aus diesem Gedanken heraus drängt es mich, Ihnen, die Sie in der Verstorbenen Ideal und Freundin verloren haben, voll ernster Teilnahme die Hand zu drücken.

Ihre ergebene
E. Schrick.

Zeittafel

1871

Rosa Luxemburg wird als fünftes Kind jüdischer Eltern in Zamość in Russisch-Polen im Gouvernement Lublin geboren.

Kaiserproklamation in Versailles. Gründung des 2. Deutschen Reichs und Beginn des von Bismarck gegen die Katholische Kirche geführten Kulturkampfs.

Charles Darwin veröffentlicht „Die Abstammung des Menschen".

Die Einwohnerzahl in Deutschland beträgt 41 Millionen.

1873

Die Familie Luxemburg siedelt nach Warschau über.

Drei-Kaiser-Abkommen (Deutschland, Österreich-Ungarn, Rußland) in Berlin geschlossen.

Weltwirtschaftskrise beendet die „Gründerjahre" in Deutschland.

1880

Rosa L. tritt in die erste Klasse des zweiten Warschauer Mädchengymnasiums ein.

Gründung der sozialistischen Arbeiterpartei Frankreichs.

Die deutsche Post richtet die ersten Fernsprechverbindungen ein (erstes Ortsnetz 1881).

1887

Rosa L. verläßt mit Erlangung der Hochschulreife das Gymnasium und wird Mitglied einer Warschauer Gruppe der „Revolutionär sozialistischen Partei Proletariat".

Zerschlagung der Narodniki-Bewegung in Rußland durch die zaristische Geheimpolizei und Massenprozesse gegen ihre Mitglieder.

Die Krupp-Werke in Deutschland haben 21 000 Beschäftigte.

1889

Rosa L. flieht aus Polen, um der drohenden Verhaftung durch die zaristische Polizei zu entgehen. Beginn des Studiums der Naturwissenschaften in Zürich in der Schweiz.

In Paris wird die sozialdemokratische Zweite Internationale gegründet. Erste Maifeier in Paris.

H. Hollerith baut die erste Lochkarten-Zählmaschine.

1896

Rosa L. veröffentlicht in der Arbeiterstimme, Zürich, Beiträge zu Problemen der polnischen Arbeiterbewegung und wird Mitarbeiterin an der theoretischen Zeitschrift der SPD, „Die Neue Zeit".

25 Jahre nach Reichsgründung erklärt Wilhelm II. das Deutsche Reich zum „Weltreich". Deklamatorischer Beginn der deutschen „Weltpolitik".

1. Olympische Spiele der Neuzeit in Athen.

1898

Rosa L. geht eine Scheinehe mit dem Deutschen Gustav Lübeck ein, um nach Deutschland übersiedeln zu können. Sie wird Mitglied der SPD.

Gründung der Sozialdemokratischen Partei Rußlands.

Entdeckung des Radiums und Poloniums durch Marie Curie.

1900

Rosa L. arbeitet als Agitatorin in Posen und wird auf den Mainzer Parteitag der SPD und den Internationalen Sozialistenkongreß in Paris delegiert.

Lenin gründet in der 1. Emigrationsphase die Parteizeitschrift „Iskra" („Funke"), die nach Rußland eingeschmuggelt und dort verbreitet wird.

Bürgerliches Gesetzbuch (BGB) tritt in Deutschland in Kraft.

Erste Zeppelinfahrt.

1904

Rosa L. nimmt an der Tagung der Zweiten Internationale in Amsterdam teil, wo sie gegen den Revisionismus und für die klassenkämpferischen Ziele der SPD eintritt. Inzwischen wird sie zu drei Monaten Gefängnis verurteilt, da sie in einer Rede in bezug auf Wilhelm II. erklärt hatte: „Der Mann, der von der guten und gesicherten Existenz der deutschen Arbeiter spricht, hat von den Tatsachen keine Ahnung."

Kolonial-Verständigung zwischen England und Frankreich (Entente Cordiale).

Beginn des I. G. Farben-Konzerns in Deutschland.

S. Freud veröffentlicht in Wien „Zur Psychopathologie des Alltagslebens".

1905

Als Delegierte von Posen und Bromberg nimmt Rosa L. am Jenaer Parteitag der SPD teil und nimmt vor allem zur Frage des politischen Massenstreiks Stellung. Im Dezember geht sie illegal nach Warschau, um die Aufständischen gegen den Zarismus zu unterstützen.

1. russische Revolution, Lenin und Trotzki kehren aus der Emigration zurück.

Zehn-Stunden-Tag und gesetzliche Altersversorgung in Frankreich.

1907

Rosa L. verbüßt zwei Monate Gefängnisstrafe, die ihr das Landgericht Weimar zudiktiert hatte wegen „Aufreizung zur Gewalttätigkeit" (sie hatte zur Frage des Massenstreiks Stellung genommen). Ende des Jahres beginnt sie ihre Tätigkeit als Dozentin an der Parteischule der SPD in Berlin.

Auf der Zweiten Haager Friedenskonferenz wird das Kriegs- und Neutralitätsrecht kodifiziert, u. a. die Haager Landkriegsordnung.

Krise der deutschen Wirtschaft (bis 1914).

1913

Rosa Luxemburgs Buch „Die Akkumulation des Kapitals — Ein Beitrag zur ökonomischen Erklärung des Imperialismus" erscheint. Auf einer Versammlung in Frankfurt erklärt Rosa L.: „Wenn uns zugemutet wird, die Mordwaffe gegen unsere französischen oder anderen ausländischen Brüder zu erheben, so erklären wir: Nein, das tun wir nicht."

Der Friede von London beendet den ersten Balkankrieg (seit 1912).

Einführung des Montagebandes (Fließband) bei Ford in Amerika.

1914

Rosa L. wird wegen der in Frankfurt gemachten Äußerungen (1913) zu einem Jahr Gefängnis verurteilt. An der Sitzung des Internationalen Sozialistischen Büros in Brüssel nimmt sie als Vertreterin der SPD teil. Nachdem die SPD geschlossen für die Bewilligung der Kriegskredite gestimmt hat, bildet sich um Rosa L. eine Gruppe oppositioneller SPD-Mitglieder (u. a. Mehring, Marchlewski, Jogiches), die sich gegen die Kriegs- und Burgfriedenspolitik der Partei wenden.

Ausbruch des Ersten Weltkriegs.

Die Zweite Sozialistische Internationale zerbricht an der Unterstützung der Regierungen durch sozialistische Parteien in kriegführenden Staaten.

1915

Am 18. Februar wird Rosa L. verhaftet und in das Frauengefängnis in Berlin, Barnimstraße, gebracht. Im Gefängnis schreibt sie die Broschüre „Die Krise der Sozialdemokratie" (Junius-Broschüre).

Offensiven der Alliierten im Westen und der Mittelmächte im Osten (Polen, Litauen und die baltischen Provinzen), Einsatz von Kampfgas durch deutsche Truppen.

Zimmerwalder Konferenz in der Schweiz zur Zusammenfassung der links-sozialistischen Opposition bei Kriegführenden und Neutralen.

Einstein beginnt, die Allgemeine Relativitätstheorie zu entwickeln.

1916

Am 18. Februar wird Rosa L. aus dem Königlich-Preußischen Weibergefängnis in der Barnimstraße entlassen. Am 10. Juli wird sie erneut verhaftet und in „Schutzhaft" vorerst in der Barnimstraße gehalten. Ende Oktober wird sie auf die Festung Wronke in Posen gebracht.

Schwere Kämpfe um Verdun und an der Somme in Frankreich.

Oppositionelle SPD-Abgeordnete verweigern weitere Kriegskredite und werden aus der SPD-Fraktion des Reichstags ausgeschlossen. Beginn der Spaltung der Partei in MSPD und USPD. Karl Liebknecht wird wegen seiner Anti-Kriegspolitik zu zwei Jahren Zuchthaus verurteilt.

Beginn der Lebensmittelrationierungen in Deutschland.

1917

Anfang August wird Rosa L. in das Gefängnis in Breslau überführt. Sie schreibt in dieser Zeit Flugblätter und Artikel für die „Spartakusbriefe" und arbeitet an der Übersetzung der „Geschichte meines Zeitgenossen" des russischen Dichters W. Korolenko. Zusammen mit Franz Mehring gründet sie „Die Internationale. Monatsschrift für Praxis und Theorie des Marxismus".

Februarrevolution in Rußland. Zar Nikolaus II. dankt ab. Die sozialdemokratische Regierung unter A. Kerenski setzt den Krieg fort. Nach der Oktoberrevolution linke Koalitionsregierung unter Lenin; Waffenstillstand und Friedensverhandlungen mit den Mittelmächten in Brest-Litowsk.

Gründung der Unabhängigen Sozialdemokratischen Partei Deutschlands (U. S. P. D.).

Hungersnot in Deutschland (Kohlrübenwinter 1916/17).

1918

Rosa L. wird am 9. November in Breslau aus der Haft entlassen und fährt nach Berlin, wo bald darauf die erste Nummer der von ihr und Karl Liebknecht herausgegebenen „Roten Fahne" erscheint. Auf dem Gründungsparteitag der KPD (Spartakusbund) hält Rosa L. die Rede zum Programm.

Frauenarbeit in Deutschland erreichte im Kriege ca. 230 Prozent des Friedensstandes.

1919

Rosa L. und Karl Liebknecht werden am 15. Januar verhaftet und in das Eden Hotel in Berlin gebracht. Nach Mißhandlungen durch Freikorpsangehörige werden sie während des Abtransports ermordet. Die Leiche Rosa L. wird von den Mördern in den Landwehrkanal geworfen.

Der Spartakus-Aufstand wird von Gustav Noske, dem Oberbefehlshaber aller Truppen in Berlin („einer muß den Bluthund machen"), niedergeworfen. Friedrich Ebert wird nach dem Zusammentreten der neugewählten dt. Nationalversammlung erster Reichspräsident.

Die Deutsche Arbeiterpartei (DAP), die spätere NSDAP, wird gegründet. Hitler wird 7. Mitglied.

Korrespondenzverzeichnis*

Nr.	Absender	Empfänger	Form	Ort u. Datum
			Erster Teil	
1.	R. Luxemburg	M. Jacob	Brief	
2.	R. Luxemburg	M. Jacob	Brief	(1913/14 Schöneberger Krankenhaus)
3.	R. Luxemburg	M. Jacob	Brief	
4.	R. Luxemburg	M. Jacob	Brief	
5.	R. Luxemburg	M. Jacob	Brief	Sonntag
6.	R. Luxemburg	M. Jacob	Brief	Dienstag (1915)
7.			Pressenotiz	(Februar 1915)
8.	K. Liebknecht	M. Jacob		25. 3. 1915
9.	R. Luxemburg	M. Jacob	Postkarte	Dienstag (Stempel: 30. 3. 15)
10.	R. Luxemburg	M. Jacob	Postkarte	
11.	R. Luxemburg	M. Jacob	Postkarte	
12.	R. Luxemburg	M. Jacob	Postkarte	Sonntag (Stempel: 9. 4. 15)
13.	R. Luxemburg	M. Jacob	Brief	Freitag, 9. 4. 15
14.	R. Luxemburg	M. Jacob		
15.	T(yszka, Jogiches)	M. Jacob		15. 4. 15
16.	K. Liebknecht	M. Jacob		21. 4. 1915
17.	R. Luxemburg	M. Jacob	Postkarte	26./27. 4. 1915
18.	R. Luxemburg	M. Jacob	Postkarte	4./5. 5. 1915
19.	R. Luxemburg	M. Jacob	Brief	22. 5. Sonnabend
20.	R. Luxemburg	M. Jacob	Postkarte	28./29. 5. 1915
21.	R. Luxemburg	M. Jacob	Postkarte	4./5. 6. 1915
22.	R. Luxemburg	M. Jacob	Postkarte	8./9. 6. 1915
23.	R. Luxemburg	M. Jacob	Postkarte	23./24. 9. 1915
24.	K. Liebknecht	M. Jacob		24. 9. 1915
25.	R. Luxemburg	M. Jacob	Postkarte	(Stempel: 2. 10. 15)
26.	R. Luxemburg	M. Jacob	Brief	5. 10. 15
27.	K. Liebknecht	M. Jacob		6. 10. 15
28.	R. Luxemburg	M. Jacob	Brief	16. 10. 15
29.	R. Luxemburg	M. Jacob	Postkarte	21./22. 10. 1915
30.	K. Liebknecht	M. Jacob		26. 10. 15
31.	R. Luxemburg	M. Jacob	Postkarte	
32.	Luise Kautsky	M. Jacob		Frankfurt a. M. 1. 11. 1915
33.	R. Luxemburg	M. Jacob	Postkarte	5./6. 11. 1915
34.	R. Luxemburg	M. Jacob	Postkarte	10./11. 11. 1915
35.	R. Luxemburg	M. Jacob	Brief	13. 11. 15
36.	Clara Zetkin	M. Jacob	Brief	Wilhelmshöhe 10. 2. 1916

---

* Fehlende Angaben in den Spalten Form, Ort und Datum bedeuten: unbekannt

37. Clara Zetkin	M. Jacob	Brief	Wilhelmshöhe 14. 2. 1916
38. M. Jacob	R. Luxemburg	Brief	11. 7. 1916
39. Franz u. Eva Mehring	M. Jacob		28. 7. 16
40. Clara Zetkin	M. Jacob	Brief	Wilhelmshöhe 14. 8. 1916
41. Clara Zetkin	M. Jacob	Brief	21. 8. 1916
42. R. Luxemburg	M. Jacob	Brief	

Zweiter Teil

43. R. Luxemburg	M. Jacob	Postkarte	Donnerstag (Stempel: 31. 10. 16)
44. R. Luxemburg	M. Jacob	Postkarte	5. 11. 16
45. R. Luxemburg	M. Jacob	Brief	7. 11. 16
46. R. Luxemburg	M. Jacob	Postkarte	10. 11. 16
47. R. Luxemburg	M. Jacob	Postkarte	13. 11. 16
48. Clara Zetkin	M. Jacob	Postkarte	Wilhelmshöhe 22. 11. 1916
49. R. Luxemburg	M. Jacob	Postkarte	9. 12. 16
50. S(onja) L(iebknecht)	M. Jacob	Postkarte	Wronke, Dienstag
51. S(onja) L(iebknecht)	M. Jacob	Postkarte	Wronke, Mittwoch
52. R. Luxemburg	M. Jacob	Postkarte	Wronke 22. 12. 16
53. (I)F. Mehring u. E. Meyer	M. Rosenbaum		Altmoabit 14. 11. 1916
(II)F. Mehring u. E. Meyer	M. Rosenbaum		
(III)R. Luxemburg			
54. R. Luxemburg	M. Jacob	Brief	Wronke, Weihnachten 1916
55. R. Luxemburg	M. Jacob	Postkarte	22. 12. 16 (Poststempel)
56. R. Luxemburg	M. Jacob	Postkarte	Breslau 29. 12. 16
57. Sonja Liebknecht	M. Jacob	Brief	Steglitz 11. 1. 17
58. R. Luxemburg	M. Jacob	Brief	Februar 1917
59. R. Luxemburg	M. Jacob	Postkarte	Wronke 20. 2. 17
60. R. Luxemburg	M. Jacob		22. 2. 17
61. R. Luxemburg	M. Jacob	Postkarte	(Stempel: 17. 3. 17)
62. M. Jacob	R. Luxemburg	Postkarte	Sonntag (Stempel: 18. 3. 17)
63. R. Luxemburg	M. Jacob	Postkarte	Wronke (Stempel: 20. 3. 17)
64. R. Luxemburg	M. Jacob	Postkarte	23. 3. 17
65. R. Luxemburg	M. Jacob	Postkarte	27. 3. 17
66. R. Luxemburg	M. Jacob	Postkarte	29. 3.17
67. R. Luxemburg	M. Jacob	Postkarte	1. 4. Sonntag 1917
68. R. Luxemburg	M. Jacob	Postkarte	2. 4. 17
69. R. Luxemburg	M. Jacob	Brief	3. 4. 17
70. R. Luxemburg	M. Jacob	Postkarte	(Stempel: 3. 4. 1917)
71. Sonja Liebknecht	M. Jacob	Brief	Ebenhausen bei München 6. 4. 17
72. R. Luxemburg	M. Jacob	Postkarte	(Stempel: 14. 4. 17)
73. R. Luxemburg	M. Jacob	Postkarte	15. 4. 17

74. R. Luxemburg	M. Jacob	Postkarte	17. 4. 17
75. R. Luxemburg	M. Jacob	Brief	Wronke 19. 4. 17
76. R. Luxemburg	M. Jacob	Brief	Wronke 23. 4. 17
77. R. Luxemburg	M. Jacob	Brief	24. 4. 17
78. H(ans) D(iefenbach)	M. Jacob	Brief	Sonntag
79. R. Luxemburg	M. Jacob	Postkarte	25. 4. 17
80. R. Luxemburg	M. Jacob	Brief	29. 4. 1917
81. R. Luxemburg	M. Jacob	Brief	Wronke 3. 5. 17
82. Anna (Breder)	M. Jacob	Postkarte	7. 5. 17
83. R. Luxemburg	M. Jacob	Postkarte	9. 5. 17
84. R. Luxemburg	M. Jacob	Postkarte	10. 5. 17
85. R. Luxemburg	M. Jacob	Postkarte	12. 5. 17
86. R. Luxemburg	M. Jacob	Brief	18. 5. 17
87. R. Luxemburg	M. Jacob	Brief	Wronke 20. 5. 17
88. R. Luxemburg	M. Jacob	Postkarte	21. 5. 17
89. R. Luxemburg	M. Jacob	Brief	Wronke 21. 5. 17
90. R. Luxemburg	M. Jacob	Postkarte	23. 5. 17
91. R. Luxemburg	M. Jacob	Brief	Dienstag (30. 5.)
92. R. Luxemburg	M. Jacob	Postkarte	Freitag (Stempel: 1. 6. 17)
93. R. Luxemburg	M. Jacob	Brief	Wronke 2. 6. 17
94. R. Luxemburg	M. Jacob	Postkarte	6. 6. 17
95. R. Luxemburg	M. Jacob	Postkarte	8. 6. 17
96. R. Luxemburg	M. Jacob	Brief	8. 6. 17
97. R. Luxemburg	M. Jacob	Postkarte	13. 6. 17
98. R. Luxemburg	M. Jacob	Telegramm	Wronke 14. 6. 17
99. R. Luxemburg	M. Jacob	Postkarte	Wronke 15. 6. 17
100. R. Luxemburg	M. Jacob	Telegramm	15. 6. 17
101. R. Luxemburg	M. Jacob	Postkarte	21. 6. 17
102. R. Luxemburg	M. Jacob	Postkarte	21. Abends (Juni 1917)
103. R. Luxemburg	M. Jacob	Postkarte	Wronke 26. 6. 17
104. R. Luxemburg	M. Jacob	Brief	30. 6. 17
105. R. Luxemburg	M. Jacob	Postkarte	3. 7. 17
106. R. Luxemburg	M. Jacob	Postkarte	4. 7. 17
107. R. Luxemburg	M. Jacob	Postkarte	5. 7. 17
108. R. Luxemburg	M. Jacob	Postkarte	7. 7. 17
109. R. Luxemburg	M. Jacob	Brief	7. 7. 17
110. R. Luxemburg	M. Jacob	Postkarte	10. 7. (1917)

Dritter Teil

111. R. Luxemburg	M. Jacob	Postkarte	Montag (Stempel: 26. 7. 17)
112. R. Luxemburg	M. Jacob	Postkarte	Mittwoch 17.
113. R. Luxemburg	M. Jacob	Brief	Breslau 27. 7. 17
114. R. Luxemburg	M. Jacob	Postkarte	30. 7. 17
115. R. Luxemburg	M. Jacob	Brief	Breslau 6. 8. 17

116. R. Luxemburg	M. Jacob	Postkarte	9. 8. 17
117. R. Luxemburg	M. Jacob	Brief	11. 8. 17
118. R. Luxemburg	M. Jacob	Brief	17. 8. 17
119. R. Luxemburg	M. Jacob	Postkarte	18. 8. 17
120. R. Luxemburg	M. Jacob	Brief	Breslau 24. 8. 17
121. R. Luxemburg	M. Jacob	Brief	Breslau 27. 8. 17
122. R. Luxemburg	M. Jacob	Postkarte	Breslau 30. 8. 17
123. R. Luxemburg	M. Jacob	Brief	Breslau 3. 9. 17
124. R. Luxemburg	M. Jacob	Postkarte	Sonntag 6. 9. 17
125. R. Luxemburg	M. Jacob	Brief	Breslau 9. 9. 17
126. R. Luxemburg	M. Jacob	Postkarte	12. 9. 17
127. R. Luxemburg	M. Jacob	Postkarte	Breslau 13. 9. 17
128. R. Luxemburg	M. Jacob	Postkarte	18. 9. 17
129. S(onja) L(iebknecht)	M. Jacob	Brief	Breslau 20. 9. 1917
130. R. Luxemburg	M. Jacob	Postkarte	28. 9. 17
131. R. Luxemburg	M. Jacob	Brief	Sonntag 7. 10. 17
132. R. Luxemburg	M. Jacob	Brief	15. 10. 17
133. H(ans) D(iefenbach)	M. Jacob	Postkarte	16. 10. 1917
134. M(artha) R(osenbaum)	M. Jacob	Brief	Breslau 26. 10. 17
135. E(va) Schrick	M. Jacob	Brief	Metz 28. 10. 17
136. Martha R(osenbaum)	M. Jacob	Brief	Breslau 28. 10. 17
137. Martha R(osenbaum)	M. Jacob	Brief	Breslau 31. 10. 17
138. R. Luxemburg	M. Jacob	Brief	Breslau 9. 11. 17
139. R. Luxemburg	M. Jacob	Notiz	13. 11. 17
140. R. Luxemburg	Frau Jacob u. Frl. Gretchen	Brief	(Stempel: 19. 11. 17)
141. R. Luxemburg	M. Jacob	Postkarte	2. 12. 17
142. R. Luxemburg	M. Jacob	Brief	6. 12. 17
143. R. Luxemburg	M. Jacob	Brief	13. 12. 17
144. R. Luxemburg	M. Jacob	Postkarte	17. 12. 17
145. R. Luxemburg	M. Jacob	Brief	7. 1. 18
146. R. Luxemburg	M. Jacob	Telegramm	12. 1. 1918
147. R. Luxemburg	M. Jacob	Brief	Breslau 12. 1. 18
148. R. Luxemburg	M. Jacob	Postkarte	14. 1. 18
149. R. Luxemburg	M. Jacob	Postkarte	17. 1. 18
150. R. Luxemburg	Frau Jacob	Postkarte	17. 1. 18
151. R. Luxemburg	M. Jacob	Postkarte	20. 1. 1918
152. R. Luxemburg	M. Jacob	Brief	26. 1. 18
153. R. Luxemburg	M. Jacob	Postkarte	1. 2. 18
154. R. Luxemburg	M. Jacob	Brief	7. 2. 18
155. R. Luxemburg	M. Jacob	Postkarte	11. 2. 18
156. R. Luxemburg u. M. Wurm	M. Jacob	Postkarte	(Stempel: 19. 2. 1918)
157. R. Luxemburg	M. Jacob	Postkarte	(Stempel: 24. 2. 18)
158. R. Luxemburg	M. Jacob	Brief	28. 2. 18
159. L(uise) K(autsky)	M. Jacob	Postkarte	Breslau 7. 3. 18

160.	R. Luxemburg	M. Jacob	Brief	19. 3. 18
161.	R. Luxemburg	M. Jacob	Postkarte	6. 4. 18
162.	R. Luxemburg	M. Jacob	Postkarte	13. 4. 18
163.	R. Luxemburg	M. Jacob	Postkarte	(Stempel: 27. 4. 18)
164.	R. Luxemburg	M. Jacob	Postkarte	28. 4. 18
165.	R. Luxemburg	M. Jacob	Brief	6. 5. 18
166.	R. Luxemburg	M. Jacob	Postkarte	10. 5. 18
167.	R. Luxemburg	M. Jacob	Postkarte	11. 5. 18
168.	R. Luxemburg	M. Jacob	Brief	14. 5. 18
169.	R. Luxemburg	M. Jacob	Brief	21. 5. 18
170.	R. Luxemburg	M. Jacob	Postkarte	28. 5. 18
171.	R. Luxemburg	M. Jacob	Brief	3. 6. 18
172.	R. Luxemburg	M. Jacob	Postkarte	Breslau 11. 7. 18
173.	R. Luxemburg	M. Jacob	Postkarte	19. 7. 18
174.	R. Luxemburg	M. Jacob	Brief	22. 7. 18
175.	R. Luxemburg	M. Jacob	Postkarte	9. 8. 18
176.	R. Luxemburg	M. Jacob	Brief	14. 8. Mittwoch
177.	R. Luxemburg	M. Jacob	Brief	20. 8. 18
178.	R. Luxemburg	M. Jacob	Brief	12. 9. 18
179.	R. Luxemburg	M. Jacob	Postkarte	Breslau 16. 9. 18
180.	R. Luxemburg	M. Jacob	Brief	Breslau 18. 9. 18
181.	R. Luxemburg	M. Jacob	Brief	10. 10. 18
182.	R. Luxemburg	M. Jacob	Brief	Breslau 4. 11. 18
183.	R. Luxemburg	M. Jacob	Postkarte	7. 11. 18
184.	E(va) Schrick	M. Jacob	Brief	Dresden 18. 1. 19